作者簡歷

一、學歷：

東吳大學 歷史學系
中原大學 宗教研究所
以色列耶路撒冷希伯來大學 – 希伯來語第六級(最高級)文憑

二、以色列相關經歷：

2012.11 - 2013.5　　以色列國際志工 Kibbutz Samar。
2014.9 - 2015.4　　以色列國際志工　Kibbutz Ein Gev。
2015.7 - 2017.6　　耶路撒冷希伯來大學主修希伯來語。
2016 - 2017　　　　在以期間曾四度受邀至以色列國會中文-希伯來文-英文翻譯。
2018.3　　　　　　創辦妥拉坊，推廣希伯來語與妥拉學習。
2018.3 - 2020.6　　基督教網路平台:鴿子眼「奧秘之鑰-解鎖妥拉」、「創世奧秘-文字智慧:22 個希伯來語字母解析」主講人。
2018.12 - 2020.12 以色列聯合呼籲組織台灣分會妥拉講師。
2019.10 迄今　　　政大公企中心 現代/聖經希伯來語、妥拉講師。

三、參與講座：

2018.12　　以色列教育思維影響力論壇: 「踏進人生的應許之地-以色列經驗的個人生命省思」，由迦樂國度文化主辦。
2019.4　　　妥拉:生命之道 猶太文化藝術展(台南場)，主講「出埃及記文本詮釋及其宗教意涵」。由猶沐文化、正義美學空間主辦。
2019.9　　　政大公企中心，「智慧之鑰-希伯來語」。
2019.10　　妥拉: 生命之道 猶太文化藝術展 (台北場)，共四場講座:「猶太人的精神食糧:妥拉、猶太人的教育思維、上帝的文字:希伯來語、上帝的行事曆」。由猶沐文化、正義美學空間主辦。
2020.8　　　妥拉藝術文化展:共生共存,「奇布茲:以色列志工經歷的省思啟示」。由猶沐文化、正義美學空間主辦。

妥拉坊自 2018 年 3 月創辦以來，亦不定期自行舉辦希伯來語、及妥拉相關的課程及講座。

作者序

由基督教網路平台:鴿子眼策畫,以基督徒的角度來讀妥拉,冀望用深入淺出之方式來介紹妥拉的「奧秘之鑰-解鎖妥拉」這一系列影片拍攝計畫,前後歷時兩年多,從 2018 年 3 月開始至 2020 年 5 月結束。筆者有幸,受邀撰寫該計畫的所有影片腳本 (逐字稿) 的內容,從「創世記、出埃及記、利未記、民數記、申命記」共 54 段妥拉、以及「耶和華的節期」、和「創世奧秘-文字智慧」22 個希伯來文字母解析。以上內容文字,共逾六十餘萬字,拍出 300 多支的影片。

自 2020 年 5 月拍攝結束後,筆者開始將這些文字整理成冊,以待日後出版成書,從創世記、出埃及記、利未記、民數記、申命記、耶和華的節期、和 22 個希伯來語字母解析,共 7 本書。

讀者拿在手上的這本《奧秘之鑰-解鎖妥拉:創世記》就是根據原先拍攝的影片腳本 (逐字稿) 擴充而來,文中多加了許多註腳,俾使文本的質量更加豐富。

現在回首,能完成這麼龐大的計畫完全是上帝的恩典,感謝鴿子眼及 Betaesh 的團隊在過去的協作和支持,特別是 Kevin 若沒有你的發起和全力支持,這個計畫是不會發生的、Peter & Jill 若沒有你們堅持到底的精神和堅毅的執行力,在當中居間協調並解決各樣大小問題與狀況,那這個計畫是不可能會完成的。最後感謝元萍的影片後製,若沒有妳精準和過人的細心,這麼大量的希伯來文字卡和希伯來文經文是不可能這麼整齊漂亮的出現在影片上。

也特別感謝愛生協會/以色列聯合呼籲組織台灣分會會長 Richard & Sandy 的邀請,讓鹽光能完整分享兩年的妥拉課程,每次預備分享課程的內容,以及思想咀嚼你們所提出的每個問題時,總能使鹽光更加深對於每段妥拉深入又多面向的思考。

另外,也特別感念香港夏達華總幹事黃德光老師的指導,在撰寫腳本期間,您總是願意耐性地看完我內容冗長的文字,並給我方向和激發我作進一步的思考。筆者兩次赴港,去到夏達華聖經文物博物館參訪期間,也承蒙 Amelia,Alison,Henry 等老師的熱情接待與照顧,在此一併致謝。

在拍攝-寫作期間,也感謝不少人默默地給予支持和奉獻,在此特別謝謝 Eva 姐,以及 Steve 哥 & Connie 姐。

最後,感謝我的父、母親,沒有你們全然放手,全然支持我的「以色列信心之旅」那就不會有現在的我,也感謝我的岳父、岳母,寫作期間還特別買了一部筆電讓

我能進入高效能地寫作狀態，也特別感謝岳母 洪博士，於百忙中還願意幫女婿校稿。還有我最摯愛的太太(現正懷著八個月大的女兒:鍾馨)，若沒有妳對我的「不離不棄」和「完全的信任及全部的支持」，這個妥拉拍攝-寫作的如此龐大的計畫是不可能成就的。

感謝上帝，感謝祢的恩典，感謝祢所賞賜的一切。

格式與範例

一、**QR Code**.

在本書中，讀者將會看到許多 **QR Code**.(上面正方形的圖案)。在每段妥拉的標題，和正文當中五個分段的標題旁邊，都會出現這些 **QR Code** 的方型圖案。

正如前文在作者自序中所述，這一系列《奧秘之鑰-解鎖妥拉》的著作，原先是一項大型拍攝計畫: 54 段妥拉，每段妥拉再細分成 5 支短信息的影片。本計畫始於 2020 年 6 月拍攝結束後，陸續將近三百支影片全數上傳至基督教網路福音平台: 鴿子眼 Youtube 頻道。

而本書《奧秘之鑰-解鎖妥拉: 創世記》，及其後即將出版的出埃及記、利未記、民數記、申命記、耶和華的節期、及希伯來文 22 字母釋義，皆由筆者原先為著拍攝計畫而寫成的「影片腳本 (逐字稿)」所進一步「擴充」而成。

在這些腳本(逐字稿)中，正如讀者在本書中將會看到的，會有許多的希伯來經文和字詞，若讀者也想同步學習及聆聽這些**希伯來文**的正確發音，即可以用手機來「掃描」這些 **QR Code**. 連結到對應的妥拉影片，和本書一起閱讀視聽，順便學習經文當中一些重要的**希伯來文**的字詞和概念。

二、本段妥拉摘要

在每段妥拉的第一頁，都會有一份「本段妥拉摘要」的文字內容，此摘要放在每段妥拉的頁首，目的是希望讀者可以先透過此摘要內容，來對這一段妥拉有個初步整體的、提綱挈領的理解和認識。

三、經文「伴讀」

在每段妥拉的第二頁面左上角，會列出本段妥拉的經文範圍，及其相關的伴讀經文。例如創世記 No.1 妥拉 <在起初> 篇第二頁，讀者將會看到如下的經文編排

創世記 No.1 妥拉 <在起初> 篇（פרשת בראשית）
經文段落:《創世記》1:1-6:8
先知書伴讀:《以賽亞書》42:5-43:10
詩篇伴讀: 8、139 篇
新約伴讀:《約翰福音》1:1-18、《歌羅西書》1:15-17

關於妥拉讀經的「分段」[1]，以及和本段妥拉信息相關所搭配的「先知書伴讀」[2]，這個讀經的傳統至少已有 1500 年的歷史。「詩篇伴讀」[3] 也是由猶太先賢們找出和本段妥拉信息、內容「能彼此呼應」的篇章作伴讀，目的也是讓讀經的人，能更加深對本段妥拉的經文理解。最後的「新約伴讀」則是作者參考幾個權威性的「彌賽亞信徒 (信耶穌的猶太人)」的網站 [4] 彙整而來。

以上的讀經方式: 猶太人 (包括信耶穌的猶太人，即所謂的彌賽亞信徒) 讀妥拉「搭配」一段與其經文「信息內容」相關的先知書、詩篇、以及新約經文，其實是一種「以經解經」的讀經方式。透過妥拉、以及所搭配的先知書伴讀、詩篇伴讀、新約伴讀，各處的經文彼此「互相呼應」、「前後融貫」，這些經文本身即能「架構出」一幅較為完整的圖像，提供一幅「全景式」的讀經視野。

此外，在各個節期中如: 逾越節、五旬節、住棚節……等，歷世歷代的猶太人也都有各自「選讀」的經文段落。在這些節期中，透過這些「選讀的經文」，也更能深刻地「對準」經文的深層意涵。[5]

---

[1] 關於妥拉讀經的「分段傳統」，另參 黃德光，《道成了肉身-約翰福音猶太背景註釋(2)》，夏華達研道中心，2019 年 10 月第一版，頁 194-201，〈第十二課、古代會堂的讀經傳統:讓人驚訝不已的彌賽亞聯繫〉。

[2] 妥拉讀經的分段及先知書伴讀的分段，筆者主要參考 Nosson Scherman. *The Humash-The Torah, Haftaros and five Megillos with a commentary anthologized from the rabbinic writings*. (חמשה חומשי תורה עם תרגום אונקלוס פרש״י הפטרות וחמש מגילות), Artscoll Mesorah Publications. 2016. 以及 Adin Even-Israel Steinsaltz. *The Steinsaltz Humash-Humash Translation and Commentary*.(חומש שטיינזלץ עם ביאורו של הרב עדין אבן-ישראל שטיינזלץ), Koren Publishers Jerusalem. 2018.

[3] 詩篇伴讀，見 Rabbi Menachem Davis.*The Book of Psalms with an interlinear translation*. (ספר תהלים שמחת יהושע) The schottenstein editon, Artscoll Mesorah Publications. 2016. Xix.

[4] 例如 *Hebrew for Christian*. , *Bibles for Israel and the Messianic Bible Project*., *First Fruits of Zion*.。書本的部分，見 David H. Stern. *Complete Jewish Bible*. Jewish New Testament Publications .1998.

[5] 詳見筆者拙作《奧秘之鑰-解鎖妥拉:耶和華的節期》，在本書中會把所有節期相關「選讀及伴讀的經文」羅列出來。

四、妥拉「標題」

行文中，每段妥拉的「標題」皆以「雙箭頭-粗體字」做標示，目的是要凸顯出這段妥拉的「主題信息」，因為每段妥拉的重點信息大抵都會圍繞在「標題」上，例如下文：

摩西五經(妥拉) 的第一卷書:創世記的第一段妥拉，標題 <在起初> (**בְּרֵאשִׁית**)，經文分段從創世記 1:1 一直到創世記 6:8。 創 1:1：

『在起初，神創造天地。』
בְּרֵאשִׁית בָּרָא אֱלֹהִים, אֵת הַשָּׁמַיִם וְאֵת הָאָרֶץ

所以，妥拉的第一段標題，就是希伯來原文中，創世記 1:1 節的第一個字 (**בְּרֵאשִׁית**) <在起初>，英文 **in the beginning**.

<**在起初**> 這個標題，顧名思義，就是在講述宇宙的創造、世界的來歷，以及，人類的初始，這一切的一切，並不是無中生有的，它背後的本源，乃是來自於一位偉大的造物主、這位美善的神:耶和華。

<**在起初**> 神所創造的天地是美好的，祂造光、造水、造空氣，造出一切有生命的活物，我們看經文，每當神造出了一些東西之後，都會反覆提及『神看著是好的。』，直到耶和華神完成了祂的創世之工，創世記 1:31 經文這樣說：『神看著一切所造的都甚好。』

五、整段「淺灰」

行文中，若一些「字詞和概念」是筆者欲加強的閱讀重點，這些「字詞和概念」同樣會以「粗體字」做標示。若「一整段」是筆者認為的「重點內容」，那這「一整段」的文字會以「淺灰色」全部覆蓋，例如下文：

但好景不常，自從亞當、夏娃「犯罪」後，情況就急轉直下，立刻惡化，美好的樂園，和和諧的世界都不復存在，而人類歷史的發展，也因著罪惡，而走向了敗壞，甚至到了「毀滅」的結局。這也就是 這一段妥拉 最後結尾所提到的：

『耶和華見人在地上 **罪惡很大**，終日所思想的 **盡都是惡**，
耶和華就 **後悔造人在地上**，**心中憂傷**。
耶和華說：「我要將所造的人和走獸，並昆蟲，以及空中的飛鳥，
都 從地上 **除滅**，因為我造他們後悔了。」』創 6:5-7

所以，<在起初>，人類的命運，和歷史的發展就「已經終結」，<在起初>就已經…
我們說「**遊戲結束**」Game Over.，因為人類的犯罪、墮落，使大地敗壞，人把
世界搞得亂七八糟，以至於耶和華神不得不親手毀滅，祂才剛剛創造好的世界和
人。 <在起初>神完美地創造，同時<在起初>人在犯罪、敗壞。 而這樣的歷程，
也就是創世記第一段妥拉<在起初>經文裡的一個「鋪陳和脈絡」，用幾句簡單的
話來說，那就是：

這是一個 **從樂園到失樂園**、**從創造到毀滅**，**從神的靈到屬肉體、血氣** 的一個發
展，而這個發展，其實也已經「預告」或者說「預先展示」了，未來人類歷史走
向的一個「規律」或形態。如果講得更激進一點，那就是，**人類總體歷史的演變**，
在整部妥拉 (摩西五經) 的首篇-**第一篇**<在起初>，就已經全部被定規好了，歷
史的「原形」在創世記的這段妥拉中就已經被具體地呈現出來。

六、問題與討論

每段妥拉最後的結尾，皆會提出五個問題，問題的設計主要是幫助讀者「複習」
本段妥拉的重點信息,或更進一步激發讀者對本段妥拉內容作「更深層的思考」，
底下，以創世記 No.1 妥拉 <在起初> 篇為範例：

<u>問題與討論：</u>

1. 綜覽-通讀創世記的第一段妥拉<在起初>篇的經文，從創 1:1 到 6:8 節，你覺
   得這一整段的經文「**發展走向**」和「**脈絡鋪陳**」是越來越好的，還是越來越
   糟的？ 人的光景<在起初>是越來越像神，持續保有神榮美的形象和樣式，還
   是越來越墮落敗壞？

2. 思考亞當、夏娃為什麼要去吃 混雜著 善-惡的「**知識樹**」，以及他們吃了之
   後的結果是什麼？

3. 透過第三段的信息 <犯罪與死亡>，你可以找出: 人「**悖逆神**」,「**犯罪**」以後，
   帶出了哪些可怕的後果，和所產生的巨大變化？

4. 該隱離家出走，他離開了父、母親，也 **離開了耶和華神的面**，因為該隱想要走一條「**自行發展、自己當家**」的道路，他自己建造城市，他的後代也「**創造、發明**」了許多技術、器具，和各樣的文明，但最後的結局是什麼？

5. 思考創 6:3 節 『人既屬乎 **血氣，我的靈** 就永遠都 **不會住在** 他裏面。』這節經文的深刻意涵。 也試著想像一下，當一個人『終日所思想的盡都是惡』，徹底敗壞，以致於到了 神 (真理-聖潔) 的靈「無法掌管」、也「不會住在」一個人的裡面的時候，這樣的景況是如何的景況呢？

七、妥拉讀經進度

如前文所述，妥拉的讀經進度，按照猶太人傳統，於一年內會把 54 段妥拉讀畢，若遇「節期」，譬如:逾越節、五旬節、住棚節...等等，也都會有相關的妥拉-先知書-詩篇和其他書卷的伴讀經文 [6]，如果讀者希望可以試行一年的妥拉讀經進度，可以掃描上面標題「妥拉讀經進度」右邊正方形的 **QR code**.將妥拉坊的妥拉讀經進度的 Google Calendar 嵌入，即可知道每週的讀經內容。

---

[6] 在猶太人的讀經傳統裡，不同的節期，會搭配不同的書卷一起伴讀，譬如在逾越節，猶太人會讀《雅歌》。到了五旬節，猶太人會讀《路得記》。住棚節，猶太人會搭配伴讀的書卷是《傳道書》。聖殿被毀日，猶太人會搭配《耶利米哀歌》一起伴讀。普珥節，猶太人則會伴讀《以斯帖記》。在贖罪日，猶太人會讀《約拿書》。關於節期搭配相關書卷伴讀的內容，詳參《奧秘之鑰-解鎖妥拉:利未記》No.6 妥拉<死了之後>篇之第四段「贖罪日與約拿」。

參考資料

寫作期間，除筆者自己對於 (希伯來文) 經文本身的思考之外，亦參考大量猶太-希伯來解經的註經書籍，撰寫過程中的許多想法和寫作方向很多都是「直接得益於」這些註經書籍，底下列出幾本權威性的著作：

Adin Even-Israel Steinsaltz. *The Steinsaltz Humash-Humash Translation and Commentary.*(**חומש שטיינזלץ עם ביאורו של הרב עדין אבן-ישראל שטיינזלץ**), Koren Publishers Jerusalem. 2018.

Nosson Scherman. *The Humash-The Torah, Haftaros and five Megillos with a commentary anthologized from the rabbinic writings*. (**חמישה חומשי תורה עם תרגום אונקלוס פרש״י הפטרות וחמש מגילות**), Artscoll Mesorah Publications.2016.

Jonathan Sacks. *Covenant & Conversation Genesis：The Book of Beginnings*. Koren Publishers Jerusalem; First Edition, 2009.

Jonathan Sacks. *Covenant & Conversation Exodus：The Book of Redemption*. Koren Publishers Jerusalem; First Edition, 2010.

Jonathan Sacks. *Covenant & Conversation Leviticus：The Book of Holiness*. Koren Publishers Jerusalem; First Edition, 2015.

Jonathan Sacks. *Covenant & Conversation Numbers：The Wilderness Years*. Koren Publishers Jerusalem; First Edition, 2017.

Jonathan Sacks. *Covenant & Conversation Deuteronomy：Renewal of The Sinai Covenant*. Koren Publishers Jerusalem; First Edition, 2019.

Jonathan Sacks. *Ceremony & Celebration：Introductios to the Holidays*. Koren Publishers Jerusalem; First Edition, 2017.

Jonathan Sacks. *Lessons In Leadership*. Koren Publishers Jerusalem; First Edition, 2015.

Jonathan Sacks.*Essays on Ethics*. Koren Publishers Jerusalem; First Edition, 2016.

Nehama Leibowitz .*New Studies in Bereshit Genesis*.(*עיונים חדשים בספר בראשית*). The World Zionist Organization. 2010

Nehama Leibowitz .*New Studies in Shemot Exodus*.(*עיונים חדשים בספר שמות*). The World Zionist Organization. 2010

Nehama Leibowitz .*New Studies in Vayikra Leviticus.* (*עיונים חדשים בספר ויקרא*). The World Zionist Organization. 2010

Nehama Leibowitz .*New Studies in Bamidbar Numbers.* (*עיונים חדשים בספר במדבר*). The World Zionist Organization. 2010

Nehama Leibowitz .*New Studies in Devarim Deuteronomy.* (*עיונים חדשים בספר דברים*). The World Zionist Organization. 2010

Avigdor Bonchek，林梓鳳譯，《研讀妥拉:深度釋經指南》(*Studying the Torah: a Guide to In-Depth Interpretation*)，夏達華研道中心出版，2013 年 11 月。

什麼是「妥拉」？

摩西五經，又稱「**妥拉**」，希伯來文 (**תּוֹרָה**) 讀音 Torah，這個字的意思為「**指引、引導**」，英文為 instruction. (**תּוֹרָה**) 這個字究其「字根(**ירה**)」意義為「**射擊**」shoot. 或更進一步說，就是『**射中靶心，射中目標**』。[1]

顧名思義，妥拉就是耶和華神給以色列百姓的一套成聖「生活指南」，在這部生活寶典當中，耶和華神告訴祂的子民，**應該「如何」生活、「怎麼」生活。**因此，耶和華神乃是透過妥拉，向世人表明 祂對「人」受造的心意: 是要人「活出」神「尊貴、榮美、聖潔」的形象和樣式 。

此外，妥拉也是整本聖經的第一部分，**是神話語的「全部根基」**，妥拉是耶和華神 向世人「自我啟示」的「第一手文獻」，是以「第一人稱」「親口吩咐」一切的 聖法-典章-律例，也是耶和華神與以色列百姓所訂的永恆「約書(**סֵפֶר הַבְּרִית**)」[2]。事實上整本聖經詳述耶和華神「**直接說話**」紀錄「頻率-密度最高」的正是在妥拉/摩西五經當中。

在妥拉這部文獻中，可以清楚了解「**神的心意**」、祂「**做事的法則**」、以及 神在人類歷史中「**運作的軌跡**」，藉此顯明 耶和華神是「**主導歷史**」的主，祂給「**救贖歷史**」的發展主軸作了一個「**定調**」，就是 耶和華神確立以色列作為「**長子**」的名分，以色列要在萬民中做屬神的子民，成為『祭司的國度、聖潔的國民』，為列國的光。耶和華神立他「聖名的居所」[3] 在以色列當中。而那將來要做以色列的王、彌賽亞耶穌，祂會從「以色列家-猶大支派-大衛」的後裔而出。耶和華神將迦南地賜給以色列百姓為「永久的產業」。**在末後的日子，耶和華神要在以色列身上「顯出」祂大能的權柄和榮耀。**[4] 以上，就是耶和華神，在妥拉裡，**所架構出的一個救贖歷史的「格局和框架」**，好讓世人有一個清楚、可依循的「引導、指南」。

所以，妥拉就「不只是」耶和華神對一個民族所說的話，**還更是耶和華神對於全人類的心意**，包含祂所定下的 **各個節期**，和人類「救贖」大歷史的計畫。

---

[1] 關於「**妥拉**(**תּוֹרָה**)」一詞的詳細釋義，另見《奧秘之鑰-解鎖妥拉:利未記》No.10 妥拉<在我的律例>篇之第二段「律法與妥拉」。

[2] 出埃及記 24:7。

[3] 申命記 12:5,11,14,26, 16:2,6,7,11,15,16.。同參《奧秘之鑰-解鎖妥拉:申命記》No.4 妥拉<看哪>篇之第二段「立為祂名的居所」。

[4] 以西結書 36:23, 38:16,23。

同時，妥拉也不是一套墨守成規的律法、教條，就像文士、法利賽人所守的、所理解的那種方式，因為這正是耶穌所反對「面對妥拉的僵硬方式」。**妥拉乃是神的話語，是要『帶來生命和醫治』。**

正如約書亞記 1:8 所說：

> 『這**律法書** (原文是**妥拉**) [5]，不可離開你的口，總要晝夜思想，
> 好使你謹守遵行這書上所寫的一切話。
> 如此，**你的道路就可以亨通，凡事順利。**』

又如詩篇 1:2-3 所記載：

> 『惟喜愛耶和華的 **律法** (原文是**妥拉**)，晝夜思想，這人便為有福！
> 他要像一棵樹栽在溪水旁，**按時候結果子，葉子也不枯乾。**
> **凡他所做的 盡都順利。**』

及至到了被擄歸回時期，尼西米、文士以斯拉回到耶路撒冷後，他們所做的第一件事仍是『**恢復神的律:妥拉**』。

尼西米記 8 章，描述了這一感人肺腑的重大時刻：

> 『到了七月，以色列人住在自己的城裏。
> 那時，他們如同一人聚集在水門前的寬闊處，
> 請文士以斯拉，將耶和華藉摩西傳給以色列人的 **律法書(妥拉)** 帶來。
> 以斯拉站在眾民以上，在眾民眼前展開 **這書(妥拉)**。
> 他一展開，眾民就都站起來。...眾民聽見 **律法書(妥拉)** 上的話都哭了。』

整本聖經，對妥拉是充滿「**積極正面**」的教導，這是當然的，因為那是『**耶和華神的話**』。

又如詩篇 19:7 說：

> 『耶和華的 **律法(妥拉) 全備，能甦醒人心。**』

來到新約，耶穌與妥拉 [6] (當然) 也是息息相關。

---

[5] 妥拉(תּוֹרָה) 這個希伯來字在中文聖經多半被翻譯成「律法」，這其實並不是很好的翻譯。
[6] 同參《奧秘之鑰-解鎖妥拉:利未記》No.10 妥拉<在我的律例>篇之第三段「耶穌與律法」。

耶穌曾在約翰福音 4:22 親自提到 救恩的猶太根基，耶穌說：『你們所拜的你們不知道，我們所拜的我們知道，因為 救恩是從猶太人出來的。』

耶穌從『亞伯拉罕-以色列家-猶大支派-大衛的後裔』而出，耶穌「在世肉身」的身分，是個不折不扣的猶太人..正如保羅所說『列祖就是他們的祖宗；按肉體說，基督(彌賽亞) 也是從他們 (以色列) 出來的』羅馬書 9:5

耶穌在世，守安息日、上會堂，讀 (父神耶和華的) 妥拉、過父神耶和華的節期：逾越節、五旬節、住棚節……等等。在新約裡面，有許多地方記載耶穌「遵守妥拉」的典範，以及對妥拉「賦予新意」的教導。

首先、耶穌按照妥拉「受割禮」[7]，在聖殿中獻給父神。在路加福音 2:21-23 中寫道：『滿了 八天，就給孩子 行割禮，與他起名叫耶穌；這就是沒有成胎以前，天使所起的名。按摩西律法 (妥拉) 滿了潔淨的日子，他們帶著孩子上耶路撒冷去，要把他獻與主(父神耶和華)。正如主 (父神耶和華) 的律法 (妥拉) 上所記：凡頭生的男子必稱聖歸主。』

第二、耶穌運用妥拉中的教導，例如在路加福音 5:12-14 經文提到，當耶穌醫治完大痲瘋的病人後就對他說：『只要去給祭司查看，照摩西 (妥拉) 所規定的，獻上潔淨禮的祭物，好向他們作見證。』[8]

第三、在新約中，隨處可見耶穌遵守妥拉中「耶和華神所定下的節期」，譬如在馬太福音 26:17 中寫到耶穌守逾越節：「除酵節的第一天，門徒來問耶穌說：你吃「逾越節」的筵席，要我們在哪裡給你預備？」

事實上，耶穌來到世上的「道成肉身」的救贖工作，完全就是以「耶和華的節期」為中心展開。[9] 馬太福音 26:2，耶穌說『你們知道，過兩天是 逾越節，人子將要被交給人，釘在十字架上。』所以耶穌是「逾越節」被殺的羔羊，因為按照 父神耶和華的時間計畫表，耶穌在「逾越節」受難。耶穌在「初熟節」復活，所以耶穌成為『睡了之人初熟的果子』林前 15:20。最後，耶穌升天前囑咐門徒，要在耶路撒冷等候父神在「五旬節」的時候，將聖靈澆灌下來。使徒行傳 1:4

最後、耶穌在世 並沒有廢掉妥拉，乃是要成全妥拉。在馬太福音 5:17-18，耶穌說：

---

[7] 同參《奧秘之鑰-解鎖妥拉:利未記》No.4 妥拉<懷孕>篇之第五段「割禮的盟約」。
[8] 同參《奧秘之鑰-解鎖妥拉:利未記》No.5 妥拉<大痲瘋>篇之第五段「耶穌與大痲瘋」。
[9] 同參《奧秘之鑰-解鎖妥拉:利未記》No.8 妥拉<訴說>篇之第二段「節期的功能」。

『莫想我來要廢掉 律法/妥拉(תּוֹרָה) 和先知，

我來不是要廢掉，乃是要成全。

我實在告訴你們：就是到天地都廢去了，

律法/妥拉(תּוֹרָה) 的一點一畫 也不能廢去，都要成全。』

耶穌沒有廢掉妥拉，**耶穌要廢掉的** 乃是: 文士和法利賽人所奉行的僵化的、人為的「律法主義」。因為耶穌其實把律法/妥拉的標準「**提的更高**」，直搗妥拉的核心，也就是人的心思意念。『凡看見婦女就動淫念的，這人「**心裡**」已經與她「**犯姦淫**」了。』馬太福音 5:28

事實上，在耶穌、門徒和初代彌賽亞會堂[10] 的時期，他們所讀的是「希伯來聖經」，至少摩西五經(妥拉)和先知書的部分都已成冊。所以提摩太後書 3:16 說的『**聖經** 都是神所默示的，於教訓、督責、使人歸正、教導人學義都是有益的， 叫屬神的人得以完全，預備行各樣的善事。』這裡的「**聖經**」，自然指的是: 妥拉、先知書。

再來，在耶穌那個時候，也尚未有『受難日、復活節、聖靈降臨節...』這些後來人所制訂出來的節期；**耶穌和門徒們過的是妥拉中『耶和華的節期』。**

客觀忠實地回到聖經的文本和歷史脈絡中，**其實「耶穌自己」並沒有要自立於以色列先祖的「希伯來信仰的傳統」之外，另立「一個新的宗教」，並且自稱為這個「新宗教的教主」**，耶穌沒有這樣做。充其量我們最多只能說: 耶穌是希伯來信仰中，一個最具革命性、帶來最深遠效應的一位 (在希伯來信仰體系中的) 宗教改革者，只是這位改革者的身分極其特殊，因為他乃是父神耶和華所差來的:[11]

『我與「父神耶和華」**原為一**。』約翰福音 10:30

我們說，基督徒信耶穌，是耶穌的跟隨者，那耶穌自己有沒有信仰？

答案是肯定的，耶穌相信父神 (耶和華)，耶穌說：

---

[10] 相信耶穌是猶太人的彌賽亞的門徒們，及其所成立的會堂，稱之為「彌賽亞信徒和會堂」。

[11] 當耶穌談論上帝時，總會勾起人對 (以色列的) 上帝的回憶，記起 (這位)上帝所做的一切。這位上帝從地上萬族揀選亞伯拉罕，拯救以色列免受埃及奴役，上帝賜他們妥拉，讓他們成為祂的子民。這位上帝又藉眾先知，告訴他們救贖將要臨到。耶穌談論「上帝」，談論的是跟「以色列」有深厚淵源的上帝，不是討論哲學家想像的那個「抽象的」上帝。所以耶穌在猶太會堂、在耶路撒冷聖殿宣講信息，完全是理所當然，因為這裡就是以色列的上帝受人敬愛和崇拜地方。正因為如此，當眾人回應耶穌的信息時，『他們就歸榮耀給「以色列的上帝 (אֱלֹהֵי יִשְׂרָאֵל)」。』(馬太福音 15:31)。見《耶穌的福音-探索耶穌信息的核心》，Joshua N. Tilton，呂少香譯，夏達華研道中心出版，2015 年九月，頁 13. 第三章 <耶穌宣告「誰的」王國?>

『我以「父神耶和華」的事 為念。』路加福音 2:49

又說：

『子憑著自己什麼也不能做，
只有看見「父神耶和華」所做的，子才能做，
因為「父神耶和華」所做的事，子也同樣地做』約翰福音 5:19

再來看耶穌的<主禱文>就非常清楚，前三句話都是「指向」天父(耶和華神):

『我們在「天上的父神耶和華」，
願人都尊「祢耶和華神的名」為聖，
願「祢耶和華神的國」降臨，
願「祢耶和華神的旨意」行在地上如同行在天上。』馬太福音 6:9-10

如果耶穌在地上，凡事都按照「父神耶和華的旨意」在行事....那我們應該就有必要去認真探詢和了解「父神 (耶和華) 的心意」為何?「父神耶和華做事的法則」是什麼?，而這些，其實都已詳細地啟示-陳明在妥拉 (摩西五經) 當中。

因為，耶穌道成肉身，來到人世間的最終目的，是要把人「引向」父神耶和華那裏去，正如耶穌自己說的：

『我就是道路、真理、生命。
若不是藉著我，沒有人能到「父神耶和華」那裡去。』約翰福音 14:6

『因為我從天上降下來，不是要按自己的意思行，
乃是要按「那差我來者的」意思行。』約翰福音 6:38

『我的教訓，不是我自己的，
乃是「那差我來者」的。』約翰福音 7:16

這樣看來，作為聖子的耶穌，自然也就不可能會說出和父神耶和華「互相矛盾」的話語和教導出來，因為如詩人所言：

『耶和華啊，祢的話(妥拉) 安定在天，直到永遠。』詩篇 119:89

最後，用詩篇 119:1 這節經文來做一個小結：

『行為完全、**遵行耶和華律法 (妥拉)** 的，這人便為有福。』[12]

[12] 詩篇 119 篇除了是「篇幅最長」的一首詩篇，也是出現「妥拉(**תּוֹרָה**)」這個字密度最高，最頻繁的一首詩篇，一共出現 25 次之多，高居整本聖經之冠，原因無他，因為詩篇 119 正是在歌頌-讚美耶和華神「妥拉」的智慧奧妙，並教導人要愛「妥拉」、遵守「妥拉」。

目錄

創世記
「文本信息」綜論

創世記，希伯來文書卷名為 (בְּרֵאשִׁית)，意為「在起初」In the beginning.

顧名思義，這卷書講述「在起初」發生的重大事件，這些事件對未來人類歷史發展的影響「關鍵至鉅」，可以說創世記裡面的內容，已經「架構出、規範」人類歷史發展的總體方向和路線。

這些事件包括: 耶和華神的創造、人類的犯罪，人離開神、土地受咒詛、人類文明的「自行發展」、耶和華神的毀滅與「歷史的終結」。接著，就是「救贖」歷史的開展，由亞伯拉罕肩負「修復」世界的任務，將人類的道路「拉回」到「在起初」神創造的「正確軌道」上，並且，再由耶和華神「確立」出一條神聖產業「血脈傳承」的系譜，也就是 亞伯拉罕-以撒-雅各 這條「主線」，以「確保」修復世界、回到起初的總工程可以被「延續」下去，不致中斷。

因此創世記最後的結尾提到這條主線的發展「臻至完備」:『以色列人住在埃及的歌珊地。他們在那裏置了產業，並且生育甚多。創 47:27』至此，「創世-回到起初」的運作軟體 (以色列)，其雛形已初步的發展成形。

以上，就是耶和華神在創世記這卷書，<在起初>就已確立出的一個「救贖歷史」的架構。

正是因為耶和華神「確保並鞏固」這條以色列血脈傳承的系譜「代代相傳」，才讓後來那位應許的「彌賽亞」耶穌，得以「道成肉身」生在應許之地的伯利恆，是「亞伯拉罕-以色列-猶大支派-大衛家」的「肉身血脈」的真正後裔。[1]

馬太知道這個「救贖歷史」的架構的重要性和「脈絡」，因為如果沒有這個耶和華神 <在起初> 早就「已經設定」的「救贖歷史」架構，那當然也就不會有後來在「希伯來信仰」中所期盼的這位彌賽亞。

所以在馬太福音的起頭，馬太花了一整章的篇幅，來記載和回溯耶穌「肉身血脈」的聖約家族系譜，為的是要告訴我們: 耶穌，正是從這個以色列「救贖歷史」的

---

[1] 羅馬書 9:4-5『他們是以色列人，那兒子的名分、榮耀、諸約、律法、禮儀、應許都是他們的；列祖就是他們的祖宗；按肉體說，彌賽亞也是從他們出來的...』

架構和主線，代代相傳，所發展出來的。

因為耶穌，也正是在「承接」祂 (以色列) 先祖們：亞伯拉罕-以撒-雅各-以色列的「**神國度恢復**」、「**修復世界**」的使命，而來到這個世上，回應父神:耶和華的呼召，完成為全人類「贖罪」的偉大工程。

創世記 **No.1** 妥拉
<在起初>篇（**פרשת בראשית**）

本段妥拉摘要:

創世記第一段妥拉，標題<在起初>，希伯來文(**בְּרֵאשִׁית**)。

<在起初>這個標題，顧名思義，講述的就是人類歷史<在起初>所發生的一些重大事件，這些事件對日後世界歷史的發展影響至鉅。可以說，人類歷史的演變，在整部妥拉 (摩西五經) 的第一篇<在起初>，就已全部被定規好了，歷史的「原形」在創世記的這段妥拉中就已被具體地呈現出來。

這個所謂「歷史的原形」，也就是<在起初>篇這段妥拉經文敘事發展的脈絡，可以用幾句簡單的話來概括: 就是<在起初>神創造、但是，人悖逆、犯罪，罪又帶來人類敗壞、墮落，以及土地受咒詛的嚴重後果，然後人離開神，過著「自己作主，自行發展」的文明生活，最後耶和華神決定毀滅這個世界。

因此<在起初>人類道路走的是一條:『**從樂園到失樂園、從創造到毀滅，從屬神的靈到屬肉體、血氣**』的一個走向和發展。<在起初>人類的命運，和歷史的發展就已經終結，<在起初>就已經…我們說「遊戲結束，Game Over.」。

雖然人類注定走向毀滅的結局，無法自救。但耶和華神仍網開一面，給人類有救贖的恩典和機會。所以<在起初>篇這段妥拉的經文，斷在創世記 6 章 8 節。前面的經文 6 章 1-7 節都在講人的罪惡、敗壞已經到底，以及神的毀滅，但創 6:8 節卻話鋒一轉，說:『惟有挪亞在耶和華眼前蒙恩。』這就給下一段妥拉<挪亞>篇留下一個伏筆。

創世記 No.1 妥拉 <在起初> 篇（פרשת בראשית）

經文段落:《創世記》1:1 - 6:8
先知書伴讀:《以賽亞書》42:5 - 43:10
詩篇伴讀: 8、139 篇
新約伴讀:《約翰福音》1:1-18、《歌羅西書》1:15-17

一、 從樂園，到失樂園

摩西五經(妥拉) 的第一卷書: 創世記的第一段妥拉,標題 <在起初> (בְּרֵאשִׁית)，
經文分段從創 1:1 到 6:8。創 1:1 :

『在起初，神創造天地。』

בְּרֵאשִׁית בָּרָא אֱלֹהִים אֵת הַשָּׁמַיִם וְאֵת הָאָרֶץ

所以，妥拉的第一段標題，就是希伯來原文中，創 1:1 的第一個字 (בְּרֵאשִׁית)
<在起初>，英文 in the beginning.

<在起初> 這個標題，顧名思義，就是在講述宇宙的創造、世界的來歷，以及，
人類的初始，這一切的一切，並不是無中生有的，它背後的本源，乃是來自於一
位偉大的造物主、這位美善的神: 耶和華。

<在起初>，神所創造的天地是美好的，祂造光、造水、造空氣，造出一切有生
命的活物，我們看經文，每當神造出了一些東西之後，都會反覆提及『神看著是
好的。』直到耶和華神完成了祂的創世之工，創 1:31 經文這樣說:『神看著一切
所造的都甚好。』

因此，<在起初>，所有神創造的，都是美好的，整個宇宙、自然界、人類所生
存的環境，一切都是這麼的完好如初，天地萬物都是 照耶和華神所制定的自然
律來運行，人生活在伊甸園這個樂園中，衣食無缺，無憂無慮，人和神的關係是
合一、美好的，人和大自然的關係也是和諧的，<在起初> 所有的受造物，都正
如耶和華神所說的，都甚「美好、良善」(טוֹב) [1]。

---

[1] 一些猶太解經家詮釋「美好、良善」(טוֹב) 這個字，意指一切都是「按著耶和華神所定規的 神
聖-自然律」來運行。

但好景不常，自從亞當、夏娃「犯罪」後，情況就急轉直下，立刻惡化，美好的樂園，和和諧的世界都不復存在，而人類歷史的發展，也因著罪惡，而走向了敗壞，甚至到了「毀滅」的結局。這也就是 這一段妥拉 最後結尾所提到的：

> 『耶和華見人在地上 罪惡很大，終日所思想的 盡都是惡，
> 耶和華就 後悔造人在地上，心中憂傷。
> 耶和華說：「我要將所造的人和走獸，並昆蟲，以及空中的飛鳥，
> 都 從地上 除滅，因為我造他們後悔了。」』創 6:5-7

所以，<在起初>，人類的命運，和歷史的發展就「已經終結」，<在起初>就已經…我們說「遊戲結束」Game Over.，因為人類的犯罪、墮落，使大地敗壞，人把世界搞得亂七八糟，以至於耶和華神不得不親手毀滅，祂才剛剛創造好的世界和人。<在起初>神完美地創造，同時<在起初>人在犯罪、敗壞。而這樣的歷程，也就是創世記第一段妥拉<在起初>經文裡的一個「鋪陳和脈絡」，用幾句簡單的話來說，那就是：

這是一個 從樂園到失樂園、從創造到毀滅，從神的靈到屬肉體、血氣 的一個發展，而這個發展，其實也已經「預告」或者說「預先展示」，未來人類歷史走向的一個「規律」或形態。如果講得更激進一點，那就是，**人類總體歷史的演變，在整部妥拉 (摩西五經) 的首篇-第一篇<在起初>，就已經全部被定規好，歷史的「原形」在創世記的這段妥拉中就已經被具體地呈現出來**

這個所謂的「**歷史的原形**」，也就是在這一段妥拉的經文中，所處理的幾個重要的(神學)議題，譬如：

1. 神的創造、
2. 神對人的心意 (神把我們安置在伊甸園，讓我們修理看守)、
3. 人悖逆神 (吃了混雜著善、惡的知識樹上的果子)、
4. 而犯罪，而罪的工價乃是死，所以罪生出的果子，在亞當夏娃的下一代當中立刻產生，也就是該隱謀殺亞伯的事情，這代表著人倫之間，或人類關係的彼此撕裂、彼此殘害。
5. 最後，耶和華見人在地上罪惡很大，終日所思想的盡都是惡，所以，人類「注定走向」了「毀滅的結局」，無法自救。
6. 但是，神仍然網開一面，給人類有「救贖的恩典」和機會。

這就是為什麼這段妥拉<在起初>篇的經文會斷在 6 章 8 節的原因之一。前面的經文 6 章 1-7 節都在講人的罪惡、敗壞「已經到底」，以及耶和華神的「毀滅」，但

創 6:8 卻話鋒一轉，留下一個伏筆：

『惟有挪亞，在耶和華眼前 蒙恩。』

猶太人問，如果妥拉 (摩西五經) 的核心重點是耶和華神的「律法-誡命」，那為什麼妥拉不直接從出埃及記的「十誡和典章」開始講起，而是要從 創世 開始談起 ? 因為，從創世記開始記述的摩西五經，乃是要猶太人明白，同時也是向世人來顯明：

這位與以色列 交往、立約 的耶和華神，祂不只是單屬於以色列的一位 民族神祇，就像其他民族那樣，每個國家、民族都有自己供奉的神；這位與以色列有 盟約 關係的神:耶和華，祂乃是 創造天地宇宙萬物 的神，是 萬神之神，就如摩西的岳父:葉特羅所說的：

『耶和華是應當稱頌的；
祂救了你們脫離埃及人和法老的手，
將這百姓從埃及人的手下救出來。
我現今在埃及人向這百姓發狂傲的事上得知，
耶和華 比萬神都大。』出埃及記 18:10-11

而出埃及記開篇第一段妥拉<名字>篇所要處理和證明的也就是這項事實: 就是耶和華神，祂不只是以色列的民族神祇，祂還是 全地的神，是 創造萬有、掌管自然的造物主，祂是 萬邦-列國的神。但自詡為太陽神的法老，這位埃及大帝國的王，自認為自己才是世界的至高神、全地的主宰，所以法老不屑一顧地說『耶和華是誰，使我聽祂的話，容以色列人去呢？ 我不認識耶和華，也不容以色列人去！』 接著，耶和華神，正是透過十災的發生，具體地來向法老說明，誰，才是真正的萬王之王、萬神之神，誰，才是那位創造天地、統管宇宙、掌管自然界的造物者？ 是耶和華神！

正因為耶和華創造萬有，所有一切的受造物 都屬於祂，所以當以色列百姓被摩西領出埃及，來到西奈山準備領受十誡，和耶和華立約時，耶和華神才這樣對他們說：

『如今你們若實在聽從我的話，遵守 我的約，
就要 在萬民中 作 屬我的子民，
因為 全地 都是我的。』出埃及記 19:5

『祂 (耶和華) 向祂的子民 (以色列百姓) 顯出 大能的作為，
把 外邦的地 賜給他們為業。』詩篇 111:6

二、 善-惡的「知識樹」

在這一段妥拉中，我們看到，人的創造，是「最後」才出現的。耶和華神把所有宇宙自然、大地萬物的全體造好，讓整個生態系統運作以後，到「最後」，才把 人 造出來。而 人 的創造，也的確是創造的一個「極致和巔峰」，因為人是一個「精密複雜」的受造物。也只有 人 這個受造的物種，有 神性 的智慧、聰明和能力，來「管理」整個世界和地球。就如創 1:26 說的：

> 『**使他們管理** 海裏的魚、空中的鳥、地上的牲畜，
> 和全地，並地上所爬的一切昆蟲。』

而在所有受造的活物中，只有人，是被稱之為「有靈的」活物，並且是 **按照耶和華神他自己的「形象和樣式」** 造的，創 1:26：

> 『上帝說：「我們要照著我們的 **形像**、按著我們的 **樣式** 造人...』
> וַיֹּאמֶר אֱלֹהִים נַעֲשֶׂה אָדָם בְּצַלְמֵנוּ כִּדְמוּתֵנוּ

中文和合本聖經翻譯的「**形象**」英文 **Image.** 希伯來文叫 (**צֶלֶם**)，意思指的主要是「外在的」型態和模樣，在現代希伯來文 (**צֶלֶם**) 就是指「拍照者」，而同一個字根 (**צלם**) 的 (**מַצְלֵמָה**) 就是「照相機」。所以經文用 (**צֶלֶם**) 這個字來描述 **人有神的「形象」**，是一種很具象的表達手法，就好像是耶和華神，祂拿著相機，對著自己「自拍」，然後把拍出來的那個，我們說「照片裡的神的樣子」就當作是打造人的一個「模子」。

而「**樣式**」希伯來文叫 (**דְּמוּת**) 英文可以翻譯成 **character、personality** 或 **figure.**，當我們說，這部電影的男主角，他所具有的角色、他的「**性格、個性**」時，在希伯來文用的就是這個字(**דְּמוּת**)，所以中文和合本翻譯「樣式」的這個字(**דְּמוּת**)，指的是人的「**內在性情**」，他的 **精神**，和 **本質** 的部分。

因此，當我們說，人有神的 **形象**(**צֶלֶם**) 和 **樣式**(**דְּמוּת**) 的時候，指的就是，人的「外觀」模樣，和「內在」性情，**由裡到外，都是像神的**，由此可見，人的受造，何等可畏，人原來是具有多麼崇高和神聖的尊榮地位，就如詩篇 8:5-6 所說的：

> 『你叫他比上帝微小一點，並賜他 **榮耀尊貴為冠冕**。
> 你派他 **管理你手所造的，使萬物**，
> 就是一切的牛羊、田野的獸、空中的鳥、海裏的魚，

凡經行海道的，**都服在他的腳下。**』

雖然人的創造，是這樣的偉大，人，有上帝所賦予的榮耀和尊榮，但是，在這一段妥拉中，人因為不聽神的話，犯罪，使大地敗壞，到了最後，人的結局竟然是**被耶和華神毀滅。**

所以，我們可以回過頭來問：人的創造，是「**好的**」(**טוב**) 嗎？ 在創世記第一章裡面，神每每創造了一組物件，經文總會這樣說『神看著是好的。』但在造完人之後，這句『神看著是好的。』的話，並沒有出現。

人的創造，並不像自然界的其他活物一般，已經是一個完成品。因為，所有的植物和動物，都是按照神所訂規的自然律，和生態運作的法則在活動，每一個物種的生存習性和活動型態，都是被神規範好了，這些動、植物沒有所謂的「發展性」。人卻不一樣，人和其他物種最大的不同，就是人有 **自由意志**、有 **語言思想**，人可以 **選擇**，人可以 **創造**，人會 **發明**，人會 **變化**，人可以學好，當然，也可以學壞…因此，當耶和華神造完人之後，經文並沒有說『神看著是好的。』背後的涵義是在表明，人的好與壞，神聖與罪惡，要由你自己來決定。

所以，神給人一個其他物種都沒有的一個極大的特權，就是「**自由意志**」這個東西，但是在這段妥拉中，**神對這個「自由意志」的「測試和檢驗」卻是失敗了。因為人「選擇-不聽」神的話。**人「選擇-去違逆」神、「背叛」神。

經文提到亞當、夏娃吃了「分別善惡樹」上的果子，和合本中文聖經沒有把一個最關鍵的字翻出來，就是 知識。

『園子當中又有生命樹 和 分別善惡的 (知識) 樹。』創 2:9

這個「**分別 善惡 的樹**」希伯來是(**עֵץ הַדַּעַת טוֹב וָרָע**) [2]，詞組中的第二個字(**הַדַּעַת**) 就是「**知識、認識**」這個字。所以這棵樹是一顆「同時具有」善、惡的知識的一棵樹。

罪，是什麼？ **罪 就是：人想要自己做主，自己當家，人想要用自己人性的理性和智慧、自己屬人意的聰明和知識，去制定自己想要的生活模式，而不去聽神的話，遵守神的法則。**這個，就是罪。簡單說就是，人要知識，追求知識，但卻不願意順從神的吩咐、命令和教導。人因為好奇，想去接觸、認識關於「惡」的資訊和知識，以為自己能控制這個惡，結果，最後反而被「惡」所挾制和捆綁。

---

[2] 「分別善惡的樹」(**וְעֵץ הַדַּעַת טוֹב וָרָע**) 英文直譯為：the Tree of Knowledge of Good and Bad，但究其希伯來原文並無分別一詞，所以應翻成『(混雜著) 善和惡的知識樹』。

亞當和夏娃吃了這個「參雜著」善、惡「混合」的果子後，注意，**希伯來原文「並沒有」**分別 的意思，只說這棵樹的果子，是「**同時具有**」善、惡的果子。本來，亞當夏娃的生命和靈魂都是純全、良善的，裡面只有神的靈，只有 <在起初> 神創造他們時所賦予他們的聖潔，現在因為吃了這棵「參雜著」善、惡混合的果子後，惡就「進入」到他們的心思意念裡面去。

當亞當、夏娃吃進果子後，他們第一個動作，就是去「**找衣服**」來穿，是要來遮掩自己的「**羞恥-罪惡**」。在這個經文的敘事裡面，我們看到，人因為 **悖逆神、背叛上帝**，第一個被引發的動作，就是去「**找衣服、穿衣服**」。有意思的是，在希伯來文裡面，背叛(בָּגַד) 和 衣服(בֶּגֶד) 這兩個字 (字母組成) 完全一樣，字根同樣是由 (ב.ג.ד) 這三個字母組合而成。

亞當、夏娃知道他們自己犯罪了，背叛神，除了去「找衣服」來穿之外，他們和神之間原來的親密關係也發生巨大的變化。創 3:8：

> 『那人和他妻子聽見上帝的聲音，就藏在園裏的樹木中，
> 躲避耶和華上帝的面。』

這個時候，人和神之間的「距離和隔閡」產生了。人因為「罪惡」的緣故，不敢**來到神的面前**。接著，創 3:9 的經文繼續記述：

> 『耶和華上帝呼喚那人，對他說：「**你在哪裏？**」』

「你在哪裏？」的希伯來文(אַיֶּכָּה) 簡潔有力的一個字，這個字，表示了耶和華神對人的「質問和惋惜」。神無所不在，祂當然知道亞當、夏娃躲在哪裡，「**你在哪裏？**」這句話更深層的含意是: <在起初> 我造給你們的那個 **華美、榮耀的「形象和樣式」**怎麼破損了、你們本來所具有的神聖、尊貴怎麼不見了呢？ 你們怎麼會落到如此的境遇和地步? 你們現在 **在哪裡**？ 你們在過犯罪惡之中。

三、 犯罪與死亡

其實，在創世記的「第一段」妥拉，在整部摩西五經 54 段妥拉的「第一段」題為 <在起初> 的妥拉經文段落，就已把整個人類歷史給走完一遍、預演完一遍，因為<在起初>人類歷史的發展就已走向終結。換句話說，作為妥拉開篇的 <**在起初**>早已把人類發展史的方向、規律、法則和邏輯給定調，人類「**從創造到毀滅**」的這一整個過程，作為大歷史的縮影和原型，就在創世紀第一段妥拉中，給具體地呈現出來。

而這個所謂人類總體歷史的縮影和原型，其中的架構和內容，也就是<**在起初**>這段妥拉當中，經文脈絡裡所處理的幾個主要的議題，就是 人犯罪、悖逆神之後，所帶出的幾個重要後果，和所產生的巨大變化:

第一、人和神之間的關係開始有隔閡。
第二、人與人之間的關係被撕裂、彼此殘殺、有了仇恨。
第三、土地受到咒詛、大自然受到破壞。
第四、人自身或身體的變化。
第五、人類的生活環境變得困難和痛苦。

首先、人和神之間的關係開始有「距離和隔閡」，這是因為人犯罪、**不聽神的話、悖逆神** 的直接後果。其實，這是很好理解的，如果今天我「背叛」一位很要好的朋友，是過去一直「很用心照顧我」的好朋友，事情發生後，我們兩人的關係肯定會產生變化，我可能再也不敢去找他見面，再者，遭到背叛的這位好朋友心裡也一定會受傷，並且開始會對我產生「不信任和防備」。當亞當、夏娃，「背叛」這位親密好友: 也就是耶和華神的時候，神就把他們從伊甸園裡趕出去，又在伊甸園的東邊安設基路伯和四面轉動發火焰的劍，要把守生命樹的道路。這就是耶和華神開始對人，有了一種「不信任」和防衛的表現。

第二、人與人之間的關係開始有「不諒解」、產生「裂縫」。這件事，就是從人類歷史上的第一對 夫妻關係 中，所引發出來的。亞當、夏娃吃了「混雜」善、惡的知識樹的果子後，兩人彼此「推卸責任」，**把錯都怪給別人**。

當亞當、夏娃「犯罪」以後，耶和華神這時要出來咎責，神首先詢問的是，這位作為一家之主的 男人(亞當)，創 3:11-12:

『耶和華說：「誰告訴你赤身露體呢？
莫非你吃了我吩咐你不可吃的那樹上的果子嗎？」
亞當說：「祢所賜給我、與我同居的這個女人，
她把那樹上的果子給我，我就吃了。」』

要問的是，亞當難道不知道，「混雜」善、惡的知識樹果子是不能吃的嗎？亞當
他當然知道，也非常清楚，因為，在創 2:16-17 耶和華神早已經對亞當講得很明
白，而且也更進一步說明，吃這果子的嚴重性：

『耶和華上帝吩咐亞當說：
「園中各樣樹上的果子，你可以隨意吃，
只是混雜著善、惡樹上的果子，**你不可吃**，
因為你吃的日子 **必定死！**」』

但是，當耶和華神出來詢問亞當時，亞當卻裝作不知道，他「不承認」自己的犯
錯，反而是，先把矛頭指向神，說：『是祢，耶和華神所造給我的這個配偶給我
惹麻煩』，接著，再把責任推給夏娃，『是這個女人，這個與我一起生活的太太，
是她，她把這樹上的果子，摘給我吃。』就這樣，亞當把「犯罪的責任」推的一
乾二淨。

那夏娃呢？她看到自己的頭，這位一家之主如此的「推卸責任」，把罪怪到她身
上，可以想見的是，夏娃是受到委屈。不過，夏娃也清楚知道「不可以」吃善、
惡的知識樹的果子這條禁令，但是，當夏娃被神質問的時候，她也跟亞當一樣，
怪罪他人，夏娃說『是蛇引誘我，我就吃了。』但其實，夏娃心裡也想責問亞當，
就是：『當我把果子拿到你面前的時候，**亞當你怎麼「沒阻止」我**，反倒是和我
一起吃起來，吃完了以後，還怪我。』

就這樣，亞當和夏娃的關係，因為「犯罪」的緣故，使「惡」進入到家庭之中，
讓彼此的親密關係遭到破壞，而這個「罪惡」傳到下一代 的時候，就生出更嚴
重的後果，那就是：該隱殺害亞伯，哥哥殘害弟弟的一樁人倫悲劇，這是聖經裡，
提到的第一場謀殺案。<在起初>，人已經會殺人，而且殺的，是自己的親人。

第三、人犯罪之後的結果，造成了「土地受咒詛」，自然界受到破壞，土地不再
為人效力。創 3:17，耶和華神對亞當說：『地 必為你的緣故 受咒詛。』接著 18
節又說：『地 必給你長出荊棘和蒺藜來。』

關於大自然，因為人的技術、工業、和科技的發展，而受到破壞、生態浩劫，這
我們不陌生，舉凡全球暖化、海平面上升 、空氣汙染、水汙染、核輻射汙染……

等等，都可以說是，人「犯罪」後，造成「大自然反撲」的一個總體後果和具體表現。

第四、人犯罪以後，身體也發生了變化。本來，耶和華神 <在起初> 所創造的人本是完美聖潔、無瑕疵的，並且人是「不會經受」勞動和痛苦的，可是當惡，進入到人的生命裡面以後，身體產生了變化，在創 3:16，耶和華神對夏娃說：

『我必多多加增妳 懷胎的苦楚；
妳生產兒女必 多受苦楚。』

早期，在醫療不發達的時代，女人生產確實常常是冒著生命的危險，並且胎兒的夭折和死亡率也比較高。然而，為什麼女人的「生產」要遭受這麼大的風險，要經歷「死亡」的威脅？ 耶和華神造人以後，不是說要賜福他們，要他們「生養眾多」嗎？ 若按著神的祝福，女人的「生產」應當是件非常自然、順利又安全的事情。然而，因為人類的始祖:亞當、夏娃「犯罪」以後，這個罪惡對人類身體所造成的影響和後遺症，就一直延續到今日，『 罪的工價乃是死。』當女人在**生產的時候，她們就或多或少地籠罩在死亡的陰影下，承受著懷胎和臨盆的痛苦**。

人因為犯罪，這個本來完美、聖潔的身體，因著罪惡的侵蝕，身體會慢慢地腐朽、衰敗，並且最後走向死亡，這就是創 3:19 說的：

『因為你是從土而出的。
你本是塵土，仍要歸於塵土。』

3:19 節這裡，耶和華神只提說人「物質」的組成部分。這樣的口吻，和先前 (亞當、夏娃 犯罪前 的) 創 2:7 說的不同，創 2:7：

『耶和華上帝用地上的塵土造人，
將 生氣 (נִשְׁמַת חַיִּים) (the soul of life) 吹在他鼻孔裏，
他就成了 有靈的 活人。』

2:7 節中的「生氣」，這個詞組可以翻譯為「永生的靈魂」。所以，可以說: <在起初> 亞當、夏娃犯罪以前，他們所具有的身體，很可能是一個「不會朽壞」的身體。**但是「犯罪」以後，身體開始漸漸敗壞，最後必須走向「死亡」。**

最後、講到人「犯罪後」的後果。這個後果，其實就是人類在「**遠離神**」之後的一個狀態的描述。那就是: 人類「被逐出」伊甸園這個充滿愉悅、讓人得以安息、

可以與神親近的樂園，人類失去了這樣生活的喜樂和平安之後，人開始必須要汗流滿面、自食其力，才得糊口，並且要終身勞力。簡單來說，就是，因著犯罪，人才被隔絕在伊甸園之外，開始了勞動工作的辛苦生活。這就是創 3:17-19 所說：

> 『你必 終身勞苦 才能從地裏得吃的。
> 地必給你長出荊棘和蒺藜來；
> 你必 汗流滿面才得糊口，直到你歸了土。』

四、 自己做主

亞當夏娃犯罪以後，被趕出伊甸園，離開這座美好、令人得享安息的樂園，同時也遠離了神的同在，在外面，開始過著辛苦、勞動的生活。然而，雪上加霜的是，**罪惡的權勢傳遞到下一代時，結出更可怕的果子，產生更嚴重的後果，而這後果也是影響深遠的。**

我們看到，亞當、夏娃生的第一個兒子: 該隱，他殺害自己的親弟弟:亞伯，然後，該隱也有樣學樣的，學他的父、母親:亞當、夏娃，『犯錯，但卻不肯認錯。』

> 『耶和華對該隱說：「你兄弟亞伯在哪裏？」
> 該隱說：「我不知道！我豈是看守我兄弟的嗎？」』創 4:9

該隱的回答，讓我們看到，即便他犯罪，但他卻可以振振有詞、毫無懺悔地回應神的質問，這表示，該隱的良心已經泯滅。

接著，創 4:11-12，耶和華神對該隱說：

> 『地開了口，從你手裏接受你兄弟的血。
> 現在你必從 這地受咒詛。你種地，地不再給你效力；
> 你必 流離飄蕩 在地上。」』

這裡，我們看到，土地又再一次地因著人的罪惡，受到咒詛，上次是亞當，這次是他兒子該隱。於是，該隱為了要找尋一個藏身之處，在創 4:16 提到：

『該隱就 **離開** 耶和華的面，
去住在伊甸東邊 **挪得(נוֹד)** 之地。』

一個「遠離神」的人，從屬靈上來說就是一個「流離飄盪」的人。「流離飄盪」
的希伯來文動詞(נָד, נָדַד)讀音 nad, nadad、名詞(נוֹדֵד)讀音 noded，而「挪得」
(נוֹד)讀音 nod 意思其實就是「漂泊流離」。因此，「挪得」之地，正是表明了該
隱在離開神以後，所處的一種生活狀態，就是: 浪跡天涯，居無定所。

以上，剛剛說的，就是該隱「犯罪」後的結果，這個結果是，除了土地受到二度
咒詛之外，該隱的罪惡，還造成亞當、夏娃這個人類第一家庭的破碎，罪惡造成
親人之間的隔絕，該隱離家出走，過著流離飄盪的生活。除了離開自己的父、母
親，更嚴重的是，該隱也離開了神，創 4:16 說:

『該隱 **離開** 耶和華的面。』
וַיֵּצֵא קַיִן מִלִּפְנֵי יְהוָה

更白話的意思是說，該隱想要，不受到耶和華神的監視和約束，他想要 **脫離耶
和華神的視線之外**，出去自行發展、自己生存。

「該隱」的名字 (קַיִן) 意思是「得」，正如夏娃說的:

『耶和華「**使我得了**」(קָנִיתִי) 一個男子。』創 4:1

但諷刺的是，現在這個兒子「**卻失喪**」了。隨著該隱的離家出走，離開他的父母
親: 亞當、夏娃，也離開了耶和華神，從此，就展開了這一條「**人類文明**」自行
發展、自己當家 的不歸路。

我們看到，該隱，和他的後代「發明」很多 **技術**，和 **器具**，由該隱開始，他和
他的子孫「創造」一系列的城市文明，

『該隱 建造了 一座城，
就按著他兒子的名，將那城叫做以諾。』創 4:17

都市文明，或者說城市現代化的一個普遍現象就是，城市當中雖然擁有許多高科
技的專業人才，但人與人之間的關係是很疏離的。而該隱作為第一個(בָּנָה עִיר)
「城市建造者」，正好就表現出他這種「疏離、孤獨」的個性，該隱「切斷」他
原本與家人、與大自然、土地，以及與上帝的關係和連結，該隱要的是: 技術、
科技、和文明。

創 4:19-22 接著提到該隱的後代子孫的文明進展：

> 『雅八就是 **住帳棚、牧養牲畜** 之人的祖師。
> 猶八；他是一切 **彈琴吹簫** 之人的祖師。
> 土八・該隱；他是打造各樣 **銅鐵利器** 的。』

所以，從該隱的「**城市化**」開始，後續接連出現的是:

1. 雅八，是住帳棚、牲畜之人的祖師。這代表人類開始有「**製造業、畜牧業**」。
2. 然後，猶八，是一切彈琴吹簫之人的祖師，這表示人類有「**藝術、音樂**」的文化發展。
3. 接著土八・該隱是打造各樣銅、鐵利器的祖師，這是說明人類已經發展到「**輕工業、礦業**，甚至是 **軍事工業**」，因為銅和鐵是古人打造武器的主要原料。

以上這些，所謂的「**人類-文明**」的發展，都是由亞當、夏娃 這位 (已經**失喪了**) 的大兒子:該隱，**這位殺人犯**，他所創造和發展出來的。雖然看似都是很了不起的成就，可是，**所有的這一切，最後，都被耶和華神，用大洪水，全部毀滅**。

耶利米書 17:5，耶和華如此說：『倚靠 人血肉的膀臂，心中離棄耶和華的，那人有禍了！』

五、 人的終結

創世記第 4 章，經文簡潔有力地描述完該隱的 謀殺犯罪，該隱的 離家出走、該隱 離開耶和華神的面，開始過著 自己當家、自己作主 的城市文明生活，還有他的後代子孫們所發明的一切技術、器具和科技，到最後 4:26 這節經文收尾，也給人類歷史發展 (到目前為止) 的狀況作了一個總結，創 4:26 說:

> 『塞特也生了一個兒子，起名叫 以挪士(אֱנוֹשׁ)。
> 那時候，人才求告耶和華的名。』

以上，這是中文和合本聖經的翻譯。

首先，我們看「以挪士」 (אֱנוֹשׁ) 讀音 Enosh，這個字的意思其實是「人，或 人性」，再進一步講，就是「以人為本、以人為中心」的意思，就是所謂的人本主義。我們看民數記 24:17 的經文，那裡記載先知巴蘭對於以色列將來的預言：

『有星要出於雅各，有杖要興於以色列，
必打破摩押的四角，毀壞 擾亂之子(כָּל-בְּנֵי-שֵׁת)。』

最後提到的這個「擾亂之子」，希伯來文(כָּל-בְּנֵי-שֵׁת) 英文 all the sons of Sheth，之直接翻譯出來，就是『所有賽特的兒子 (子孫/後代) 們』，賽特的兒子是誰？ 就是 以挪士(אֱנוֹשׁ)，也就是說，那些 以人自己為主、不聽神的話、悖逆神，想要自己作主的人，這就是所謂的「擾亂之子」。

再回到創 4:26 經文的最後一句話，賽特生了以挪士，『那時，人才求告耶和華的名。』這句話的意思，恰好和希伯來原文語句的意義相反，希伯來原文這樣說：

אָז הוּחַל לִקְרֹא בְּשֵׁם יְהוָה
較合理的英文翻譯應該是
then to call in the name of the Yehovah became **profaned**.

這句話關鍵的動詞在於(הוּחַל)，是「被褻瀆」的意思。也就是說，從「以挪士」的出生開始，在耶和華神的眼中，人類澈底的敗壞了，因為人，讓求告耶和華神的名 這件事，被褻瀆，什麼意思？ 就是:人開始用「自己人意」的方式來敬拜神，譬如: 造一尊像就說這是神，或者，用一些偉人或天體 (例如太陽、月亮) 來比擬神的形象和特性，或者，用廟妓淫亂、殺嬰獻祭的方式來來敬拜神……等等，用這些「人所發明」的種種形式和活動來敬拜耶和華，這當然 讓求告耶和華神的名這件事，大大地被褻瀆， 因為神說: 這根本不是敬拜、求告神的方式。所以 4:26 的翻譯應該是:

『塞特也生了一個兒子，起名叫以 以挪士(אֱנוֹשׁ)。
那時候，人讓求告耶和華的名，被褻瀆。』

接著來到創世記第五章，這一章交代了亞當一直到挪亞，整整十代人的家譜，其實看起來很像「一份清單」，耶和華神逐一地在「清算和盤點」。第五章的經文可以看作是一個「回顧」，耶和華神哀傷地數算這十代，看著人類歷史的發展，從創世的完美，伊甸園的合諧，和人類受造的尊榮，但因著亞當夏娃的「犯罪」，讓惡進入到人類的歷史當中，接著，一代不如一代，越來越敗壞，直到創 6:3 這裡，耶和華神說:

『人既屬乎 血氣，我的靈就永遠都不會 住在 他裏面。』
לֹא-יָדוֹן רוּחִי בָאָדָם לְעֹלָם בְּשַׁגַּם הוּא בָשָׂר

6:3 節的「血氣」(בָשָׂר) 英文 flesh，更直白的翻譯就是「肉體」，而『神的靈永遠都不會「住在」人的裡面』這個和合本中文翻譯的「住在」這個動詞 (יָדוֹן) 希伯來文是指「審判、與...爭辯、掌管」之意，意思就是說：耶和華神，現在準備要「放手不管」，神的靈 再也不會，或者說沒有辦法「去掌管」人、和人「去做真理的爭辯」，只能讓人過著完全按照「肉體」邪情私慾的生活方式，我行我素，去 自生自滅。

接著創 6:5：

　　　　『耶和華見 人在地上 罪惡很大，
　　　　　終日所思想的 盡都是惡。』

上面這節經文，道出了創世以來，人類的「完全敗壞」，所以接下來創 6:6-7，耶和華神說：

　　　　『我 後悔 造人在地上，心中 憂傷，
　　　　我要將所造的人和走獸，並昆蟲，以及空中的飛鳥，
　　　　都從地上 除滅，因為我造他們 後悔 了。』

就這樣，創世記的第一段妥拉<在起初>，神要以澈底除滅的方式，來結束這一切，「終結」人類歷史的發展。

不過，雖然如此，神仍然給人類「救贖」的機會，他耐心地等了十代，終於等到一個人的出生，他的名字叫「挪亞」(נֹחַ)，這個名字的意思是「休息」，因為，這個時候，神要讓這個已經被人類「殘害、強暴、汙穢」的大地，要用大水好好「洗靜／淨」，並且讓大地「休養生息」。正如挪亞的父親拉麥說的：

　　　　『給他起名叫 挪亞(休息)，說：這個兒子，
　　　　必為我們的操作和手中的勞苦 安慰 我們；
　　　　這 操作勞苦 是因為耶和華咒詛地。』創 5:29

問題與討論：

1. 綜覽-通讀創世記的第一段妥拉<在起初>篇的經文，從創 1:1 到 6:8，你覺得這一整段的經文「**發展走向**」和「**脈絡鋪陳**」是越來越好，還是越來越糟的? 人的光景<在起初>是越來越像神，持續保有神榮美的形象和樣式，還是越來越墮落敗壞？

2. 思考亞當、夏娃為什麼要去吃 **混雜著** 善-惡的「**知識樹**」，以及他們吃了之後的結果是什麼？

3. 透過第三段的信息「犯罪與死亡」，你可以找出: 人「**悖逆神**」,「**犯罪**」以後，帶出了哪些可怕的後果，和所產生的巨大變化？

4. 該隱離家出走，他離開了父、母親，也 **離開了耶和華神的面**，因為該隱想要走一條「**自行發展、自己當家**」的道路，他自己建造城市，他的後代也「**創造、發明**」許多技術、器具，和各樣的文明，但最後的結局是什麼？

5. 思考創 6:3：『人既屬乎 **血氣**，**我的靈** 就永遠都 **不會住在** 他裏面。』這節經文的深刻意涵。 也試著想像一下，當一個人 『終日所思想的盡都是惡』，徹底敗壞，以致於到了 神 (真理-聖潔) 的靈「無法掌管」、也「不會住在」一個人的裡面的景況是如何？

創世記 No.2 妥拉

<挪亞>篇 （פרשת נח）

本段妥拉摘要:

創世記第二段妥拉，標題<挪亞>(נֹחַ)。 <挪亞>的希伯來文(נֹחַ) 意思就是<休息>。

之所以把<挪亞>這個名字挑出來，當作是創世記第二段妥拉的標題，顧名思義，就是耶和華神，此時想要讓這個因著人類的罪惡而被詛咒、污穢的大地，得到大水的洗淨、和暫時的<休養生息>。而挪亞一家，也因著義人<挪亞>的信心和順服，在大洪水毀滅時，最後全家得救，並「歸回安息」。

另外，<挪亞>也正是這一段妥拉的主角，因為他對他三個兒子:閃、含、雅弗，以及他們的後代子孫所發的 預言，**深深地影響未來人類歷史的發展和格局**，特別是挪亞說到：『耶和華，是閃的上帝』。

儘管耶和華神已經用洪水的毀滅，來警告世人，但是在大洪水毀滅之後，不過三、四代的時間，人類的罪惡又開始蠢蠢欲動，**巴別塔事件** 的發生，這又是一次人類想要「自己做主」、不敬畏耶和華神的悖逆行動。於是，耶和華神又再一次出手，「介入到」人類歷史當中，「強制終止」人類文明的自行發展。

直到挪亞的第十代孫: **亞伯拉罕** 的出現，這位肩負著「恢復」並且活出神榮美的形象和樣式的人類代表，阻止人類繼續走向完全墮落、澈底敗壞的發展和結局。如此，才讓耶和華神，和人類、以及大地之間，那原本處在對立、破裂的關係稍微緩和下來。這才讓耶和華神「放心」、得以「暫時休息」，這就呼應本段妥拉的標題<挪亞> (נֹחַ) 就是<安息、休息>。

創世記 No.2 妥拉 ＜挪亞＞ 篇（פרשת נח）

經文段落:《創世記》6:9 - 11:32
先知書伴讀:《以賽亞書》54:1 - 55:5
詩篇伴讀: 29 篇
新約伴讀:《彼得前書》3:18-22、《路加福音》17:20-27、《馬太福音》24:36-44

一、 「與神同行」的＜挪亞＞

創世記第二段妥拉，標題叫 ＜挪亞＞。經文段落，從創世記 6:9 節開始，到 11:32 節，也就是 11 章的最後一節結束。創 6:9：

> 『＜挪亞＞ 的後代記在下面。』
> אֵלֶּה תּוֹלְדֹת נֹחַ

＜挪亞＞(נֹחַ)這個字是 6:9 節希伯來原文的第三個字。之所以把＜挪亞＞抓出來，當作創世記第二段妥拉的標題，顧名思義，就是耶和華神，此時，想要讓這個因著人類的罪惡而被詛咒的、污穢的大地，得到「洗淨、休息」，因為＜挪亞＞的名字，希伯來文就是「休息」的意思。而＜挪亞＞一家，也因著＜挪亞＞的順服，建造方舟，最後躲進方舟裡，在大洪水毀滅時，一家八口，都得以在這個避難所裡面，得救，並且歸回 安息。

另外，＜挪亞＞也正是這一段妥拉的主角，因為他對他三個兒子:閃、含、雅弗，還有他們的後代子孫所發的 預言，深深地影響未來人類歷史和發展和格局。再來，＜挪亞＞的第十代孫:亞伯拉罕，他成為耶和華神，所揀選的人，亞伯拉罕作為一個肩負著，恢復並且活出神榮美的形象和樣式的人類代表，阻止了人類繼續走向完全墮落、澈底敗壞的發展和結局。而亞伯拉罕的肉身後裔，透過以撒、和雅各的這一血脈傳承，將來就成為上帝的選民: 以色列。回到＜挪亞＞，這段妥拉一開始就提說他:

> 『是個義人，在當時的世代是個完全人。
> 挪亞 與上帝同行。』
> נֹחַ אִישׁ צַדִּיק תָּמִים הָיָה בְּדֹרֹתָיו׃
> אֶת-הָאֱלֹהִים הִתְהַלֶּךְ-נֹחַ

中文和合本聖經翻譯的「與神同行」希伯來文「同行」的動詞 (הִתְהַלֶּךְ) 有「來、回走動」的意思，所以更具體和形象化地解釋就是：<挪亞>以神為中心，他會在耶和華神面前 不斷地 來回走動，隨時緊跟著神，神行走到哪，<挪亞>就跟到哪。這代什麼？ 這代表<挪亞>的生活、生命，是以神為中心，把上帝擺在首位的。

彼得後書 2:5：『上帝也沒有寬容遠古的世代，卻用 洪水 淹沒那些「心目中沒有上帝」的人，只拯救了傳揚正義之道的挪亞和其他七個人。』

正因為<挪亞> 以神為中心，把神擺首位，所以他才能回應神的呼召和使命，去蓋一艘巨大無比的方舟。不過，這樣的工作，在當時 (那個充滿敗壞罪惡的世代) 的人看來，是一件荒謬的事情，當人們照常吃喝嫁娶、飲酒作樂，這樣過著日常生活日子的時候，卻看到一個人，在蓋方舟，大家都認為，是不是這個人腦袋有問題。

確實，有時候「神給的異象」是我們無法理解的。但從<挪亞>造方舟這件事讓我們看到，<挪亞>對於這樣不可理喻的呼召：蓋方舟，並且還要去聚集各樣的動物。<挪亞>是 持守信心，堅定到底，並且他「等候」耶和華神的時間。

希伯來經文惜墨如金，用字精簡扼要，如果有些字句「反覆出現」，那就代表，這些字詞是經文所要表達的「重要訊息」。在這段妥拉裡面，我們看到，當經文記載<挪亞>蓋方舟時，有一句話是經常重複出現的，那就是：『凡神所吩咐的，挪亞都照著行了。』

『<挪亞>就這樣行。凡上帝所吩咐的，他都照樣行了。』創 6:22

『<挪亞> 就遵著耶和華所吩咐的行了。』創 7:5

『都是一對一對地，有公有母，到<挪亞>那裏進入方舟，
正如上帝所吩咐挪亞的。』創 7:9

『凡有血肉進入方舟的，都是有公有母，
正如上帝所吩咐挪亞的。』創 7:16

『人一切的勞碌，就是他在日光之下的勞碌，有什麼益處呢？
一代過去，一代又來，地卻永遠長存。』傳道書 1:2-3

<挪亞>那個時代的人類，地受咒詛，人要勞苦，不得安息，但是 一生勞碌、追

逐世界的終局 是什麼？ 是 歸於無有，並且，還要面對 大洪水的審判。

對於這位在歷史上僅存的「橫跨」在『洪水世紀前-後』的人<挪亞>來說，親眼看到上帝「毀滅」和大地再次「重生」的劃時代見證者，以下這件事，挪亞感受特別深刻..

就是，當一個人在面對他生命的終局時，他唯一會關心的事情就是，他一生歲月的工作、勞碌和辛苦『有沒有...被神所紀念』。如果神沒有紀念的話，那一切終究是虛無、歸於無有..

挪亞的「與神同行」，親眼見證人類的毀滅和大地的重生，讓他清楚知道一件事，就是傳道書 12:13-14：

『這些事都已聽見了，總意就是：敬畏上帝，謹守他的誡命，這是人所當盡的本分。因為人所做的事，連一切隱藏的事，無論是善是惡，上帝都必審問。』

在<挪亞>篇裡，最後，只有這位以神為中心，把神擺在首位的<挪亞>，他的勞苦和他手中所做的工作「被神紀念」，也被神使用。挪亞一家進入方舟，得救，並且進入到<安息>之中。

二、 閃、含、雅弗

在妥拉 (摩西五經) 中，經文常常會提供一個「主軸和脈絡」，這個所謂「發展的軸線」，會提供許多的線索和訊息，為的是要告訴讀者，人類歷史的發展，將會根據這個架構和主線來進展。因此，我們在讀經時，要特別去留意這些資訊，並且「抓出、理出」這樣的脈絡和主線。

在創世記第二段妥拉<挪亞>篇，正好就出現了這樣的狀況，人類歷史將來的發展進程和格局，透過<挪亞>的預言，被表明出來。

來看 創 9:25-27，這三節經文，<挪亞>分別談到他的三個兒子: 迦南、閃、雅弗。

首先提到 含的兒子 **迦南**：

> 『迦南當受咒詛，
> 必給他弟兄作奴僕的奴僕；』創 9:25

再來 **閃**：

> 『耶和華－閃的上帝 是應當稱頌的！
> 願迦南作閃的奴僕。』創 9:26

接著 **雅弗**：

> 『願上帝 **使雅弗擴張，使他住在閃的帳棚裏**；
> 又願迦南作他的奴僕。』創 9:27

先來理解一下「 閃、含、雅弗」這三個名字本身的希伯來文意思

1. 閃 (שֵׁם)「名字、名號」Name. 的意思。
2. 含 (חָם)「熱」Hot. 的意思
3. 雅弗 (יֶפֶת)「美麗、華美」Beauty.之意，當動詞 [1] 為「延展擴張」expand.

如果去看地圖，會發現: 閃 的後代主要居住在 **亞洲近東** 一帶、含 的後代大部分在 **非洲**，含 的希伯來文剛剛說過，是 **熱** 的意思，這正好對應到他們所住的地方。**雅弗** 的後代則多半是在 **歐洲**。

再回到創 9:25-27 這三節的經文，這三節經文的內容，正是<**挪亞**>所發出，影響人類歷史發展最深遠的預言：

首先是 9:25 節。含的兒子迦南，迦南的後代受到咒詛，或者說，<**挪亞**>似乎預先看見，迦南的後代子孫會繼續「犯罪、墮落、敗壞」，以致到最後，遭到毀滅。創 10:15 提到迦南的幾個兒子: **赫人、耶布斯人、亞摩利人、希未人**……等等，這些人，最後都被以色列百姓，過約旦河、得地為業時，遭到以色列人的攻擊。

而 **迦南** 的這幾個兒子的人名，之所以在創世記第二段妥拉<**挪亞**>篇就被提及，乃是要為著接下來妥拉的經文發展作一個鋪陳，因為這些人名，在之後的書卷，在出埃及記、民數記、申命記都還會再次被提及。例如，在出埃及記 3:8，耶和華神對摩西說：

---

[1] 「雅弗」的動詞字根 (פתה)。所以創 9:27 的第一句經文『願上帝使 **雅弗 - 擴張** 』從希伯來經文看像是一個「一詞雙關」的修辭。希伯來原文 (יַפְתְּ אֱלֹהִים לְיֶפֶת)。注意到第一個字和最後一個字都是由同樣的三字母 (י.פ.ת) 組成。

『我下來是要救他們脫離埃及人的手，領他們出了那地，
到美好、寬闊、流奶與蜜之地，就是到
迦南人、赫人、亞摩利人、比利洗人、希未人、耶布斯人之地。』

另外，也因為 **迦南人**的「道德敗壞」，所以以色列的先祖們、亞伯拉罕-撒拉、以撒-利百加，都不願自己的兒子和迦南女子通婚。再來，如果我們仔細看 **含** 的後代名單，會發現有一些人的名字，是將來以色列的仇敵，例如創 10:6 的「**麥希 (מִצְרַיִם)** 就是後來的「**埃及**」[2]，另外創 10:14 又提到，麥希的其中一個子孫是: 非利士人。

再來是創 9:26 節，這裡說:『耶和華— **閃** 的上帝是應當稱頌的！』注意這節經文，不是說 **閃** 是應當稱頌的，而是說「**耶和華閃的上帝**」是被稱頌的，也就是說，在 **閃** 的後代當中，會有一個子孫，被揀選出來，來侍奉神，讓神的 **名號** (閃的希伯來文字義就是名字)，透過這個子孫來傳揚，來稱頌，這個閃的第九代子孫，就是 **亞伯拉罕**。再透過他的後代:**以撒-雅各**，而成了 **以色列**。

最後創 9:27 提到 **雅弗**，這節經文說『願上帝使 **雅弗 擴張**，使他 **住在「閃」的帳棚裡。**』前面說過，**雅弗** 的後代主要居住在 **歐洲**。而歐洲，正好就是西方文明的所在地，如果去讀世界歷史，西方文明的 **開展**，**擴張**，甚至 **侵略**，都是從歐洲開始的。這裡，我們回來看一下經文，在創 10:2 這邊，提到了雅弗其中一個兒子，叫「**雅完**」，希伯來文(יָוָן) 就是「**希臘**」。而希臘文明，就是西方文明的發源地。

古希臘人喜歡追求「力與美」的事物，特別是對「人體的完美」表現情有獨鍾，所以希臘人發明了奧林匹克運動會，讓人可以彼此競技、並「展現」自己身體的力與美。因此，希臘人所追求的是 **人自身的完美，以人為中心**。

回到創 9:27 的經文，重點在後半段，講到要『使雅弗，**住在閃的帳棚裡。**』這是說，由「希臘」文化所代表的 **雅弗** 文明，他的文明成果和發展，是在於「人本身」的自我實現，追求的是「人類自我」的 **理性、知識、智慧** 和 **美學**，這些東西固然是好的，但是 終究要 把他們『**放在閃的帳篷裡**』，也就是說，人類所具有的這些聰明、才幹、技術，要用在 **閃**，所代表的『**追求真理、敬拜真神**』的侍奉和工作上。否則的話，人類將會走向崇尚自我、追逐感官肉體的享樂主義，最後墮入邪惡和敗壞之中。

---

[2] 「麥西、埃及」的希伯來文都是 (מִצְרַיִם)。

三、 巴別塔事件

在<挪亞>篇裡，耶和華神「兩次阻撓」或說「終止」人類的發展，這兩次都因人類「犯罪、悖逆神」所引發，一次是 大洪水，另外一次就是 巴別塔變亂語言 的事件。

巴別塔事件的發生，記載在創 11:1-9。不過在創 10:8-12 卻先給了一個線索，告訴我們，建造巴別塔的始作俑者，是哪一個人？創 10:8-12：

> 『古實又生 寧錄，他為世上英雄之首。
> 他 在耶和華面前 是個 英勇的獵戶，所以俗語說：
> 「像 寧錄 在耶和華面前 是個 英勇的獵戶。」
> 他國 的起頭是 巴別、以力、亞甲、甲尼，都在 示拿地。
> 他從那地出來往亞述去，建造尼尼微、利河伯、迦拉，
> 和尼尼微、迦拉中間的利鮮，這就是那大城。』

首先、「寧錄」的希伯來文(נִמְרֹד)，字根(מרד)，意思就是「反叛 rebel」。經文在描述寧錄時，說他是個「獵戶」(צַיִד)，這個希伯來文字，白話說，就是「獵殺者 hunter」的意思 [3]，這表示寧錄是一個 殘酷、甚至 暴力 的統治者。

第二、在這這幾節經文中，兩次提到寧錄 「在耶和華面前」是個英勇的獵戶，注意這個片語「在耶和華面前」(לִפְנֵי יְהוָה) 這表示說，寧錄，膽敢公然地，「在耶和華神面前」正面對抗耶和華神，公開地向耶和華神挑戰。

第三、經文提到寧錄，他正在擴張自己的帝國，他建造許多城市，12 節的經文結尾處還特別提到尼尼微、迦拉中間的利鮮，是「這樣的一座大城(הָעִיר הַגְּדֹלָה)」。這就像在第一段妥拉 <在起初>篇 的 該隱 一樣，該隱在離開神 以後，他和他的後代也 自行發展出一系列的 城市文明科技。

最後，10:10 說寧錄所建造的帝國，起頭是巴別、以力、亞甲、甲尼，這幾個城，都在 示拿地。而示拿地，正是巴別塔事件發生的所在地。

如果說，這座塔頂通天的巴別塔的建造，是寧錄帝王，號召整個帝國，動用所有的資源，和當時最好的建築技術來蓋的話，那麼，寧錄的目的只有一個，那就是：他要向世人、同時也向耶和華神表明，我寧錄可以發展出一個 世界大一統 的全

---

[3] 「獵人 hunter」的現代希伯來文為(צַיָּד)

球化集權帝國，我寧錄的名號將名聲遠播，直到千代萬代。這就是創 11:4 所說的：

> 『來吧！我們要建造一座城和一座塔，**塔頂通天**，
>
> 為要 **傳揚我們的名**，免得我們分散在全地上。』

由於「巴別塔事件」的嚴重性，在「大洪水毀滅」之後，不過三、四代的時間，人類的罪惡又開始蠢蠢欲動，並且走向墮落、敗壞，於是，耶和華神又再一次出手，「介入」到人類歷史當中，這次，也是「強制終止-中斷」 人類文明的自行發展。

「巴別塔建造」的經文段落，在 **創 11:1-9 節**。在這一段經文中，一些聖經學者，發現了一個非常工整的「**平行結構**」，見下圖：

天下人的口音、言語都是一樣 (11:1)
｜ 在示拿地 (11:2)
｜ ｜ 住在那裏。(11:2)
｜ ｜ ｜ 他們彼此商量 (11:3)
｜ ｜ ｜ ｜ 來罷，讓我們作磚。(11:3)
｜ ｜ ｜ ｜ ｜ 我們要建造 (11:4)
｜ ｜ ｜ ｜ ｜ ｜ 一座城和一座塔 (11:4)
｜ ｜ ｜ ｜ ｜ ｜ ｜ **耶和華降臨** (11:5)
｜ ｜ ｜ ｜ ｜ ｜ 這座城和這座塔 (11:5)
｜ ｜ ｜ ｜ ｜ 神看世人所建造 (11:5)
｜ ｜ ｜ ｜ 來吧，讓我們下去變亂 (11:7)
｜ ｜ ｜ 言語彼此不通 (11:7)
｜ ｜ 從那裏分散 (11:8)
｜ 巴別 (11:9)
耶和華在那裏變亂天下人的言語 (11:9)

從上面工整的平行結構，清楚的看到以下強烈的對比

首先第 1 節說『天下人的口音、言語都是 **一樣**。』
對比到 9 節的『耶和華在那裏 **變亂** 天下人的言語。』

第 2 節說當時『人在 **示拿地**。』
對比第 9 節的『那城名叫 **巴別**(變亂)。』

第 2 節後半段說『**住在那裏**。』
對比到第 8 節『耶和華使他們 **從那裏分散**。』

第 3 節『他們 **彼此商量**。』
對比到第 7 節『言語 **彼此不通**。』

第 3 節『**來吧**(הָבָה)，讓我們 **作磚**。』
對比第 7 節 [4] 『**來吧**(הָבָה)，讓我們 **下去變亂**。』

第 4 節『**我們要建造一座城和一座塔**』
對比到第 5 節『**神要看看世人所建的這座城和這座塔**』

最後這個平行對稱的結構，來到「一個中心點」，就是 11:5 節的第一句話：

『耶和華降臨』。

這句話正好就是 11:1-9 的一個分界，前面 1-4 節講「**人類的建造**」，後面 6-9 節講「**神的拆毀**」。從這個平行結構我們看到，神與人的「**針鋒相對**」。

如果說第一段的結論是 11:4 說的『**為要傳揚我們的名，免得我們分散在全地上。**』那麼第二段的結論，就是神在 11:9 的回應:『**耶和華神使眾人分散在全地上。**』

巴別塔的事件的記載，對於闡明人類大歷史的發展提供了一項重要的訊息，那就是，本來這個地球上，全世界所有的人，講的都是同一種語言，都住在一處，彼此也都是宗族親戚，都可以追溯到一個共同的祖先，但因為人類的驕傲、悖逆，所以造成今日語言變異、人類散居各地，變成許多國家民族文化的狀況。

另外，「巴別塔事件」也再一次讓人類來反省，到底耶和華神是不是反對:人類「自行發展」的科技、城市發達的文明、集權主義、語言思想的意識形態宰制……等等，這些所謂的人類文明相關的發展。

---

[4] 中文和合本聖經，創 11:7 並未把希伯來原文 11:7 的第一個希伯來字「來吧 (הָבָה)」翻譯出來。

四、 兩個十代之後

在創世記第一段妥拉<在起初>篇，我們談過，人類因為 犯罪，讓「惡」進入到生命中,使得身體產生變化。或許我們可以大膽地推論,在沒有犯罪之前的亞當、夏娃,他們的身體可能是不朽壞的,但是 犯罪 後,地受到咒詛,人要勞苦、並且被趕出伊甸園以後,連本來可以吃的生命樹的的果子,也不能吃了。

創 3:19 耶和華神對「犯罪」後的亞當說:『你必汗流滿面才得糊口,直到你歸了土,因為你是從土而出的。你本是塵土,仍要歸於塵土。』這表明,犯罪後的身體,只有一個結局,就是身體「**會衰敗**」,人會「**死亡**」。

在創世記第一段妥拉中,第五章一整章的「家譜」,經文詳細記載了每個人的歲數,我們看到的數字是非常驚人的,不是我們現代人所能想像,但是,亞當身為「神所創造的 **第一個人**」,那個完美受造的身體軀殼,仍然保持高度的聖潔和完全。所以,人類儘管犯了罪,創世前 10 代人的壽命仍然可以達到 900 多歲。

但是大洪水後的人類壽命,就急遽下降了,除了挪亞,這位「橫跨」**大洪水** 前與 **大洪水** 後兩個時代的人,還活了 950 歲,在創 11:10-32 這份「家譜」清單,我們看到,從挪亞的兒子:閃 開始,他活了 600 歲,閃的兒子:亞法撒活了 438 歲,到了希伯的兒子:法勒他活了 239 歲。說到「**法勒 (פֶּלֶג)**」,10:25 的經文特別提及,因為那時人就「**分地居住**」[5]。所以「巴別塔事件」可能就是發生在法勒活著的年代,到了拿鶴也就是亞伯拉罕的祖父,他的壽命已經跌到200歲以下了,只有 148 歲。

再回到這兩份「家譜」清單,第一份是 **創 5:1-32 節** 「**從亞當到挪亞**」這十代人。第二份是 **創 11:10-32 節** 從挪亞的兒子「**閃到亞伯拉罕**」這十代人。如果來對比一下「這兩份家譜」清單,會發現幾個共通點:

第一、兩分家譜清單都是緊隨在 **人類犯罪、自行發展科技、城市文明** 之後,第一份家譜清單前面講述了 **該隱** 和他後代的城市建造、及各樣「技術文明」發展。第二份家譜清單前面講的是 **寧錄** 的帝國擴張及「巴別塔」的建造。

第二、這兩份「家譜」看起來都像是一個「**總回顧**」,是一個耶和華神在「**清算、檢視**」過去兩個十代,人類歷史的發展和走向,**第一個人類的十代** 因為亞當、夏娃犯罪,人類開始敗壞,直到挪亞的大洪水「終止」人類文明的發展。**第二個**

---

[5] 「法勒」的希伯來文 (פֶּלֶג) 動詞字根 (פלג) 的意思正好就是「**分離、分開**」divide, part, separate.

十代，人類仍然沒有記取「大洪水」的教訓，以至於出現了寧錄和巴別塔，人類公然地要對抗神，於是第二個人類的十代，又即將走向「滅亡」的結局。

最後、這兩份家譜清單，他的系譜，最後都會引到一個經文主線發展的關鍵人物身上，第一個人是 挪亞，第二個人就是 亞伯拉罕。

從亞伯拉罕開始，我們將會發現，妥拉/摩西五經的經文記載，會從先前的一個全人類歷史「巨觀全景」的畫面，變成一個，只「微觀描述」**亞伯拉罕** 這一個人和他的家族後代的聚焦境。

因為就像創世記第一段妥拉<在起初>的結尾一樣，經過十代的人類歷史發展，到徹底敗壞，耶和華神「只存留」義人:**挪亞** 一家人的性命，並透過挪亞「來延續」人類的生命和後代。而在創世記第二段妥拉<挪亞> 篇當中，同樣也是經過第二個人類 10 代的發展，人類仍然得罪神，所以，最後，神「只呼召」 亞伯拉罕，透過他，來肩負，**修復世界、拯救人類** 的重責大任。

五、　亞伯蘭的登場

創世記第二段妥拉<**挪亞**>篇的結尾，從 11:27 開始，分別提到了 亞伯蘭、亞伯蘭的侄子:**羅得**、亞伯蘭的妻子:**撒萊**，甚至也先預告了撒萊不生育的事情。經文在這裡提及這些人,乃是要為下一段妥拉作鋪陳，因為接下來經文的主線和脈絡，會朝著這幾個人物來描述和發展。也就是說，在下一段的妥拉劇場中，亞伯蘭、羅得、撒萊會成為經文的主角。

『他拉共活了二百零五歲，就 死 在哈蘭。』創 11:32

這節經文為<挪亞>篇這段妥拉畫下一個句點,這是在預表,從「洪水後-巴別塔」直到他拉，這個 作惡、悖逆 上帝世代的人類篇章「結束了」，因為接下來，耶和華神要以亞伯蘭這一家，開始另起一段嶄新的人類歷史，是一段「**救贖歷史**」的開展。

也因為亞伯蘭的「**信心 和 順服**」，使得耶和華神想要「**修復、再次重建**」這個世界的計畫，得以被啟動。如此，也才讓耶和華神，和人類、以及大地之間，那

原本處在「對立、破裂」的關係稍微緩和下來。

亞伯拉罕的出現，將會帶領著人類「回到」正確的軌道及道路上，「回到」耶和華神 <在起初> 創造人的心意當中，這樣才不會讓神，經常要用「強行終止」的方式來介入人類歷史。人若是「回到」神面前，「修補」人與神之間的關係，那麼，這樣就可以讓神喜悅、讓神也得著<安息>。

所以，我們可以說，正是透過亞伯拉罕信心的侍奉，才讓耶和華神放心、得以暫時<休息>，也讓人類歷史「回到」一個平靜安穩的狀態中。這就呼應了本段妥拉的標題<挪亞>， 挪亞(נֹחַ) 的希伯來文意思正好就是<安息、休息>。

最後，用以賽亞書 30:15 這節經文，來作為這段妥拉的結語：

> 『主耶和華－以色列的聖者曾如此說：
> 　　你們得救在乎 歸回安息；
> 　　你們得力在乎 平靜安穩。』

問題與討論：

1. 創 6:9 提到：『挪亞是個 **義人**，在當時的世代是個 **完全人**。』挪亞對比於同時代的人，為什麼可以被神 (被經文) 稱之為「義人、完全人」，從經文的文脈中，我們看到<挪亞>做了什麼，以致於能被稱為「義人、完全人」？

2. 思考一下創 9:25-27 這三節經文，<挪亞>對於「**迦南、閃、雅弗**」的重大預言、意涵及其後續影響：『**迦南** 當受咒詛，必給他弟兄作奴僕的奴僕；耶和華－**閃** 的上帝是應當稱頌的！願迦南作閃的奴僕。願上帝使 **雅弗** 擴張，使他住在 **閃** 的帳棚裏；又願 **迦南** 作他的奴僕。』

3. 在「**巴別塔事件**」的經文敘事 (創 11:1-9) 這個獨特的段落中，聖經學者發現到經文中有一個非常工整的「平行結構」，透過這個平行結構的「經文設計」中，你認為經文想要告訴讀者「什麼信息」？

4. 在創世記第一段妥拉<在起初>篇，和第二段妥拉<挪亞>篇各分別出現了一份家譜，第一份家譜在 **創 5:1-32 節**。第二份在 **創 11:10-32 節**。如果來對比「這兩份家譜」清單，會發現哪些共通點？

5. <挪亞>篇 這段妥拉的結尾，提到了 **亞伯蘭**，另外<挪亞>篇收尾的經文斷在創 11:32『他拉共活了二百零五歲，就 **死** 在哈蘭。』思考一下，為什麼<挪亞>篇這個「收尾的斷點」放在這節經文？

創世記 No.3 妥拉

<離去>篇（**פרשת לך לך**）

本段妥拉摘要：

創世記第三段妥拉<離去>篇。 <離去>希伯來文(**לֶךְ-לְךָ**)按字面直接翻譯，意思就是<為你自己而去>，英文 **go for yourself**.

這就是說，當亞伯蘭聽到神對他的呼召時，亞伯蘭自己必須要決定，「自己要想清楚」是不是真的願意，付上代價，捨棄他目前所有的<離開>家鄉，踏上神所賦予他使命和呼召的命定和道路上去。

在創世記前面的兩段妥拉裡，我們看到，耶和華神所創造的兩個十代的人，都因犯罪墮落而失喪了，因此，來到<離去>篇，正如<離去>這個標題所提示的:你亞伯蘭，從現在開始，要<離開>這個，因著人類罪惡而造成土地淪喪的環境，要<離開>你的本地、本族、父家，<離開>他們所事奉的偶像，

你亞伯蘭要和人類犯罪的歷史和過往來個「一刀兩斷、澈底斷絕」，然後呢，要去，去哪裡？ 去到耶和華神面前，去到神給你的「呼召和命定」中，就是:將人類歷史歪曲的發展，「拉回」到正確的軌道上，並且去到神給你的產業那裡。

雖然，亞伯蘭在這趟<離去-離家>出走的過程中經歷許多困難和挑戰，但亞伯蘭「始終堅信」神的應許，「沒有離開」神，最後，耶和華神與亞伯蘭「立永約」，也改了亞伯蘭的名字:叫亞伯拉罕，確立他成為「多國之父」的身分，並且透過「割禮」，來蓋上印記，由此來表明也確定…亞伯拉罕自此之後的人生走向、架構和格局已經完整確立在正確的軌道中。亞伯拉罕的人生道路發展至此，可以說是定位完成。

創世記 No.3 妥拉 <離去> 篇 (פרשת לך לך)

經文段落:《創世記》12:1 - 17:27
先知書伴讀:《以賽亞書》40:27 - 41:16
詩篇伴讀: 110 篇
新約伴讀:《馬太福音》1:1-17、《約翰福音》8:51-58、《羅馬書》4:1-25、《希伯來書》7:1-28, 11:8-10

一、 展開「信心的旅途」

創世記第三段妥拉,標題叫**<你要離開>**。經文段落,從創世記 12:1 節開始,到 17:27 節,也就是 17 章的最後一節結束。創 12: 1 :

> 『耶和華對亞伯蘭說:
> 「**你要離開** 本地、本族、父家,往我所要指示你的地去。」』

> וַיֹּאמֶר יְהוָה אֶל-אַבְרָם
> לֶךְ-לְךָ מֵאַרְצְךָ וּמִמּוֹלַדְתְּךָ וּמִבֵּית אָבִיךָ אֶל-הָאָרֶץ אֲשֶׁר אַרְאֶךָּ

這段妥拉的標題:**<你要離開>**(לֶךְ-לְךָ) 是希伯來經文 12:1 的第五和第六個字,如果按字面直接翻譯,就是**<為你自己而去>**,英文 **Go for yourself**. 這就是說,當亞伯蘭聽到神對他的呼召時,亞伯蘭「自己」必須要決定,「自己」要想清楚,他是不是真的「自己願意」付上代價,捨棄他目前所有的,**<離開>**家鄉,踏上真正屬於「他自己」的命定和道路上去。

在創世記前面的兩段妥拉,我們看到,耶和華神所創造的「兩個十代」的人,都因 **犯罪**-墮落而失喪了。亞當犯罪後,人類歷史發展的結局是 **大洪水**。而洪水毀滅後的挪亞,他的後代又想要集體來對抗神,建造 **巴別塔**,宣揚人自己的名和榮耀,結果人類的語言遭到變亂,從此散居各地。

人類歷史發展至此,似乎整個世界和大地都充滿人的罪惡和敗壞,耶和華神找不到一個義人。但神的心意沒有改變,祂想要「**修復**」這個破敗的世界,讓這個世界「回到」**<在起初>** 的 **聖潔、良善-美好** (טוב)。所以,神呼召了亞伯蘭,來肩負這一「重大的使命」,透過亞伯拉罕,將人類歷史的發展,再次「拉回」到

正確的軌道上。

因此，回到這段妥拉的標題:<你要離開>、<你要離去>，其所要清楚表明的就是:
你亞伯蘭，從現在開始，<要離開> 這個，因著人類「罪惡」而造成道德敗壞、
土地淪喪的環境。<要離開> 你的本地、本族、父家，意味著，亞伯蘭要和人類
「犯罪」的歷史和過往，來個「一刀兩斷、澈底斷絕」，然後呢，要去，去哪裡？
去到神的面前，去到神給你的呼召和命定上，去到神給你的產業那裡。

所以，緊接在 12:1 之後，耶和華神立刻就向亞伯蘭表明，你亞伯蘭將來的「身
分、命定和產業」是什麼。創 12:2-3、12:7：

> 『我必叫你成為大國。我必賜福給你，叫你的名為大；
> 你也要叫別人得福。為你祝福的，我必賜福與他；
> 那咒詛你的，我必咒詛他。
> **地上的萬族 都要因你 得福。…**
> 我要把這地 (迦南地) 賜給你的後裔(以色列百姓)。」』

雖然，耶和華神給亞伯蘭的未來，畫了這麼一塊美麗的宏大藍圖，但實際上，這
些應許和產業(大部份)並沒有在他有生之年發生和應驗。另外，當亞伯蘭準備要
啟程，<離開> 家鄉時，前方的道路也並不清楚，因為耶和華神只丟了一句話，
創 12:1：

> 『往我 (耶和華) 所要指示你的地方去。』

這個『往我所要指示你的地方去。』其實包括很多地方，如果我們查看這段妥拉，
亞伯蘭所行經遷徙的路線圖，從哈蘭起行，到迦南地、示劍、伯特利、下埃及，
離開埃及、上南地，又回到伯特利附近，然後和羅得分開後，又搬了帳篷來到希
伯崙。

當亞伯蘭回應神的呼召，<離開>本來安逸、舒適、熟悉的環境後，所展開的就
是這樣一條「四處遷徙、顛沛流離」的信心之路。在創 14:13 節，妥拉首次用「希
伯來人」(עברי) 一詞來稱呼亞伯蘭，希伯來人 (עברי) 這個字的動詞字根(עבר)
意思是「遷徙、渡過、越過」，英文 pass, cross, transfer.，當名詞來用的時候(עבר)
是「邊、另外一邊」的意思，英文 side, opposite side。所以 希伯來人(עברי)[1] 這
個字本身的意思，指的就是一個「不斷遷徙、搬遷」的人或是狀態，更深一層的
意涵是說，這是一種 不斷跨越、超越自己，邁向另一邊、走向另一個遠方的、

---

[1] 另外與「希伯來人」同字根的單字還有「希伯」(עבר)。在創 10:21 節 首次提及「希伯」，說明
他的祖先是「閃」。另外值得注意的是創 10:25 所記載『 希伯 (עבר) 生了兩個兒子， 一個名
叫 法勒 (פלג) (就是分的意思)，因為那時人就 分地居住。』根據猶太傳統，希伯 家族當時
「拒絕參與」寧錄帝國的巴別塔的建造。

或更高的目標。也就是說，當大家還在舒適圈，過著一般流俗的生活時，我已經渡河，跨越，到另一邊去，走道更前面的目標和道路上去。

亞伯蘭，正是這樣的人，他是「希伯來人」，他踏上的是一條充滿未知，但卻是一個 不斷跨過、不斷超越自我 的信心旅途。雖然當中有許多挑戰和困難，但藉著他對耶和華神「完全的信心」，亞伯蘭一路上都「蒙神的保守」，而亞伯蘭也一路上「都在 築壇」，求告耶和華神的名，在示劍、伯特利、希伯崙。亞伯蘭「一路上都在 尋求」前方的道路，並且也都「遵行」了耶和華神的吩咐和指示，以「確保」自己是「行走在 正確」的道路上。

二、 亞伯蘭與羅得的「分離」

亞伯蘭 <離開> 家鄉，踏上這條信心的道路，『往耶和華神所指示他的地方去』以後，並不是就一帆風順。他到了迦南地以後，這塊，耶和華神應許要賜給亞伯蘭後裔的土地，現在竟然鬧 大飢荒，這簡直是給亞伯蘭開了一個大玩笑，於是亞伯蘭被迫要帶著家人，下埃及去避難，到了埃及後，才發現埃及道德敗壞，那地的男人淫亂不堪，會搶劫別人妻子，殺別人的丈夫，所以亞伯蘭在下埃及之前，就先告誡太太撒萊，創 12:11-13：

> 『我知道妳是容貌俊美的婦人。
> 埃及人看見妳必說：『這是他的妻子』，
> **他們就要殺我**，卻叫妳存活。
> 求妳說，妳是我的妹子，
> 使我因妳得平安，我的命也因妳存活。』

後來到了埃及後，亞伯蘭的太太:撒萊，果然被搶了，搶劫的人居然是一國之君:埃及的法老王。這是亞伯蘭，在他出了迦勒底的吾珥後，所遭遇到的第一次的重大危機，或者說，信心的大考驗。

但困難來、挑戰來，不是要叫我們害怕、恐懼，乃是要我們去「真實地經歷」上帝的 信實 和作為。

雖然，撒萊暫時被擄走，可以想見的是，亞伯蘭這時正處在「喪妻之痛」的悲苦

中，但

> 『法老 因這婦人(撒萊) 就厚待 亞伯蘭，
> 亞伯蘭 得了許多 牛、羊、駱駝、公驢、母驢、僕婢。』創 12:16

亞伯蘭居然瞬間變成了大富翁。

而耶和華神也「親自出手」，展開「解救撒萊」的行動。創 12:17 這裡說：

> 『耶和華因亞伯蘭 妻子 撒萊 的緣故，
> 降大災與法老和他的全家。』

最後的結局，正如創 12:20 經文所記：『法老吩咐人將亞伯蘭和他妻子，並他所有的都送走了。』就這樣，結束這一次有驚無險的撒萊「搶妻綁架」案。

耶和華神祝福亞伯蘭，所以當他帶著妻子、羅得和僕人們離開埃及後，經文特別說道『亞伯蘭的金、銀、牲畜極多。』創 13:2

雖然經歷這次的法老擄妻事件，經過這樣的試煉和危難，可是亞伯蘭沒有因此而離開神；他也沒有因為自己成了 爆發富，一夕間變成 大財主，就想要「按著自己的意願」定居、置產、計劃「自己想過的」生活，然後從此「不跟從」耶和華神。

離開埃及後，經文特意記載，亞伯蘭所做的第一件事就是:回到他先前在 伯特利 築壇的地方，來求告神的名。這就是創 13:3-4 節所說：

> 『他從南地漸漸往 伯特利 [2] 去，到了伯特利和艾的中間，
> 就是從前支搭帳棚的地方，也是他起先 築壇 的地方；
> 他又在那裏 求告耶和華的名。』

然而，一波未平，一波又起，接下來，亞伯蘭又要面對「家族分裂」的危機和挑戰當中。創 13:5-7 的描述，引燃家族內鬨的導火線：

> 『與亞伯蘭同行的 羅得 也有牛群、羊群、帳棚。
> 那地容不下他們；因為他們的財物甚多，使他們 不能同居。
> 當時，迦南人與比利洗人在那地居住。
> 亞伯蘭 的牧人和 羅得 的牧人 相爭。』

---

[2] 「伯特利」一詞的希伯來文(בֵּית-אֵל) 意思就是「神的殿」。雅各<離開>別是巴在路途上與耶和華神相遇，夢見天梯的地方也在「伯特利」，見創 28:10-22.

在前面的經文敘述中，當亞伯蘭離開埃及時，法老給他許多牛、羊、駱駝、公驢、母驢、僕婢，雖然經文沒有提及，不過可以知道，亞伯蘭肯定給了他的侄兒:羅得一部分的產業。所以，羅得現在也算是變成了一個富少，只是這個富少:羅得，他「有錢、富有了」以後，接下來「會如何運用」他的財富，他「會選擇」走上什麼樣的人生道路，這就是接下來的經文，所要表明出來的。

回到牧人們相爭的問題上，亞伯蘭主動跳出來說話了，他對羅得說:

『你我 不可相爭，你的牧人和我的牧人也 不可相爭，

因為我們是骨肉(兄弟)。

遍地不都在你眼前嗎？請你離開我:

你向左，我就向右；你向右，我就向左。』創 13:8-9

上面這兩節經文表明，亞伯蘭的心意，還是希望家族「合一團結」，因此提到「不可相爭」這件事情，但可以想見，當時彼此爭奪的情況太過嚴重，而羅得也不願意積極去處理、規範自己底下的牧人，這時，亞伯蘭只好讓他的侄兒:羅得「自己去選擇」他想要去的地方，羅得他「自己想走」的路。接下來，創 13:10-12節經文說:

『羅得「舉目觀看」約旦河全平原，都是「滋潤」之地，

…於是羅得選擇約旦河的全平原，往東遷移；

他們就「彼此分離」了。亞伯蘭住在迦南地，

羅得住在平原的城邑，漸漸挪移帳棚，直到 所多瑪。』

最後，創 13:13 經文特別註明:

『所多瑪人在耶和華面前 罪大惡極 [3]。』

在羅得「選擇」這塊地時，他難道會不知道這塊地「道德敗壞、罪大惡極」嗎？羅得他 (可能或應該) 知道，但是他順著「眼目的情慾」、順從「肉體的感官」。他「舉目看見」約旦河平原的豐饒，於是，就決定要和這位帶著他一起出來的叔叔，這位「跟隨神、敬畏上帝」的叔叔:亞伯拉罕「分道揚鑣」了。

羅得和亞伯蘭的「分道揚鑣、彼此分離」的結果就是，這兩家人未來的道路發展，是越走越遠，一條是走在 正確 的道路上，蒙神祝福及保守，而另外一條，卻走上了 毀滅 的道路。

---

[3] 「罪大惡極」希伯來原文為 (רָעִים וְחַטָּאִים לַיהוָה מְאֹד)，直譯為『大大干犯耶和華』，或『對耶和華來說是非常邪惡敗壞和罪惡之事』。英文翻譯為 wicked and sinners against Yehovah./ extremely wicked and sinful to Yehovah.

羅得所選擇的所多瑪、蛾摩拉之地，後來引發四王與五王的戰爭，原本是肥沃的平原變成 戰場，後來，還因著人的 罪惡，讓耶和華神「毀滅」這地，使所多瑪、蛾摩拉變成一片充斥著硫磺的貧瘠荒涼的曠野之地，直到如今。而羅得的後代，因為亂倫的關係，生出了摩押和便亞米，也就是亞門人的始祖。

羅得和亞伯蘭的「彼此分離」，給兩家的後代造成的隔閡是如此之大，以至於來的摩押人和亞們人，都不可入耶和華的會。這一切的一切，都是因為 羅得只在乎「肉眼」所見的，選擇世界，沒有繼續跟著亞伯蘭，行走在正確的道路上，並且「看到」耶和華神「所應許」的產業、祝福和國度。

三、 耶和華神與亞伯蘭「立約」

在<離去>篇這段妥拉中，我們看到，亞伯蘭雖然回應了耶和華神的呼召，<離開>家鄉，但接下來的生活可謂是顛沛流離，甚至可以說，災難接踵而至，前面先是遇到「撒萊被法老綁架」，後來又要處理與羅得「家族分裂」的問題，現在，經文來到 14 章，在所多瑪城又爆發激烈的戰爭，羅得正好住在所多瑪，不幸的是，羅得一家人，和他的財產全部都被擄走，這時候，亞伯蘭又一肩扛起「營救羅得」的任務和行動。

『 亞伯蘭 聽見他姪兒 (羅得) 被擄去，就率領 他家裏生養的精練壯丁三百一十八人，直追到但 (現在以色列的最北端，和敘利亞交界處)，便在夜間，自己 同僕人分隊 殺敗敵人，又追到大馬士革左邊的何把，將被擄掠的一切財物奪回來，連他姪兒羅得和他的財物，以及婦女、人民也 都奪回來。』創 14:14-16

從上面這段經文，我們看到，亞伯蘭，不只是個會搭帳棚、游牧的平民百姓，亞伯蘭還是個「英勇的戰士」，是部隊的指揮官，是可以打仗的，而更令人感動的是，亞伯蘭沒有因為羅得的分道揚鑣，羅得帶走亞伯蘭部分的產業，就見死不救，亞伯蘭不顧自己的性命安危，「親自 帶人」從希伯崙北上，直到但，如果大家看地圖，從希伯崙到但大約 200 公里的路程，是非常遠的一段路。

亞伯蘭雖然打了勝仗，也救回羅得，照理來說，他有權利可以得到許多戰利品，但亞伯蘭卻對著被打敗的所多瑪王比拉說：

『我已經向 天地的主－至高的上帝 耶和華 起誓：

凡是你的東西，就是一根線、一根鞋帶，我都不拿。』創 14:22-23

這足以證明，亞伯蘭帶兵出去打仗目的和動機只有一個，就是「救回」自己的姪兒:羅得，自己不要任何的利益和好處。

因著亞伯蘭這樣「**正直-公義**」的品行和作為，所以接下來，經文來到 15 章這裡，耶和華神要和亞伯蘭展開一場正式的「**立約**」儀式。透過耶和華神「主動的」立約、簽約，就使得「這份約」的內容，被封印起來，成為一個「不可更改和撤銷的」永約 [4]。

「這份約」的內容，其實已經把，將來以色列百姓會 「**在埃及流亡、經歷十災，出埃及，最後，進迦南地-得地為業**」的整個歷史發展進程全部概述一遍。包括了：

1. 亞伯蘭會有「自己肉身」的後裔 (後來的以色列)，來繼承(迦南地)的產業。
2. 亞伯蘭後裔將來會「多如天上繁星」。(出埃及 60 萬男丁)
3. 亞伯蘭的後裔會「下到埃及」被那地的人「苦待-奴役」。(法老奴役希伯來人。)
4. 耶和華神會「懲罰」苦待這群亞伯蘭後裔的帝國 (埃及經歷十災)。
5. 亞伯蘭的後裔會「帶著許多財物」離開。
6. 他們要等到迦南地的人罪惡滿盈時，才會進去「得地為業」。

從以上六點 (見創 15:13-16)，耶和華神向亞伯蘭啟示一個「**未來國度**」的藍圖，這份藍圖，給亞伯蘭、和他的後裔明確地指出一條將來 (以色列) 民族發展的方向和總路線，意思就是說，將來你肉身的後裔「會朝著」我現在 所顯明、所指示的、所定規的 道路上走去。最後創 15:17 記載：

『日落天黑，不料有冒煙的爐、並燒著的火把，

從那些肉塊中 經過。』

古代近東一帶的「立約」方式，是立約雙方，把牲畜「**切成兩半**」，然後立約者，**要從這牲畜的肉塊中走過**，並且還要「互相起誓」，說:『若有一方違約，不遵守

---

[4] 在整本希伯來聖經中，「約」這個希伯來字(בְּרִית) 英文 covenant. 指的多半都是耶和華神與以色列「世世代代」所堅立的「約」，是「永約」。例如，創世記 17:7『我要與你並你世世代代的後裔堅立「我的約」，作「**永遠的約**」(בְּרִית עוֹלָם)，是要作你和你後裔的上帝。』、以西結書 16:60『然而我要追念在你幼年時與你「所立的約」(בְּרִיתִי)，也要與你立定「永約」(בְּרִית עוֹלָם)。』、以西結書 16:62『我要堅定與妳「所立的約」(בְּרִיתִי)，妳 就知道 我是耶和華。』

所立的這份約，那就要像這頭「被切成兩半」的牲畜的下場一樣』[5]，就此，完成「立約」儀式。因此，當我們中文說「立約」的「立」這個動詞，在希伯來文就是(**כָּרַת**)「切」的意思，因此「立約」希伯來文叫(**כָּרַת בְּרִית**) 直譯就是「切約」，切一個約，英文 cut a covenant.

最後 15 章的結尾，耶和華神對亞伯蘭做了一個總結，創 15:18::

『當那日，耶和華與亞伯蘭 **立約**，說：
「**我已賜給** 你的後裔，從埃及河直到幼發拉底大河之地，
就是基尼人、基尼洗人、甲摩尼人、赫人、比利洗人、
利乏音人、亞摩利人、迦南人、革迦撒人、耶布斯人之地。』

上面提到各族的名稱，這些人大抵都住在迦南地，所以，簡單說就是，耶和華神「已經定意」，創 15:18 節希伯來原文第二個動詞(**נָתַתִּי**)，這個動詞是一個「完成式」，清楚地表示耶和華神「**已經給了**」(I have given)，我已經把迦南地「賜給」亞伯蘭的後裔 (也就是後來的以色列百姓) 為產業，讓他們將來，是按著耶和華的命令和吩咐，進去「繼承」這塊土地。

四、 「名字」與「命定」

在創世記 15 章，我們看到耶和華神和亞伯蘭正式「立約」，並且告訴他：

『你本身(肉身)所生的 才成為 你的後裔。』創 15:4

並且，是你肉身的後裔 **才能繼承產業**。但經文來到 16 章，一開始立刻就提到一件壞消息。創 16:1：

『亞伯蘭的妻子撒萊 不給他生兒女。』

這又讓亞伯蘭頭大了，如果撒萊一直都「無法生育」的話，那麼 15 章耶和華神所要「應許賞賜」給他和他後裔的 **土地-產業，不就落空，無法實現** 嗎？所以，亞伯蘭，這一次遇到的困難和挑戰是：「撒萊的生育/**不孕**」，以及「產業繼承」的

---

[5] 所以「**立約**」乃是一種用「**生命捍衛**」，「**誓死保護**」立約對象的一種責任行動。

問題，可以說，這回遇到的問題、挑戰，困難度比前面幾次都更大。

不過這次亞伯蘭信心軟弱了，他聽從太太撒萊的建議，想用「人的方法」來解決問題。創 16:2-3：

『撒萊對亞伯蘭說：「耶和華使我不能生育。
求你和我的使女同房，或者我可以因她得孩子。
亞伯蘭 聽從了 撒萊的話。
於是亞伯蘭的妻子撒萊將使女埃及人夏甲給了丈夫為妾。』

接著創 16:4：
『亞伯蘭與夏甲同房，**夏甲 就 懷了孕。**』

有時候，用「人的方法」來解決問題，反而讓問題「更惡化」，正如接下來經文所描述的，**夏甲** 因為自己能懷孕，就「小看、輕視」撒萊，卻忘記自己的身分是**使女**，現在居然「以下犯上」，因為 **撒萊** 才是亞伯蘭的 **元配**、是真正且唯一的太太。於是撒萊嚥不下這口氣，就苦待夏甲，就這樣，亞伯蘭的家庭引爆了大老婆和小老婆的紛爭。

『後來夏甲給亞伯蘭生了一個兒子；
亞伯蘭給他起名叫 **以實瑪利**。
夏甲給亞伯蘭生 **以實瑪利** 的時候，亞伯蘭年八十六歲。』創 16:15-16

經文發展到這裡，亞伯蘭仍然沒有解決撒萊的生育問題，以及產業的繼承問題。我們可以猜想，在撒萊懷孕，生出 **以撒** 前，亞伯蘭心裡也許已經想好了，產業的部分，就是由他和夏甲所生的兒子:**以實瑪利** 來繼承。但這卻「不是」耶和華神的心意和計畫。

『亞伯蘭年九十九歲的時候，耶和華向他顯現，
對他說：「我是 **全能的上帝**。你當 **在我面前** 作完全人，
我就與你立約，使你 的後裔極其繁多。」』創 17:1

「(行) 在我面前」的希伯來文(הִתְהַלֵּךְ לְפָנַי) 意思是說『**在我面前 不停地來回行走**』，也就是要『**時時刻刻地 以神為中心**』，神走到哪裡，你就要跟到哪裡。

從以實瑪利的出生到現在，亞伯蘭 99 歲了，這中間過了 13 年的時間，撒萊「**仍然 無法懷孕**」，可以想見，亞伯蘭對他的太太已經不抱任何一絲的希望，認為撒萊也許一輩子都不會懷孕生子，正如亞伯蘭聽到耶和華神說: 撒萊之後會生一個兒子的時候所反應的，創 17:17-18：

『亞伯拉罕俯伏在地 喜笑 [6]，心裏說：
「一百歲的人 還能得孩子嗎？撒拉已經九十歲了，還能生養嗎？」』
亞伯拉罕對耶和華神說：「但願以實瑪利活在你面前。」

但耶和華神告訴亞伯蘭說『我是 全能的上帝 (אֵל שַׁדַּי) [7]。你當行在我面前作完全人。』這句話就是要提醒亞伯蘭，你要繼續，堅定不移地，相信耶和華神，相信他的話，他的應許，繼續行走在這條信心的道路上。

接著，耶和華神就改了 亞伯蘭 和 撒萊 的名字，亞伯蘭變成 亞伯拉罕(אַבְרָהָם)撒萊成了 撒拉(שָׂרָה)。在新的名字裡面，兩個人都分別都加上了一個字母 he.(ה)，這個希伯來字母，是一個「代表神自己」，也是一個具有「創造、生成」意涵的字母。

亞伯蘭成為亞伯拉罕，變成「多國之父」，而撒萊變成撒拉，叫做「多國之母」[8]。在 17 章裡面，神又再一次地和亞伯拉罕「立約」，讓他更清楚他自己的「身分和命定」，因為亞伯拉罕現在所做的任何事，都會給人類歷史的發展，造成非常重大的影響。雖然撒拉生育問題「尚未解決」，但亞伯拉罕「依舊順服」神，他「繼續相信」耶和華所應許的，雖然這些應許很多都還「尚未成就」，但亞伯拉罕 沒有因此 離開耶和華神，仍然選擇 和神「再次立約」。這次的「立約」內容在創 17:5-8：

『你的名不再叫亞伯蘭，要叫 亞伯拉罕，
因為我已立你作 多國的父。我必使你的後裔極其繁多；
國度 從你而立，君王 從你而出。
我要與你並你世世代代的後裔 堅立我的約，作 永遠的約，
是要作你和你後裔的上帝。
我要將你現在寄居的地，就是迦南全地，賜給你和你的後裔 永遠為業，
我也必作 他們的上帝。』

如果對比到 16 章的第一份立約，17 章這裡的內容，耶和華神說話的口吻和語氣是「更加強烈而堅定」的，而且甚至是更激進的。不過，重點還是回到 後裔 的問題，17:5-8 多次提到 後裔，那到底「誰」才是亞伯拉罕肉身真正的後裔，「誰」

---

[6] 有趣的是，創 17:17 亞伯拉罕「喜笑」(יִצְחָק) 的這個希伯來動詞，正好就是「以撒」(יִצְחָק) 的名字。

[7] 關於「全能神/全能的上帝」的稱呼，這讓我們想到 出埃及記 6:3『我從前向亞伯拉罕、以撒、雅各顯現為 全能的上帝 (אֵל שַׁדַּי) 』

[8] 創 17:15-16『上帝又對亞伯拉罕說：「你的妻子撒萊不可再叫撒萊，她的名要叫 撒拉。我必賜福給她，也要使你從她得一個兒子。我要賜福給她，她也要作 多國之母；必有百姓的君王從 她 而出。」』

才是耶和華神眼中可以「合法繼承產業」的肉身後裔，答案就在創 17:19：

> 『你妻子撒拉要給你生一個兒子，你要給他起名叫 以撒。
> 我要與 他 堅定所立的約，作 他 後裔永遠的約。』

從這裡看得很清楚，進入創世記第三段妥拉，耶和華神，首次「**介入到**」並「**主導著**」人類血脈的傳承，並由此「**確立出**」這一條正在發展的 **歷史主線**。這條線，也就是後來經由「**亞伯拉罕-以撒-雅各**」，最後成為「**以色列**」的世界歷史開展的一條主軸。

五、 作為「記號」的 割禮 [9]

如果我們去看整個創世記，會發現到一件事，就是以色列的三位先祖:亞伯拉罕、以撒、雅各，他們的太太:**撒拉、利百加 和 拉結**，這三位婦女，都曾經是「**無法懷孕**」的婦人，都曾經被「不孕症」所苦，然而，弔詭的是，耶和華神又不斷地應許他們，會有子孫、會有後裔來繼承產業，可是為什麼又讓以色列的先祖們的房事，和生育的計畫，如此的不順利？

猶太人認為，耶和華神之所以不讓以色列的先祖母們(容易地)懷孕，為的是要讓他們努力不懈，不斷地「時常尋求」神，要讓他們更在乎，更加地「**緊緊抓住**」神的應許，以致於，她們最後終於「能懷孕生子」的時候，**就清楚地明白知道**，這事，也就是生育，和子嗣的繼承，**乃是完全地出自於耶和華神大能的手，是耶和華神，讓他們能奇蹟似地生育**，所以說，希伯來人民族的命運血脈能夠「繁衍到如今」**完全是神蹟**，是耶和華神的手介入，使原本不孕的撒拉、利百加和拉結，最後可以「超自然地」懷孕生子。

在<**離去**>篇這段妥拉中，創世記 17 章，耶和華神第二次和亞伯拉罕「立約」，這次的立約被稱為「割禮之約」(**בְּרִית הַמִּילָה**)。那是因為，這次神要把「立約的記號」「烙印在」肉體上，「要刻印在」亞伯拉罕和他的後裔，作為「立約的 **證據**」，**證據** 的希伯來文(**אוֹת**)，意思是「**記號(sign)、神蹟(miracle) 或 簽名 (signature)**」。

首先、說「割禮」是一個 **神蹟**，是要提醒以色列的後代子孫，要紀念你們的先

---

[9] 同參《奧秘之鑰-解鎖妥拉:利未記》No.4 妥拉<懷孕>篇之第五段「割禮的盟約」。

43

祖母們:撒拉、利百加和拉結,她們都曾經是不孕患者,之所以有現在的你們,是因為 有耶和華神的手「介入」,讓她們最後能「超自然地」懷孕,繁衍出希伯來民族和將來的以色列。

所以,創 17:12 這裡說:

『你們世世代代的男子,
生下來 第 八 日,都要 受割禮。』

如果數字 **7** 代表神所造的「自然界」,那麼 **8** 這個數字,對猶太人來說,就是「超驗,**超越** 經驗,**超越** 自然界」,上升到了「**神-聖**」的領域。[10]

我們去看利未記第九章,那裡提到以色列百姓剛興建好的 **會幕**,摩西和亞倫準備要進行 **會幕** 的開幕典禮,第一天的運作,利未記 9:1:

『到了第 八 天,
摩西召了亞倫和他兒子,並以色列的眾長老來。』

也就是說到了第 八 天,以色列百姓的生活進入到一個「更高」里程碑,因為在營地當中,開始有 **會幕** 的運作,而會幕代表的,正好就是「神 **超自然** 的同在-保護」,以及耶和華神「榮耀的雲彩」時刻在 **會幕** 的上方,「**奇蹟般**」的守護、引領以色列百姓前面的道路和方向。

再來,說「割禮」是 **簽名**,這表示,耶和華神已經「**認可、核准**」了祂與亞伯拉罕和他肉身的後裔所簽訂的「永約」,並且「這約(文件)」永不可**撤銷**,所以,耶和華神要在他們每個人、每個男丁的肉體上「**簽名、蓋章**」,以此表明,雙方:就是耶和華神,和亞伯拉罕的後裔,「**都會遵照**」這約的內容「**確實執行,履行合約**」。所以,將來的以色列百姓「要遵守」神的妥拉,而耶和華神也會將迦南地「**依約 (按著應許) 賜給**」他們為永遠的產業。

第三、割禮,這個立約的記號,被放在男人的「生殖器」上面,這或許是要讓亞伯拉罕的後代子孫,**常常記得** 這個「切膚之痛」,當以色列的男人,想要在外面拈花惹草,和迦南女子「犯姦淫」的時候,那麼,當他們褪下褲子的同時,就會看到這個,耶和華神曾經和先祖:亞伯拉罕所定下的一個「**立約的記號**」,以此作為提醒和警戒。

最後,這段妥拉的經文,會結束在這麼大篇幅的 **割禮** 上,似乎在象徵或表達一

---

[10] 關於數字八,參《奧秘之鑰-解鎖妥拉:利未記》No.3 妥拉<第八日>篇第一段<超驗的**第八日**>。

件事情，那就是:從亞伯拉罕一開始的 <離開、出走>，中間雖經歷風風雨雨，遭遇患難、試煉和考驗，但他始終都是「憑著 信心」不憑眼見，**走向耶和華神所指示他的地方去**，所以，在耶和華神的眼中來看，亞伯拉罕的人生道路可以算是「**定位完成**」，因此，神就透過 **割禮**，來「**封存、並 蓋上印記**」，由此來表明也確定，亞伯拉罕自此之後的人生的發展方向、架構和格局，已經「**完整確立**」在正確的軌道當中。

六、 聖子「**彌賽亞**」耶穌的降生

前文提過，猶太先賢認為，耶和華神之所以「不讓」以色列的先祖母們 (自然) 懷孕，為的是要讓她們努力不懈，不斷迫切尋求神，要讓她們更加地「緊緊抓住」神的「應許」，以致到了「懷孕生子」時，就清楚明白，知道這事乃是『完全出自於耶和華神大能的手』，是耶和華神讓她們能「奇蹟似地」生育。

另外，更重要的一點是，耶和華神之所以一開始，要讓先祖們「不孕」，也是要在人類「犯罪」後的繁衍，另闢「一條血脈」出來，使這一支血脈「脫離」自從亞當犯罪後的自然懷胎。

因此，就這一點來說，以色列先祖們的「超-自然」生育，除了讓先祖們知道，他們的生育是『完全出自於耶和華神大能的手』，更重要的還是，這一支被耶和華神「**另外開出**」的這一條血脈，是有『**神聖的計畫和目的**』的，因為由「**亞伯拉罕-以撒-雅各**」所開展出來的這條血脈，也就是「**以色列**」，乃是耶和華神所要「使用-運作」的人類「**救贖歷史**」發展主線。

所以說，希伯來人能將民族的血脈，繁衍到如今，可以說是「神蹟」，是耶和華神的手「介入」，使原本「不孕」的撒拉、利百加和拉結，最後可以「超自然地-懷孕」生子，讓聖約的屬靈產業得以「傳承」直到『**亞伯拉罕的子孫、猶大支派、大衛家的後裔**』:彌賽亞耶穌的道「成」肉身。

或許，馬太當時埋首伏案，寫著「耶穌家譜」的時候，

應該是邊寫、邊感動的痛哭流涕著，說:

『耶和華神總算讓我們這以色列家 (原先是不孕的) 先祖母們，一路生，終於生出「**猶太人的彌賽亞、以色列的王**」！！！』[11]

儘管以色列百姓，在歷世歷代的中間，歷經許多迫害、屠殺，例如：法老的迫害、屠殺男嬰、哈曼的計謀、甚至大希律王的暴政、伯利恆成兩歲以下的屠嬰事件……但是，因著耶和華神「保守-護衛」以色列血脈的「繁衍-傳承」，這才使得父神耶和華透過愛子彌賽亞耶穌的降生，並「救贖」全人類的旨意，最終得以成就。

---

[11] 關於耶和華神讓以色列的先祖們「超自然的生育」的最典型、「最高峰」的表現，就是馬利亞的「童女懷孕」。在路加福音 1 章特別記載，天使對馬利亞報喜訊所說的重大預言(將要應驗)的宣告：『你要懷孕生子，可以給他起名叫 **耶穌** (יֵשׁוּעַ) (亦即「上帝拯救」)。他要為大，稱為 **至高者的兒子**；主上帝 (耶和華) 要把他祖 **大衛的位** 給他。他要作 **雅各 (以色列) 家的王**，直到永遠；他的國 也沒有窮盡。』另外，同樣在路加福音 1 章後半段，施洗約翰的父親：撒迦利亞被聖靈充滿後 (對馬利亞懷孕生子-耶穌出生) 所發的預言：『祂 (**耶和華神**) 扶助了祂的僕人**以色列**，為要記念 **亞伯拉罕** 和 **他的後裔**，施憐憫直到永遠，正如從前對 **我們列祖** 所說的話。… 主－以色列的上帝 (**耶和華**) 是應當稱頌的！因祂眷顧祂的百姓，為他們施行救贖，在他僕人**大衛家** 中，為我們興起了 **拯救的角**，正如主藉著 從創世以來聖先知的口所說的話，「拯救」我們脫離仇敵和一切恨我們之人的手，向我們列祖施憐憫，「記念」祂的**聖約**－就是 **祂對我們祖宗亞伯拉罕所起的誓**－叫我們既 **從仇敵手中被救出來** 就可以終身在祂面前，坦然無懼地用聖潔、公義事奉他。』路加福音 1:54-55, 67-75.

問題與討論：

1. 這段妥拉的標題<離去>(**לֶךְ-לְךָ**) 希伯來文更準確的翻譯是<為你自己而去>，英文 **Go for yourself**.「這個標題」對你而言，意味著什麼？ 當人在回應神的呼召時，只是不假思索「盲目地」順從？ 還是需要經過自己「有意識地」去思考，在思考後才「自己做決定」(而不是別人幫你做決定)，表示甘願「付上代價」順服神的帶領到底？

2. 可以說亞伯拉罕和羅德的 <分離> 起點是一樣、相同的，但為什麼最終兩人「分道揚鑣」，各自走上不同的道路，請比較兩人的人生道路，及其結果。

3. 創世記 14 章記載亞伯蘭不遠千里跋涉、甘冒生命危險「來營救」侄兒:羅德，從這個事件可以看出亞伯蘭「什麼樣的品格」，你覺得這段經文敘事，跟 14:18 節下面的麥基洗得祝福亞伯蘭，和 15 章接續著『耶和華神來與亞伯蘭立約』有沒有關係？ 另外，在創世記 15 章，耶和華神第一次和亞伯蘭「立約」的內容預告了哪些重大預言？ 最後，請思想「立約」(**כָּרַת בְּרִית**) 的希伯來文原始 (深刻) 的意涵。

4. 你看重你的「名字和 命定」嗎？ 在<離去>篇這段妥拉裡，我們看到，當亞伯蘭和撒萊「持續順服-跟隨」耶和華神的帶領時，神就與亞伯蘭「立約」，並且還進一步「應許」一個特殊且關鍵的「命定」在他們身上。所以，當你清楚知道神「在你身上」有一個「清晰且重大的」命定時，你會如何看待你自己？ 你願意讓神「介入-改變」你的生命嗎？

5. 創世記 17 章，耶和華神 第二次 與亞伯拉罕「立約」說了「什麼內容」，以至於這些預言，將會大大地影響並規範著後來「救贖歷史」的開展？

6. 為什麼 <離去>篇 這段妥拉會結束在創世記 17 章這麼大篇幅談論「割禮」(**בְּרִית מִילָה**) 的內容上？ 割禮 在希伯來文化的「意義」代表什麼? 再來，耶穌 為什麼出生「第八日」也要「受割禮」(路加福音 2:21)？ 以色列先祖(母)們的「不孕」及她們的「超自然」生育「見證著」什麼？

創世記 No.4 妥拉

<祂顯現>篇（פרשת וירא）

本段妥拉摘要:

創世記第四段妥拉<顯現>篇。<顯現>這個標題的希伯來文 (וַיֵּרָא) 指的是耶和華神<祂顯現>。

先回顧上段妥拉，在上段<離去>篇，亞伯拉罕<離開>本地、本族、父家，走上神所命定的呼召和道路上，在這趟信心的旅途中，亞伯拉罕始終都堅定信靠神，以至耶和華神後來和亞伯拉和立約，最後透過割禮 (這是上一段妥拉的節尾)，來蓋上一個正字標記，來表示亞伯拉罕的呼召道路已經定位清楚。

接著，來到<顯現>篇這段妥拉，就是 耶和華神會更多地將奧秘、啟示被<顯現>，並且還會讓這些已經<顯現>出來的啟示「應驗成真」被亞伯拉罕<看見>。所以，來到創世記第四段妥拉，標題就正是叫做<祂顯現>。

若整體地來看<顯現>篇這段妥拉，會發現一件事，就是: 耶和華神，祂經常的<顯現>，不僅向 亞伯拉罕<顯現>，也向住在所多瑪的羅得<顯現>，甚至也向這一位搶妻、取走亞伯拉罕的太太:撒拉的亞比米勒王<顯現>。而<顯現>的目的，不外乎都是在<顯明>耶和華神的心意和計畫，讓這些人清楚知道，神所要做的事情是什麼，特別是那些關乎未來國度的事情。

<顯現>篇的節尾，提到「獻以撒」的事件，這是經文鋪陳最後要走向的一個高峰，因為這是上帝<顯現>的一種最高級的呈現，就是，耶和華神自己，和神所要傳達的奧秘和啟示，被一個「完全順服」神的人:亞伯拉罕<看見>。

創世記 No.4 妥拉 <祂顯現> 篇（פרשת וירא）

經文段落:《創世記》18:1 - 22:22
先知書伴讀:《列王記下》4:1-37
詩篇伴讀: 11 篇
新約伴讀:《路加福音》1:26-38, 24:36-53、《彼得後書》2:4-11、《希伯來書》11:1-40

一、 應許與啟示的 <顯現>

創世記第四段妥拉，標題<祂顯現>。經文段落，從創世記 18:1 節開始，到 22:24 節，也就是 22 章的最後一節結束。

<顯現篇>這段妥拉的標題，創 18:1 前半：

> 『耶和華在幔利橡樹那裏，向亞伯拉罕 **顯現出來**。』
> **וַיֵּרָא** אֵלָיו יְהוָה בְּאֵלֹנֵי מַמְרֵא

這個<**顯現出來**>的動詞，就是<**顯現**>篇這段妥拉的標題。如果看 18:1 節的希伯來文原文這個 <**顯現**> 的動詞 (**וַיֵּרָא**) [1] 就是 18:1 開頭的 第一個字，這個字 (**וַיֵּרָא**) 就是這段妥拉的標題。

顧名思義，這段妥拉的主要內容，大部分講述的就是，關於<**顯現**>的事情，是耶和華神的<**顯現**>。當然，如果神要向人<**顯現**>，那肯定是有什麼 **重要的訊息** 需要被傳達出來、乃是要讓一些人預先知道，有些 **未來的事情** 將會發生，甚至這些事情的結果、終局最後會被 <**顯現-顯明**> 出來。

因此，整體地來看這段妥拉，從創世記 18:1 到 22:24 節，讀者會發現一件事，就是: 耶和華神，祂 經常的<**顯現**>，不僅向 **亞伯拉罕** <**顯現**>，也向住在所多瑪

---

[1] 原文創 18:1 節的第一個希伯來字， 也就是本段妥拉的標題<祂顯現>的「顯現」(**וַיֵּרָא**) 字根為 (**ראה**)，為 nif'al (**נִפְעַל**) 字幹動詞，此類字幹動詞大多為「被動」語態，故「顯現」(**וַיֵּרָא**) 也可以翻譯成「被看見」。若從這段妥拉的內容-文脈來看，耶和華、耶和華的啟示的確更多地「被看見」，特別是「被」亞伯拉罕「看見」，以至於這個「看見」到了一個地步，上升到了一個最高的境界，亞伯拉罕能夠說出，原來這一切 『耶和華都 **看見**』了(**יְהוָה יִרְאֶה**) 創 22:14。關於『耶和華 **看見**』的文本詮釋請見 本段妥拉的第五段「耶和華看見」。

的 羅得 <顯現>，甚至也向這一位搶妻、取走亞伯拉罕的太太:撒拉的 亞比米勒王 <顯現>。而 <顯現> 的目的，不外乎都是在 <顯明> 耶和華神的心意和計畫，讓這些人清楚知道，神所要做的事情是什麼，特別是那些關乎 未來國度 的事情。

所以，在這段妥拉的結尾，當亞伯拉罕經過了 「獻以撒」 這個耶和華神給亞伯拉罕所作的「信心的終極考驗」之後，耶和華神就把 未來國度 的奧秘、啟示 <顯明> 給亞伯拉罕 <看>，就如希伯來書 11:10-13 所說:

『亞伯拉罕等候 那座有根基的城，就是上帝所經營所建造的。
因為他 從遠處 <望見>，且歡喜迎接。』

因此，當亞伯拉罕在「獻以撒」這件事上，真實地向耶和華神表現出 「完全順服」 的信心行動後，就深切的頓悟，並有感而發地說出:

『耶和華-以勒/ 看見』(יְהוָה יִרְאֶה) [2]

這句話真正的意思，是『耶和華神 看見』。因為，當亞伯拉罕「完全相信」神的時候，他就 <看見>了...那個神 <已經看見> 的未來國度。意思是說，只有當亞伯拉罕也 <看見> 神所<看見> 以及 祂所定規的「未來救贖歷史」的道路和方向時，亞伯拉罕才可能說出:『原來這一切耶和華神都早已<看見>。』

在經歷過「獻以撒」的信心事件後，亞伯拉罕還另外說了一句話，在創 22:14 後半段:
『在耶和華的山上 必有預備 / 必被看見 [3]。』
希伯來文 (בְּהַר יְהוָה יֵרָאֶה)

這句話可以有兩種翻譯和詮釋，第一個意思是說:『在耶和華的山上，(某些奧秘和啟示) <被顯現> 出來』、第二個是『在山 (摩利亞山) [4] 上，耶和華 <顯現出來-被看見>。』不論是第一種翻譯還是第二種，這句話所要表達的都是: 耶和華神要把奧秘、啟示 <顯現> 給亞伯拉罕看。

---

[2] 創 22:14『亞伯拉罕給那地方起名叫「耶和華以勒」(就是「耶和華看見」的意思)，直到今日人還說:「在耶和華的山上 必有預備 / 必被看見。」』

[3] 在中文和合本聖經的翻譯中，把創 22:14 原文的最後一個字(יֵרָאֶה) 翻成「被預備」並未貼近字義本身的涵義，因為 (יֵרָאֶה) 這個字正如本段妥拉的標題 <顯現-被看見> (וַיֵּרָא) 字根都是「(ראה) 看」，並且字形也都是 nif'al (נִפְעַל) 字幹動詞的「被動」語態。所以 22:14 後半的經文應該翻譯成:『在耶和華的山上<被看見>。』

[4] 上帝說:「你帶著你的兒子，就是你獨生的兒子，你所愛的以撒，往「摩利亞地」去，在我所要指示你的山上，把他獻為燔祭。」我們會在第五段「耶和華看見」的段落中，進一步詮釋亞伯拉罕「獻以撒」的所在地:「摩利亞山」它的重要意涵。

所以，這段妥拉<顯現>篇的結尾 提到「獻以撒」的事件，就很合理了，因為這是經文鋪陳，最後要走向的一個高峰，這是 <顯現> 的一種最高級的呈現就是，耶和華神自己，和神所要傳達的奧秘和啟示 <被看見>，被一個「完全順服」祂 的人:亞伯拉罕<看見>。

如果從妥拉的「分段」邏輯來看，上一段的標題叫做 <你要離開> (לֶךְ-לְךָ)，是耶和華神吩咐亞伯拉罕 <離開> 本地、本族、父家，「要走上」神所命定的道路和方向去。

在這趟「信心的旅途」中，亞伯拉罕雖然歷經許多挑戰，但他始終都「堅定信靠」神，以致耶和華神會和亞伯拉罕「立約」，最後透過「割禮」[5] 來表示 亞伯拉罕的使命「已經定位」清楚，他所走的道路、和發展方向「已經確立穩固」之後，接著，耶和華神就會更多地向敬畏祂的人<顯現>，並且會讓這些已經<顯現> 的啟示，應驗成真，被亞伯拉罕 親身體驗、親自<看見>。 所以創世記妥拉的經文敘事發展來到第四段，標題正是 <祂顯現>。

而在這段妥拉<祂顯現>當中，神所要 <顯現>，並且要告知的第一件事，就是亞伯拉罕和撒拉，將要生出這個「應許的孩子」：以撒。在這段妥拉<顯現篇>，以撒也的確出生，亞伯拉罕得以親自 <看見> 神之前向他 <顯明> 未來要發生的事情，如今應驗成真。

亞伯拉罕，憑著「完全的信心」，<離開>本地，去到「神所指示他」的地方去，然後，神蹟、應許、啟示、天國藍圖，才會逐步地開展，一個個 <被看見、顯現>出來。

二、 兩條道路的 <顯明>

在<顯現>篇這段妥拉，耶和華神 <顯現> 啟示的第一件事是個好消息，神向亞伯拉罕和撒拉告知，以撒將要「出生」。第二件事卻是個壞消息: 耶和華神準備要「毀滅」所多瑪和娥摩拉。

---

[5]「割禮」是上一段妥拉 <你要離開>篇 的宏大結尾，見創世記 17 章。關於「割禮」的重要性及其作為 <離開>篇 的結尾之深刻意涵，參創世記 No.3 妥拉<離去>篇之第五段「作為記號的割禮」。

這裡我們看到，耶和華神不僅向亞伯拉罕<顯現>他將要生以撒的事，神也向亞伯拉罕更多 <顯明> 其他的事。創 18:17：

> 『耶和華說：「我所要做的事 豈可瞞著 亞伯拉罕呢？」』

這表示，亞伯拉罕和神之間的關係，好像一對可以彼此「真誠交心和談話」的朋友一般，神願意把更多的奧秘、啟示和將來要發生的事情，<顯現> 給亞伯拉罕看，告訴亞伯拉罕，讓亞伯拉罕得以預先知道。

另一方面，在上段妥拉 <你要離開>篇，羅得因為自己的牲畜不夠草吃，所以決定和亞伯拉罕「分道揚鑣」，選擇<離開> [6] 這位 跟隨神、敬畏上帝 的叔叔:亞伯拉罕，去追尋滿足眼目情慾的物質世界，到了滋潤肥沃的所多瑪和娥摩拉的約旦河平原。從此，亞伯拉罕和羅得兩人的人生道路就「分岔」了，並且「漸行漸遠」。

來到本段妥拉<顯現>篇，這兩個人所走的道路，他的「結果和終局」，現在，準備要被<顯現>出來。

論到亞伯拉罕，耶和華神說：

> 『亞伯拉罕 必要成為 強大的國；
> 地上的萬國 都必 因他 得福。
> 我眷顧亞伯拉罕，為要叫他吩咐他的眾子和他的眷屬
> 遵守 我的道，秉公行義，
> 使我 所應許 亞伯拉罕的話 都成就 了。』創 18:18-19

接著，論到羅得所住的所多瑪城，經文話鋒一轉，創 18:20：

> 『耶和華說：
> 「所多瑪和娥摩拉的 罪惡甚重，聲聞於我。」』

接下來的經文敘述，知道神「已經定意」要毀滅這個罪惡滿盈的地方。羅得在所多瑪所置產、投資，經營的一切土地、財物和牲畜，都將遭到毀滅。

亞伯拉罕帶著羅得，一同離開家鄉，他們的起點是一樣的，但是，兩個人所選擇的道路不同，最後的結果在這裡 (在這段妥拉<顯現篇>中) 被 <顯現-顯明> 出來：亞伯拉罕繼續被祝福、被神應許；而羅得一家卻走向毀滅。亞伯拉罕的後代:以

---

[6] 見創世記 13 章。同參創世記 No.3 妥拉<離去>篇之第二段「亞伯蘭與羅得的分離」。

撒，要來繼承神國產業；羅得後代:卻成為亂倫的子孫:摩押人、亞們人 [7]，他們不得入耶和華的會中。[8]

在<顯現>篇這段妥拉中，我們也看到，當神的心意 <顯現> 出來的時後，人的反應基本上可以分成兩種:

第一種: **順服、繼續走在神所應許的道路上**，儘管神應許的，還「尚未」應驗發生，但仍舊憑著「堅定的信心」，讓神來「提升」自我的靈命，這個就是亞伯拉罕所表現的反應。

第二種: 當神的心意已經清楚 <**顯明-顯現**> 出來時，卻還 **順著自己情感、肉體的意願和慾望**，**眷戀 神所不喜悅的罪惡** 之事，**不聽** 神的話、甚至 **悖逆神**。這樣的反應，就是羅得，以及她的太太所代表的。

經文提到，兩個天使已經 非常清楚地 告訴羅得，並且向羅得 <顯現> 出神的心意，說:

> 『我們要 **毀滅** 這地方；
> 因為城內 **罪惡** 的聲音在耶和華面前甚大，
> 耶和華差我們來，要 **毀滅** 這地方。』創 19:13

但羅得的反應卻是「延遲不走」，他的女婿們也以為這是天方夜譚，是胡說八道的戲言[9]。而羅得的太太，都已經親眼 <看見> 硫磺與火從天降下，<眼前> 的所多瑪全城都被焚燒-毀滅了，卻依舊「眷戀-不捨」這個罪惡之城，所以，羅得的妻子回頭一看，就變成一根鹽柱。[10]

說到所多瑪、蛾摩拉的毀滅，以及他們的「罪大惡極」，這表現在一件事情上，也就是創 19:1-11 經文所提及的，就是: 耶和華神所差遣的這兩位天使，是以男性的模樣，<出現>在羅得<眼前>，當他們來到羅得的家，被合城的男人知道時，這些人竟然想要「**雞姦**」這兩位耶和華神的天使，所多瑪的男人準備要來 「淫

---

[7] 創 19:36-38『這樣，羅得的兩個女兒都從她父親懷了孕。大女兒生了兒子，給他起名叫摩押，就是現今摩押人的始祖。小女兒也生了兒子，給他起名叫便‧亞米，就是現今亞捫人的始祖。』

[8] 申命記 23:3『亞捫人或是摩押人不可入耶和華的會；他們的子孫，雖過十代，也永不可入耶和華的會。』

[9] 創 19:14-16。

[10] 創 19:26『羅得的妻子在後邊 回頭一看，就變成了一根 鹽柱。』 眷戀過去，不願順服神的帶領繼續向前行的人，生命就如同鹽柱般 **停滯 - 終止**，一個「**不再發展**」的生命也就意味著 死亡。

亂-褻瀆」 耶和華神的使者 [11]。**雞姦**英文 **Sodomy**.這個字的字源，正是來自希伯來文的「**所多瑪 (סדם) 讀音 sedom**」。由此可見，所多瑪的罪惡有多麼嚴重，嚴重到神必須要即刻毀滅。因為，這個城市的罪惡 [12]，除了悖逆、不聽神的話之外，甚至還要來「**淫亂、玷汙**」神的使者、大大地「**褻瀆**」耶和華神。

讓我們簡短地回顧前面創世記三段的妥拉，第一段<**在起初**>篇，耶和華神用大洪水「**毀滅**」敗壞、墮落的土地和人類，第二段妥拉<**挪亞**>篇又發生巴別塔事件，人要集體起來對抗耶和華神，於是神又做了「**拆毀**」的動作，「**變亂**」人的語言，打散他們。第三段妥拉<**離去**>篇耶和華總算心平氣和，因為終於找到 亞伯拉罕 這一個人，來肩負「**修復世界**」，將人類歷史發展的道路拉回到正確軌道上的重大使命。來到第四段妥拉<**顯現**>篇，神又在從事毀滅的工作，這次的對象是所多瑪和娥摩拉。

三、 亞伯拉罕是 <先知/先見>

在<**顯現**>篇這段妥拉起始處，耶和華神先向亞伯拉罕、撒拉 <**顯現**>，並且告訴他們: **應許**之子:以撒 將會出生的訊息，後來在這段妥拉中，以撒也確實出生，讓亞伯拉罕-撒拉 <**親眼看見**> 眼前這個可愛的嬰孩。

耶和華神 <**顯現**> 的第二個對象是 羅得和他們一家，神透過兩位天使來告訴他們一個非常緊急的訊息: 耶和華神準備要毀滅所多瑪城。這個毀滅的消息，到了隔天一早，也立即地應驗發生，那被硫磺襲擊和大火燒滅的所多瑪城的恐怖景象和畫面，就在羅得一家人的眼前，使他們 <**確實看見**> 耶和華神嚴厲的審判。

經文來到創世記 20 章，耶和華神所要 <**顯現**> 的第三個對象，是一位君王:亞比米勒。耶和華神在夢中向亞比米勒 <**顯現**>，並告訴亞比米勒王: 他取走 **神所揀選的第一家庭**: 亞伯拉罕的太太:撒拉 這件事，這將會 **得罪** 耶和華神。而亞比米勒取走撒拉的這個動作，是一個已經發生的事實，所以，事後，神也讓亞比米

---

[11] 創 19:5『今日晚上到你這裏來的人在哪裏呢？把他們帶出來，**任我們所為 / 讓我們 親近他們。**』經文後面所說的「**任我們所為**」 按字面直譯為「**讓我們 親近他們**」(וְנֵדְעָה אֹתָם)， 英文翻譯 and we will be **intimate** with them.，一些猶太解經家 (Rashi, Ibn Ezra) 甚至更直白地解釋為 we will **sodomize** them.「讓我們來與他們苟合/ **雞姦**他們」。

[12] 根據猶太解經傳統，所多瑪城的罪惡，主要是來自於社會的「**不公義**」，對於需要幫助的人冷漠，對於弱勢者的欺壓。

勒 <親眼看到> 他做這件事情所要付出的代價: 亞比米勒的妻子,和他家中所有的婦人,都不能生育。

耶和華神之所以向亞比米勒 <顯現>,並且「插手介入」 這件事,乃因亞伯拉罕和撒拉這對夫妻,這個家庭,是 神國度計劃中 的一個最重要的器皿和工作: 世界的修復、和 上帝國度的建立 的使命,要由這一個家庭 來肩負。正如在上一段妥拉中,神已經向亞伯拉罕所應許的『國度要從你而立,君王要從你而出。』創世記 17:6

因此,耶和華神為「確保」在亞伯拉罕身上所已經啟動的「國度計畫」和工程得以「繼續進行」下去,所以,神才介入,並向亞比米勒王<顯現>,叫亞比米勒不可染指撒拉,還要立刻把撒拉還給亞伯拉罕。

創 20:6-7 耶和華神在夢中<顯現>,對亞比米勒王說:

『我知道你做這事是心中正直;我也攔阻了你,免得你 得罪我,
所以 我不容你 沾著她(撒拉)。現在你把這人的妻子歸還他;
因為他是 先知,他要為你禱告,使你存活。
你若不歸還他,你當知道,你和你所有的人都必要死。』

亞比米勒王聽到這樣的話必是感到恐懼。不過,從上面這兩節經文中,耶和華神向亞比米勒透露以下幾點重要訊息:

第一、亞比米勒把撒拉取走這件事,在耶和華神眼中看來,是一件「得罪神」的事,是 干犯了神 在這對夫妻身上「所要成就的旨意和計畫」,因此,耶和華神讓亞比米勒清楚知道,神會介入,並且「攔阻」這件事。

第二、雖然撒拉人現在已被帶到亞比米勒王身邊,不過耶和華神叫亞比米勒 不准碰 撒拉,不能和撒拉有肌膚之親,為什麼神要說:不容你亞比米勒沾染撒拉呢?因為撒拉,在上一段妥拉中,已經被神改名,並且 被應許 要成為「多國之母」,現在準備要懷孕-生出 應許之子:以撒。 撒拉,不是你亞比米勒王可以隨意取來做為妻妾的女子,這位容貌俊美的撒拉,她的子宮,是要來懷孕 神國度計畫 中的後代子孫。所以,耶和華神命令,要亞比米勒將撒拉交還給亞伯拉罕,好讓 神的旨意和計畫 (以撒 的出生) 得以成就和發生。

第三、耶和華神讓亞比米勒知道,亞伯拉罕不是普通的人,亞伯拉罕是一位 「先知 (נָבִיא)」,這裡「先知」一詞,是第一次出現在整本希伯來聖經中,所指涉的對象,就是: 亞伯拉罕。事實上,耶和華神的確已經將「修復世界」未來-國度的

55

計畫，讓亞伯拉罕「知道」，並且<看見>了，而這個偉大的神國度計畫的工作，正好就在 亞伯拉罕 這個人的身上，逐步開展出來。

最後，耶和華神對亞比米勒做一個總結：如果亞比米勒將撒拉交還給亞伯拉罕，那麼這位 先知 (亞伯拉罕) 會為你禱告，甚至為你祝福。但如果不把撒拉還給亞伯拉罕，你亞比米勒若繼續 存心阻撓 **神的計畫** 和 **神所要做的事情** 的話，那這將招來殺身之禍，『你和你所有的人都必要死。』耶和華神對亞比米勒所說的最後這一點，其實正好就「對應-應驗」亞伯拉罕要離開哈蘭時，神對亞伯拉罕曾經說出的 **應許**，經文在上一段妥拉<離去>篇開頭，創 12:3：

> 『為你祝福的，我必賜福與他；
> 那咒詛你的，我必咒詛他，
> **地上的萬族 都要 因你 (亞伯拉罕)** [13] 得福。』

在經歷這樣的事件後，也就是：耶和華神向亞比米勒<顯現>，並告訴他，以上這四點重要的訊息後，亞比米勒後來也確實知道，亞伯拉罕的確是個 **先知**，因為亞比米勒王<親眼看見>當亞伯拉罕向耶和華神禱告,神就醫好了亞比米勒和他妻子，以及眾女僕，使她們又都能生育。

做一個總結：耶和華神之所以向亞比米勒<顯現>，其實目的是為了要 **繼續 鞏固、確立** 亞伯拉罕和撒拉，這條屬靈產業-傳承的血脈，因為將來 **神國度** 的開展和建立，會從「**亞伯拉罕-以撒-雅各**」這支家族開展出來 [14]。而現在這個神國度工程的重建計畫，才正要開始，並且起頭不久，所以耶和華神必須持續地 **看顧**和**護衛**。而這也就如 亞比米勒王 對亞伯拉罕所說的，創 21:22：

> 『凡你所行的事 都有上帝的保佑/上帝與你同在。』
> אֱלֹהִים עִמְּךָ בְּכֹל אֲשֶׁר-אַתָּה עֹשֶׂה [15]

---

[13] 所以，從屬靈信仰根源來說，『**基督徒之父是亞伯拉罕**』， Marvin Wilson 所著的其中一本書名就叫做 ***Our Father Abraham:Jewish Roots of The Christian Faith***. 中譯本《基督徒之父是亞伯拉罕-反思根源，重建信仰》林梓鳳譯，夏華達研道中心出版，2016 年四月第二板。

[14] 這也就是為什麼馬太在記載 彌賽亞耶穌 的家譜，是從 **亞伯拉罕** 起頭開始記述，而不是從亞當，或挪亞。『**亞伯拉罕** 的後裔，大衛的子孫，耶穌基督的家譜：**亞伯拉罕** 生以撒；以撒生雅各；雅各生猶大和他的弟兄；...』馬太福音 1:1-2

[15] 創 21:22 這節的希伯來原文若按英文直譯為"**God is with you** in all that you do." 所以中文應翻成『凡你 (亞伯拉罕) 所行的事上，都有 **上帝與你同在。**』意思就是說，你亞伯拉罕所做的每一件大小事，「**上帝都隨時在你身旁**」，指引你、引導你、保護你；當然也會「監督你、糾正你、管教你」。另外，在你亞伯拉將來所要前行未知的路途上，上帝也會向你 <**顯明-顯現**> 你前頭當走的路，你不用擔憂-害怕-恐懼，因為「都有 **上帝與你同在**」，正因如此，耶和華神才在創 20:7 稱呼亞伯拉罕為「先知」。

四、 以撒的出生

在創世記 20 章，亞伯拉罕又更深地經歷一次耶和華神「**信實的保守**」，雖然，這次亞伯拉罕仍信心軟弱，稱撒拉為自己的妹妹，但耶和華終究還是迫使亞比米勒王，將撒拉還給亞伯拉罕，並且還讓亞比米勒來祝福亞伯拉罕，創 20:14-15 記載：『亞比米勒把牛、羊、僕婢賜給亞伯拉罕。亞比米勒又說：「看哪，我的地都在你面前，你可以隨意居住」』

撒拉得以被保全後，接著 21 章就提到以撒的出生。在上段妥拉 <離去>篇，耶和華神對亞伯拉罕說：『你妻子撒拉要給你生一個兒子，你要給他起名叫 **以撒**。我要與他 堅定(我)所立的約，作他後裔 永遠的約 (**בְּרִית עוֹלָם**) [16]。』來到第四段妥拉<顯現>篇時，這位耶和華神曾經向亞伯拉罕及撒拉「所應許」的孩子:以撒，果然被<顯現>出來了，撒拉真的把**以撒**生出來。

以撒的出生，更進一步地「**確立**」了神聖產業的「**血脈傳承**」的應許，因為，這是創世的人類歷史上,耶和華神成功地將神國的心意和產業,讓一個做父親的「**傳承**」給他自己的兒子:也就是亞伯拉罕「**傳承**」給以撒，而「**沒有中斷**」。不像先前的亞當和挪亞，他們的後代子孫，都「**沒能承接**」神的話語和神聖產業。

以撒作為「應許之子」，要來「承接」亞伯拉罕的產業，這件事情，是 **神國度計畫中被命定的事情**，所以，以撒作為實質「長子」的名分和地位其實已經被確立。但夏甲和以實瑪利可不這麼想。

在上段妥拉<離去>篇，我們看到，當夏甲懷孕時，她就「小看-輕賤」[17] 她的女主人，也就是亞伯拉罕真正的元配:撒拉。夏甲的反應，所代表的意思就是: 我夏甲能給亞伯拉罕生孩子，妳撒拉不行，所以，「正宮、元配」的名分和地位，應是要由我夏甲來取得..

夏甲在家中想要「做大」的想法和意念，以實瑪利肯定知道，並且也全力支持，因為直到以撒出生前，以實瑪利一直認為自己才是亞伯拉罕的「獨生兒子」，並

---

[16] 耶和華神所立的「**約-永遠的約 (covenant, an eternal covenant)**」在希伯來信仰觀念、在整本聖經中，都是一個非常重要的觀念，也是基督信仰的一個 **最基本 / 最根本的前提**。

[17] 在創 16:4 提到:亞伯蘭與夏甲同房，夏甲就懷了孕；她見自己有孕，就「小看」她的主母。「小看」(**וַתֵּקַל**) 希伯來文動詞意思是「**減少 was diminished.**」 和「**變得沒有價值 was worthless.**」。再來，「**就小看她的主母**」(**וַתֵּקַל גְּבִרְתָּהּ בְּעֵינֶיהָ**) 其實原文的主詞是她的主母:撒萊，所以按照希伯來原文的結構直譯應為:『她的主母(撒萊)(地位) 減低 / 變得沒有價值在 (夏甲) 她的眼中。』

且，將來要「承接」父親所有的產業。所以，當以撒出生，並且長大的時候，以實瑪利自然感到威脅，認為他身為長子的名分和地位恐怕會受到動搖。

> 『孩子漸長，就斷了奶。
> 以撒斷奶的日子，亞伯拉罕設擺豐盛的筵席。
> 當時，**撒拉**看見埃及人**夏甲**給亞伯拉罕所生的兒子(**以實瑪利**) **戲笑** [18]，
> 就對亞伯拉罕說：
> 「你把這使女和她兒子趕出去！
> **因為這使女的兒子，不可與我的兒子以撒一同承受產業。**』創 21:8-10

撒拉其實很清楚，家裡留著夏甲和以實瑪利這對想要奪取「元配名分」和「長子繼承」的母子，會對自己和以撒將來的產業繼承造成重大威脅，因此，撒拉在這裡做出了一個重要而且關鍵的決定: 就是把這對母子趕走。

然而，這對已經和以實瑪利相處 14 年的父親:亞伯拉罕來說，是一個很痛苦的抉擇，但神此時也對亞伯拉罕說: 你不必為這童子(以實瑪利)和你的使女(夏甲)憂愁。**凡撒拉對你說的話，你都該聽從；因為從以撒生的，才要稱為你的後裔。**至於使女的兒子，也就是以實瑪利，我也必使他的後裔成立一國，因為以實瑪利是你所生的。創 21-12-13

就這樣，耶和華神，又再一次地「介入」，或者說，更多地向亞伯拉罕來<顯現、顯明> 神自己的心意，和 祂國度性 計畫的安排。

在上段妥拉<離去>篇，夏甲和以實瑪利還住在亞伯拉罕這個大家庭中，但是來到本段的<顯現>篇，因著應許之子:以撒的出生，然後夏甲、以實瑪利被趕走，就這樣，「撒拉-以撒」和「夏甲-以實瑪利」 這兩對母子的道路也就在此「分道揚鑣」，他們的人生發展，就在這裡被<顯現-顯明>出來。正如創 21:20-21 經文所說：『上帝保佑童子 [19]，他就漸長，住在曠野，成了弓箭手。他住在巴蘭的曠野；他母親從埃及地給他娶了一個妻子。』

---

[18] 戲笑-嘲笑 (מְצַחֵק) 英文翻譯為 mocking, playing.，至少從字面上的意義表達可以看出，以實瑪利根本不把「應許之子:以撒」的出生當一回事，當成家裡重要的大事，他根本不想參與這個為了以撒所舉辦的豐盛宴席，所以在一旁「戲笑-嘲笑」。

[19] 上帝保佑童子原文是 (וַיְהִי אֱלֹהִים אֶת-הַנַּעַר)「**上帝與這童子同在**」**God was with the youth**. 即便按照「神的計畫」，以實瑪利不是應許要來「繼承」神聖產業的人選，但耶和華神並沒有因此就「放棄、不眷顧」以實瑪利，正好相反，**耶和華也與以實瑪利同在**。

五、 耶和華-看見 (耶和華-以勒)

<顯現>篇這段妥拉的高潮,在創世記第 22 章的經文,這一整段內容,在希伯來聖經有一個驚悚的標題,叫做『**綑綁以撒**』(עֲקֵדַת יִצְחָק) [20]。

眾所皆知,這一章所記載的,是一個「**信心**」事件,是耶和華神要 「**試驗**」 亞伯拉罕的信心,亞伯拉罕正是經過最後這一關的考驗,其被稱為「**信心之父**」的角色和意涵,才達到一個最完滿、最高峰的展現,因為現在,耶和華神要亞伯拉罕,將他最愛的獨生子:以撒,「**獻為燔祭**」。

獻為燔祭的意思很清楚,就是 1.綑綁祭物、2.動刀殺祭物、3.讓祭物流血、4.最後這個被獻祭的祭物失去生命。

我們可以設身處地的來想像,當亞伯拉罕接收到這個耶和華神的通知: **獻以撒** 的時候,他的心裡或許感到劇烈的掙扎和極度的痛苦。但令人震驚的是,在 22 章的經文描述裡面,完全沒有記載到亞伯拉罕的心理交戰、猶豫、逃避,甚至抗拒;正好相反,亞伯拉罕完全按照耶和華神的吩咐和指示,「**完全順服**」也「**完全相信**」耶和華神,帶著以撒,走到摩利亞山上,然後綑綁以撒,將他擺放在壇的柴上,最後,亞伯拉罕手裡拿著刀,要殺以撒。

在身心巨大的壓力之下,亞伯拉罕準備要將自己的獨生愛子給宰殺,他將會親眼看到,以撒的掙扎、喊叫,流血、最後死亡。

當然,這樣的結局,並沒有發生,因為『**耶和華神看見**』,或者說『**預先看見**』…耶和華神 (預先) 看見了什麼,耶和華神看見 **救贖歷史的大藍圖**。

第一、**耶和華看見**,亞伯拉罕將會帶著以撒上摩利亞山。
第二、**耶和華看見**,亞伯拉罕真的會宰殺以撒,來作為獻給神的燔祭.
第三、**耶和華也看見**,將會有一隻公羊出現,「替代」以撒,成為祭物,也就是創 22:8 節,亞伯拉罕對以撒說的『我兒,**上帝看見** 那作燔祭的羊羔。』
第四、**耶和華看見**,這個摩利亞山,將來會是「獻祭」的中心: 也就是**聖殿**的所在。
最後,**耶和華看見**,他的獨生愛子:耶穌,也將要在摩利亞山的附近,成為眾人的贖罪祭。

---

[20] 「**綑綁**」一詞來自創 22:9『他們到了上帝所指示的地方,亞伯拉罕在那裏築壇,把柴擺好,**綑綁** 他的兒子以撒 (וַיַּעֲקֹד אֶת-יִצְחָק בְּנוֹ),放在壇的柴上。 』

神，是自有永有的，祂超越時間，在時間之外，所以神可以一眼就看完、看穿歷史的整個進程，和發展的結局，這些未來發生的事件，**神已經看見**，『**耶和華神看見**』，希伯來文就是(יְהוָה יִרְאֶה) 讀音 **Adonai Ireh** 英文直譯為 **Yehovah will see.** 但和合本中文聖經卻翻譯成『耶和華以勒: 耶和華必預備』。[21]

『**耶和華以勒 / 耶和華看見**』 這句話，是要提醒我們: **神都已經看見了，但我們「看見」了沒有，我們是用肉眼看，還是用「信心之眼」看？** 希伯來書 11:1 說：

> 『信就是「**所望**」之事的實底、
> 是「**未見**」之事的確據。』

信心，和「視覺的看」有很大的關係，因為人，常常需要「肉眼」的觀看和視察，才能「相信」眼前的人事物，是真實的；但 **信心的眼睛**，是一種「**超越的看**」，是超越肉眼的「**屬靈視覺**」。

因此，亞伯拉罕憑著「完全的信心」[22]，帶著以撒上摩利亞山，準備將以撒獻給耶和華神。然而，當亞伯拉罕伸手拿刀要殺以撒時，耶和華神的使者回應說：

> 『現在我知道 你是敬畏上帝的了；
> 因為 你沒有將你的兒子，就是你獨生的兒子，留下不給我。』創 22:12

意思就是說: 你亞伯拉罕沒有將自己的獨生愛子:以撒「據為己有」，不讓神在國度的計畫當中來使用以撒，並且「成就」**上帝的旨意** 在以撒身上；正好相反，你亞伯拉罕，在得了這個寶貝兒子後，仍然願意把這個孩子，「完全獻上」交付給上帝。

當然，某種程度上，也可以反過來說，**亞伯拉罕也在「試驗」耶和華神**，就是說: 我亞伯拉罕如此的忠心，但你耶和華神最後會不會扭轉乾坤，「取消」這個燔祭。亞伯拉罕的獻祭動作，直到最後一刻，到已經要拿刀殺以撒時，那隻替代的公羊才出現。

---

[21] 將「耶和華以勒/耶和華預備」重新翻譯成「耶和華**看見**」(יְהוָה יִרְאֶה) 那就能完全地對應到本段妥拉的標題: 耶和華神<祂**顯現**/祂**被看見**>(וַיֵּרָא יְהוָה)，兩者同樣都是「看」的動詞字根 (ראה)，一個為主動的 pa'al 字幹動詞，另一為被動語態的 nif'al 字幹動詞。

[22] 正因亞伯拉罕「完全相信」耶和華神，完全相信耶和華神「所應許的」，所以，亞伯拉罕打從心底認為，就算「獻以撒」，以撒可能會經歷 死亡，但耶和華神還是有辦法可以讓以撒再次「死而復生」，所以希伯來書 11:17-19 才說：『因著信，亞伯拉罕在受試驗的時候，就把以撒獻上；這就是那歡喜領受應許的人，獻上了自己的獨生子；論到這個兒子，曾經有話說:「以撒生的，才可以稱為你的後裔。」 亞伯拉罕認定，上帝能使人從死人中復活，因此，從喻意說，他的確**從死裡得回他的兒子**。』 另外，羅馬書 4:17 也提到『 亞伯拉罕所信的，是那 **叫死人復活、使無變為有的上帝**。』

信心的考驗，就是在一切的環境看來毫無盼望時，仍然「繼續持守」信心，這裡我們看到，信心和惡劣的環境和條件之間，總是有一個巨大的張力和衝突，當這個張力越大，也就越顯出這個信心的巨大底蘊和力量。

當亞伯拉罕準備要宰殺以撒時，耶和華神叫亞伯拉罕住手，恰好也正出現一隻公羊，這隻公羊「替代」了以撒，成為燔祭。隨後，亞伯拉罕就給這地方取名為：

『耶和華以勒 (יְהוָה יִרְאֶה)。 [23]
意思就是: 耶和華看見』

當亞伯拉罕說出：『耶和華以勒/ 耶和華看見』 這句話的時候，其實這也正是一種，**自我的信心宣告**: 首先、亞伯拉罕向耶和華證明，祢會看見我亞伯拉罕，對你的信心是大的，就算你要我將獨生愛子獻給你，我也順服，所以你『**耶和華神會看見**』我將會帶著以撒去獻祭。第二、當亞伯拉罕準備要宰殺以撒時，耶和華神叫亞伯拉罕住手，然後一隻公羊出現，成為以撒的替代祭物。這時亞伯拉罕恍然大悟，原來『**耶和華神 (早已) 看見**』[24]，有一隻公羊會出現，成為替代的祭物。亞伯拉罕此時也「自我印證」了他對耶和華神的「信心和順服」是真實正確的。

所以，『耶和華以勒/ 耶和華看見 (יְהוָה יִרְאֶה)』，這句希伯來文，更精準地翻譯應該是: **耶和華神已經看見...未來將會發生的事情。**

在摩利亞山上，亞伯拉罕經歷、並且也成就了 **「獻祭」** 的最高典範，就是: 他願意 把**「自己所珍愛的」，完全獻上，不為己所用**，儘管神所要求的奉獻看似多麼不合理、多麼不合邏輯，但亞伯拉罕依舊 **憑著信心、完全順服**，相信全能的**神在天上運籌帷幄，是有最好的安排。**

亞伯拉罕「獻以撒-完全順服」的信心事件，最後所<顯現>出來的結果是美好的，因為以撒不但沒有死，還與他的父親:亞伯拉罕，繼續領受、<看見>那來自耶和華神的國度啟示和藍圖。就是創 22:16-18 耶和華神所說的:

---

[23] 耶和華-以勒的 「**以勒**」 其實只是個音譯，希伯來文「**以勒 (יִרְאֶה)** 」本身就是動詞:「**看/看見**」的意思，動詞字根(**ראה**)一目了然，清楚表示出這是一個未完成式 (未來式) 的「第三人稱-陽性-單數」的動詞型態，所以在前文筆者把它翻譯成 **Yehovah will see.**

[24] 當以撒問說『火與柴都有了，但燔祭的羊羔在哪裏呢？』亞伯拉罕回答說:「我兒，上帝必自己 預備(看見) 作燔祭的羊羔。」這裡創 22:9 上帝必自己「預備」(**יִרְאֶה**) 這個動詞正是「**看/看見**」，所以直譯應為: 上帝自己 (早已) **看見** 作燔祭的羊羔 (是要來替代以撒，被獻為燔祭)。

『你既行了這事，不留下你的兒子，就是你獨生的兒子，

我便指著自己起誓說：論福，我必賜大福給你；

論子孫，我必叫你的子孫多起來，如同天上的星，海邊的沙。

你子孫必得著仇敵的城門，並且地上萬國 都必因你的後裔得福，

因為你聽從了我的話。』

最後要說的是，**摩利亞**-山 (**הַר הַמּוֹרִיָּה**)，**摩利亞**(**מוֹרִיָּה**)這個字，意思其實就是 『**耶和華的引導、教導 (מורה - יה)**』，也就是說:耶和華從 摩利亞 這裡，發出 對全世界關於 「真理-話語」的教導。這座山，就是後來所羅門在耶路撒冷建聖 殿的山 [25]，也就是今天我們所說的聖殿山。以賽亞書 2:3：

『主必將他的道教訓我們；我們也要行他的路。

因為**訓誨** (原文為**妥拉**) 必出於錫安；耶和華的言語必出於耶路撒冷。』

因為 妥拉 必出於 錫安；

耶和華的言語 必出於 耶路撒冷。

כִּי מִצִיּוֹן תֵּצֵא תוֹרָה,

[26] וּדְבַר-יְהוָה מִירוּשָׁלָֽם

---

[25] 歷代志下 3:1『所羅門就在耶路撒冷...**摩利亞山 (הַר הַמּוֹרִיָּה)** 上...開工建造耶和華的殿。』
摩利亞 (הַמּוֹרִיָּה) 一詞在整本希伯聖經中只出現過兩次，一次在創世記 22:2，另一次就是歷
代志下 3:1。

[26]『因為訓誨 (妥拉) 必出於錫安；耶和華的言語必出於耶路撒冷。』從希伯來文來看這個句子
的結構，對仗如此工整。

問題與討論：

1. 從創世記第三段妥拉<離去>篇亞伯拉罕的憑著信心<離開>本地、本族、父家，再來到本段 — 第四段的耶和華<祂顯現>篇，神越發地向亞伯拉罕<顯現>更多的啟示和神國的計畫。從<離去>到<顯現>篇，你覺得這兩段妥拉經文的「因果關聯」為何？ 如果亞伯拉罕沒有回應神的呼召，願意<離去-離開>原來熟悉，甚至是舒適安逸的環境，踏上這趟信心之旅，那麼亞伯拉罕是否就「無法」<看見>神所要向他應許和<顯現>的啟示呢？

2. 在<顯現>篇這段妥拉中，我們看到，當神的心意和計畫 已經清楚<顯現> 出來時，人的反應基本上可以分成兩種: 第一種、順服，「**繼續**」走在神所應許的道路上，儘管神應許的，還「尚未應驗」發生，但仍舊憑著堅定的信心。第二種、依然故我，仍順著自己肉體的意願和慾望，眷戀 神所不喜悅的罪惡之事，不聽神的話、甚至悖逆神。當神的心意和計畫 已經向你清楚<顯現> 出來時，你會如何反應和作為？

3. 在第三段文本「亞伯拉罕是先知」的內容中，我們看到一項真理: **神所要的成就的事「必定會發生」，**當然他也會「**攔阻**」某些事的發生。就像亞伯拉罕所經歷到，耶和華神是如何「**介入**」保全撒拉，最後還讓亞比米勒王反過來祝福亞伯拉罕。如果你清楚知道，神「在你身上 / 在你生命中」有一個很重要的計畫和旨意「要成就」，那你會持續相信『凡你所行的事，**都會有上帝的保佑**』嗎？ 即便你此時正遇到挫折、失敗、困難、試煉。

4. 從第四段文本「以撒的出生」的內容中，我們可以來省思: 當神的計畫與你的計畫不一樣的時候，你是會 反思，**省察禱告**，然後 **等候上帝**；還是你會「急於」想出一套自己的辦法，按照自己的計畫來執行，而不順服神，結果最後衍生出許多不必要的問題和麻煩、困難、甚至是傷害。可以試著設身處地去思考每個角色所面臨的處境和感受: 亞伯拉罕信心的軟弱、撒拉的急迫、夏甲因有身孕而做大，輕賤元配撒拉、以實瑪利的戲笑……等等。

5. 如果將 「耶和華以勒 / 耶和華必預備」，按照原文重新翻譯為「**耶和華 看見**」，這會讓你對於亞伯拉罕獻以撒這個「信心事件」創世記 22 章的整段經文，做出如何不同的理解和<看見> ？

創世記 No.5 妥拉

<撒拉生平>篇（פרשת חיי שרה）

本段妥拉摘要:

創世記第五段妥拉 <撒拉生平> 希伯來文(חַיֵּי שָׂרָה)。

在上段妥拉<顯現>篇，撒拉在耶和華神的國度計畫的布局上，可以說已經完成她的使命和任務，首先、撒拉把應許之子:以撒生出來。再來、為了讓以撒將來可以順利地繼承產業，撒拉做出一個重要而且關鍵的決定，就是: 將她的使女埃及人夏甲，以及她的兒子以實瑪利趕出家門。

所以，來到<撒拉生平>這一篇妥拉，就是<撒拉>謝幕，正式退場、退出妥拉舞台的時候，因此，這段妥拉，一開始就提及<撒拉>的死。但這一段妥拉還是用了<撒拉>的名字來作為本段妥拉經文的標題，這是因為<撒拉>雖然已經過世，但在本段妥拉中我們看到<撒拉>其實還活在亞伯拉罕和以撒的心中，還繼續在這對父、子的生命和 (生活) 當中起到很大的影響和作用，因為，亞伯拉罕和以撒他們兩人的所作所為，都仍然在回應著<撒拉>，就好像<撒拉>還活著 一般。

亞伯拉罕和以撒不希望讓<撒拉>失望，所以，在這段妥拉中，亞伯拉罕『在希伯崙買田地、以及為以撒娶妻,最後打發亞伯拉罕的眾子,離開以撒到東方去…』等等的作為，都是亞伯拉罕、以撒這對父子，為了回應、並要竭力完成<撒拉>的遺願所去做的，而這幾件事，也都是關乎「產業」、以及「產業繼承」的大事。

<撒拉生平>這段妥拉的結尾是以以實瑪利的壽終正寢畫下句點，這好像是在告訴<撒拉>說: 妳<撒拉>可以不需要再擔心以實瑪利,怕他會搶奪以撒長子的祝福和產業，因為『以實瑪利享壽一百三十七歲，氣絕而死，歸到他列祖那裏。他子孫的住處在他眾弟兄東邊，從哈腓拉直到埃及前的書珥，正在亞述的道上。』

創世記 No.5 妥拉 <撒拉生平> 篇 （פרשת חיי שרה）

經文段落:《創世記》23:1 - 25:18
先知書伴讀:《列王記上》1:1-31
詩篇伴讀: 45 篇
新約伴讀:《彼得前書》3:1-7、《馬太福音》1:1-17

一、 撒拉的「遺願」

創世記第五段妥拉，標題<撒拉生平>。經文段落從創世記 23:1 節開始，到 25:18 節結束。

<撒拉生平>這段妥拉的標題，創 23:1：

> 『**撒拉享壽** 一百二十七歲。』
> וַיִּהְיוּ חַיֵּי שָׂרָה מֵאָה שָׁנָה וְעֶשְׂרִים שָׁנָה וְשֶׁבַע שָׁנִים

<撒拉享壽> 這個詞組希伯來文(חַיֵּי שָׂרָה)，更直接白話的翻譯就是<撒拉生平> [1]。標題<撒拉生平>就是 23:1 的第二個字和第三個字(חַיֵּי שָׂרָה) ，這兩個字就是這段妥拉的標題。

回顧上段妥拉，在上段妥拉<顯現>篇，撒拉在耶和華神「國度計畫」的布局上，可以說已經完成她的使命和任務，首先、撒拉把「應許之子:以撒」生出來。再來、為了讓以撒將來可以順利地「繼承產業」，撒拉做出一個重要且關鍵的決定，就是: 將她的使女埃及人夏甲，以及她的兒子以實瑪利趕出家門。

所以，來到第五段<撒拉生平>這一篇妥拉，就是撒拉謝幕，正式退場、退出妥拉舞台的時候，因此，這段妥拉，一開始就提及<撒拉>的死。

不過，這一段妥拉之所以仍然用 <撒拉> 的名字來作為本段經文的標題，是因為撒拉雖然已經過世，但在本段妥拉當中，我們看到，<撒拉> 其實 「**還活在**」亞伯拉罕和以撒的心中、還繼續在這對父、子的生命和生活當中起到很大的影響和

---

[1] 英文直譯為 **The lifetime of Sarah.**

作用，因為，亞伯拉罕和以撒他們兩人的所作所為，都「**仍然在回應**」著<撒拉>，就好像<撒拉>「**還活著**」一般。亞伯拉罕和以撒不希望讓 <撒拉>失望，所以，在這段妥拉中，底下提到幾件重要的事情，正好就是亞伯拉罕，為了回應、並要竭力完成「<撒拉>的心願」所去做的，這幾件事，都是關乎「**產業**」、以及「**產業繼承**」的大事:

首先、第一件事，就是為了<撒拉>的埋葬，亞伯拉罕向赫人以弗崙，在迦南地的希伯崙「合法地購買」一塊田地，讓<撒拉>得以葬在田間的洞中。這件事情預示著亞伯拉罕以及他的後裔要「得地為業」的一個先兆，可以說，透過 <撒拉>葬在迦南地的這個作為，讓耶和華神要將迦南地賜給亞伯拉罕及其後裔的應許，**首次被實現**。

第二件事，正如前文已經提過的，在上段妥拉<顯現>篇，<撒拉>為了讓以撒將來能順利繼承產業，所以把夏甲和以實瑪利給趕走，但是到了<撒拉>過世前，還讓撒拉掛心的一件事就是:將來要和以撒一起「繼承家業」、一起肩負「**神聖使命**」的女子，必須是賢慧、才德的女子。撒拉心想，這個做為我兒:以撒 的太太的這個女人，一定也要像我<撒拉>一樣，要有敏銳的屬靈洞察力，**要能夠幫助以撒，繼續完成耶和華神的國度性的工作**。

以上，<撒拉>的這些「遺願-掛念」雖然經文沒有記載，不過可以想像，這些話在<撒拉>過世前，肯定都曾經對亞伯拉罕、和以撒耳提面命一番。所以，在<撒拉>過世後，為以撒找一個匹配的女子的重責大任，就落在亞伯拉罕身上。而這一段妥拉，也花了一整章，創世紀 24 章的極大篇幅，來描述這個『**為以撒尋找、娶妻**』的過程 [2]。在經文所記載的整個過程中，可以清楚看到，為以撒娶妻，找到這位 才德、敬畏神、願意與以撒 一同回應神呼召 的女子的這項任務，其實是非常嚴肅-謹慎的，因為這關乎到產業、以及神聖呼召的傳承，能否順利地從以撒這一代，再傳給下一代，而不致中斷。所以，做為以撒的太太的這位女子，她必須要能成為亞伯拉罕家族中，幫助以撒「**繼續傳承**」家業、和「**共同擔負**」神聖使命的幫助者。

最後、這段妥拉也提到了亞伯拉罕的過世。直到亞伯拉罕過世前，他都始終記得<撒拉>所說的話:『你把這使女和她兒子趕出去！因為這使女的兒子不可與我的兒子以撒一同承受產業。』所以，趁著亞伯拉罕還活著的時候，他把一切所有的都給了以撒，另外再把一些財物分給庶出的其他兒子們，並且打發他們，離開以撒，往東方去。[3] 亞伯拉罕這麼做，目的只有一個，就是「澈底完成 <撒拉> 的

---

[2] 創世記 24 章的「為以撒娶妻」是整本聖經「第一次」描述尋求「婚姻」的歷程。在這一章裡面，可以看出神對於男女婚姻「神聖」的嚴肅看待。

[3] 見創 25:5-6。

心願，確保應許之子:以撒可以「順利繼承」亞伯拉罕所有的家產，然後，亞伯拉罕就可以放心地，離開這個世界，走完他在世的人生道路。

二、　得地為業

<撒拉生平>這段妥拉，雖是以<撒拉>的過世，來作為這段妥拉的開頭，但正好也是因為<撒拉>生命的結束，才使得耶和華神賜給亞伯拉罕迦南地的應許，得以「被延續」，或者說，得地為業的這個預言「首次成就和實現」。因為，因著<撒拉>的離世，以及埋葬，亞伯拉罕就必須要在迦南地的希伯崙買一塊田地。

在上段妥拉<顯現>篇中，我們看到<撒拉>是個很有意見和想法的婦女，也具有屬靈的敏銳，當<撒拉>看到以實瑪利在對以撒戲笑時，撒拉就已清楚預見，若繼續留著夏甲和以實瑪利這對母子在亞伯拉罕的家中，會對以撒將來繼承產業構成重大威脅，所以<撒拉>才先作預警，趕緊告訴亞伯拉罕:

『你把這使女和她兒子趕出去！
因為這使女的兒子(以實瑪利)不可與我的兒子以撒一同 承受產業。』創 21:10

亞伯拉罕對<撒拉>這種「先知性」的言論感到為難，不過後來耶和華神親自對亞伯拉罕所說的話證實了 <撒拉> 的先見 是正確的 [4]。耶和華神說，創 21:12:

『凡 撒拉 對你說的話，你都該聽從..』

<撒拉生平>這段妥拉，根據猶太人的傳統，亞伯拉罕在希伯崙買地的這個主意，也是<撒拉>提出的先見。

創 23:4 亞伯拉罕對著迦南地的赫人說『我在你們中間是 外人，是 寄居的。』[5]
前面這一節經文很具體地描述出亞伯拉罕一生最真實的生活狀態，就是:他們一

---

[4] 這印證箴言 18:22 所說『得著 賢妻 的，是得著 好處，也是蒙了耶和華的恩惠。』確實，撒拉真是亞伯拉罕的「福星」，創 12:16『法老因 這婦人(撒拉) 就厚待亞伯蘭，亞伯蘭得了許多牛、羊、駱駝、公驢、母驢、僕婢。』來到創世記 20 章亞比米勒王也是因為<撒拉>的緣故『把牛、羊、僕婢賜給亞伯拉罕，』創 20:14.

[5] 『我在你們中間是外人，是寄居的。』希伯來文(גֵּר וְתוֹשָׁב אָנֹכִי עִמָּכֶם)，英文直譯為 I am a **foreigner** and a **resident alien** with you.

家子人，是 四處漂流、遷徙各地、居無定所 。

但是，<撒拉>在生出應許之子:以撒之後，或許心裡想著，現在「應許之子」有了，接下來應該就是要取得 「應許之地」，是時候要改變四處遷徙的生活型態，現在應該要開始置產、買地了，好讓這個應許之子以撒，可以「承受地業」。也的確，<撒拉>生前最擔心、最掛念的一件事就是:以撒的「產業繼承」。所以，<撒拉>還在世的時候，才會盡一切的努力，排除任何的障礙，來為以撒的「產業繼承」做預備和鋪路。

因此，因著<撒拉>的過世，才得以將 <撒拉的生平>，或者說<撒拉>的遺願，「兌現 - 變現」成亞伯拉罕現在向赫人以弗崙所買的土地。

但是，對於「已經習慣」四處搬遷 的亞伯拉罕來說，現在要花一大筆錢來購買赫人的田地，在迦南地的希伯崙「置產」，亞伯拉罕這時候又需要再次「憑著信心」，來做這個「買地」的決定。

> 『亞伯拉罕聽從了以弗崙，照著他在赫人面前所說的話，
> 把買賣通用的銀子，平了四百舍客勒給以弗崙。』創 23:16

四百舍客勒 大概是當時一個普通工人 50 年的工資總和，所以，其實亞伯拉罕所付給以弗崙的購地金的是一筆非常龐大的金額。

但是，本來亞伯拉罕是可以不花一毛錢就可以取得這塊土地，因為在 23:11 的經文中，以弗崙對亞伯拉罕說:『我 送給你 這塊田，連田間的洞也 送給你，在我同族的人面前 都給你，可以埋葬你的死人。』可是亞伯拉罕卻回覆說:『**我要把田價給你**，求你收下。』結果以弗崙竟然獅子大開口，給了一個天價，逼著亞伯拉罕一定要接受這個價格。以弗倫對亞伯拉罕說:『值四百舍客勒銀子的一塊田，在你我中間還算甚麼呢？只管埋葬你的死人吧！』

亞伯拉罕雖然吃了虧，**以高價取得土地**，但是在這裡，經文清楚地提供一個 證據確鑿 的明證，那就是迦南地的希伯崙這一塊田地，「土地的所有權」是屬於亞伯拉罕，以及他的子孫後代:以撒-雅各的。

換句話說，亞伯拉罕是以「正式、合法」的方式，付了一大筆錢取得土地，此外，經文還提到，亞伯拉罕這次土地的購買，還有「見證人」，就是 23:17-18 節所說的:

『於是，麥比拉、幔利前、以弗崙的那塊田和其中的洞，並田間四圍的樹木，
都定準歸與亞伯拉罕，
乃是他在 赫人面前 並 城門出入的人面前 買妥的。』

亞伯拉罕因著<撒拉>的過世，向赫人「買地」的這個動作，對他的後代子孫，
也就是以色列百姓 影響深遠，因為「買地」的事實，為「土地所有權」屬於以
色列-猶太人，提供了一個不可抹滅的證據。

在希伯來聖經中，還有另外兩個地方，也清楚記載以色列人「合法購買土地」的
記載:第一個是創 33:18-19 提到的示劍城，由雅各所購買，第二個地方就是後來
的耶路撒冷聖殿山，當時是由大衛向耶布斯人購買。[6]

三、 耶和華的應許:「土地」與「後裔」

土地、後裔/子孫，是耶和華神要「應許」給亞伯拉罕兩樣最重要的東西，巧妙
的是，這兩項應許，耶和華神也都對亞伯拉罕「親自重申」過五次。

首先、土地:
關於 土地 的應許，五處的經文，都是耶和華神以「第一人稱」對亞伯拉罕說:
我會給你「這地」，「給」這個動詞在底下在五處的經文都一再地出現:

1. 耶和華向亞伯蘭顯現，說：我要把「這地」賜給 你的後裔。創 12:7

2. 羅得離別亞伯蘭以後，耶和華對亞伯蘭說:「從你所在的地方，你舉目向東西
南北觀看；凡你所看見的「一切地」，我都要 賜給 你和你的後裔，直到永遠。…
你起來，縱橫走遍「這地」，因為我必把「這地」賜給 你。創 13:14-17

3. 耶和華又對他說:「我是耶和華，曾領你出了迦勒底的吾珥，為要將「這地」
賜 你為業。」創 15:7

4. 當那日，耶和華與亞伯蘭立約，說:「我已 賜給 你的後裔，從埃及河直到幼
發拉底大河之「地」，就是基尼人、基尼洗人、甲摩尼人、赫人、比利洗人、利
乏音人、亞摩利人、迦南人、革迦撒人、耶布斯人之「地」。」創 15:18-21. 這
段經文更清楚地關連到: 「土地的應許」乃是基於 耶和華神自己與亞伯拉罕所

---

[6] 見撒母耳記下 24:18-24，及歷代志上 21:18-25。

立的盟約。

5. 我要與你並你世世代代的後裔堅立我的約，作 **永遠的約**，是要作你和你後裔的上帝。我要將「你現在寄居的地」，就是「迦南全地」，**賜給** 你和你的後裔「**永遠為業**」，我也必作他們的上帝。」創 17:7-8.這段經文又更進一步表明：這個耶和華和亞伯拉罕及其後裔所立的盟約乃是一個「**永約**」，其所應許的土地:迦南地，是要做為將來以色列「**永遠的產業**」。

第二、後代/子孫

1. 我必叫你成為「**大國**」(**גוֹי גָּדוֹל**)　a great nation。我必賜福給你，叫你的名為大；你也要叫別人得福 [7]。創 12:2

2. 我也要使你的「**後裔**」如同地上的塵沙那樣多，人若能數算地上的塵沙才能數算你的「**後裔**」。創 13:16

3. 於是領他走到外邊，說：你向天觀看，數算眾星，能數得過來嗎？ 又對他說：你的「**後裔**」將要如此。創 15:5

4. 我與你立約：你要作「**多國的父**」(**אַב הֲמוֹן גּוֹיִם**) the father of many nations.。從此以後，你的名不再叫亞伯蘭，要叫亞伯拉罕，因為我已立你作「**多國的父**」。創 17:4-5

5. 論福，我必賜大福給你；論子孫，我必叫「**你的子孫**」多起來，如同天上的星，海邊的沙。「**你子孫**」必得著仇敵的城門，並且地上萬國都必因「**你的後裔**」得福，因為你聽從了我的話。創 22:17-18

如前所述，雖然耶和華神對亞伯拉罕說了以上的話、給了上述「反覆重申」的承諾，但是，**應許也不是『一夜就從天上掉下來』的，它乃是需要人『付出信心的行動和代價』**，正如亞伯拉罕所做的，這就是 <撒拉生平> 篇這段妥拉當中，兩段經文敘事的重點所在:

首先、關於 **土地**:
亞伯拉罕為了替過世的<撒拉>找一塊土地埋葬，而必須和赫人「談判」，付出「**昂貴的代價**」才能購買土地。同樣的事，也發生在: 亞伯拉罕「為以撒娶妻」一事上。

---

[7] 『你要也叫別人得福』按希伯來原文(**וֶהְיֵה בְּרָכָה**) 直譯為『你要成為祝福。』英文 **and you shall be a blessing.** 言下之意就是「你要成為祝福別人的管道」。

所以、關於 子孫:

亞伯拉罕為了讓耶和華神和自己所立的約,可以有後人繼續「傳承」下去,有了兒子:以撒還不夠,還要有孫子,所以亞伯拉罕希望自己過世前,可以替以撒找個賢慧、才德、敬畏上帝的女子。

『那僕人從他主人的駱駝裏取了:十匹駱駝,並帶些他主人「**各樣的財物**」,起身往美索不達米亞去,到了拿鶴的城。…僕人拿出「**金器、銀器**」,和衣服送給利百加,又將「**寶物**」送給她哥哥和她母親。』創 24:10,53

亞伯拉罕為了替以撒娶妻,派出他最信賴的僕人風塵僕僕遠赴哈蘭,僕人到了利百加的家,還要和她的家人(利百加的父、母親、哥哥拉班) 談判,為此,僕人送上了「各樣的財物」、「金器、銀器」、「寶物」。

神所給的應許,**是要人實際而具體地去『付出信心的行動和代價』才能成就的**,神所給的應許,絕非是憑空降下,然後就坐享其成的。

四、 以利以謝的「信心與衷心」

在<**撒拉生平**>這段妥拉中,「**為以撒娶妻**」這個段落,是本段妥拉的重頭戲,整個創世記24章共67節的宏大篇幅都在講述這件事,可見亞伯拉罕「為以撒娶妻」這個事件,在本段妥拉,或者說,在整個以色列族長的發展史當中,具有舉足輕重的關鍵性。

在上段妥拉<顯現>篇中,我們看到,<**撒拉**>非常關注以撒將來的「產業繼承」,<**撒拉**>為了要確保以撒可以平安、順利地從亞伯拉罕「繼承家業」,所以嚴詞喝令亞伯拉罕,要把夏甲和以實瑪利趕走。

而有意思的是,在<顯現>篇這段妥拉的結尾處,創 22:20-22 節,經文也已先預告下一段妥拉<**撒拉生平**>篇準備要登場的重要角色,也就是以撒將要娶的妻子:利百加。

亞伯拉罕和<**撒拉**>都很清楚,他們是 被耶和華神「**呼召、揀選**」的家庭,耶和華神要透過這個家庭,和這個家族的後代,來展開神國度計畫中的工作,因此,

「為以撒娶妻」這件事，就絕不能被當作是一般性的事件或工作來看待，正好相反，「為以撒娶妻」的這項任務，乃是神聖「救贖歷史」當中的一個非常重要的環節，因為，以撒所將要娶的這個女子，會關涉到這個「神聖呼召和屬靈產業」是否能順利地被持守住，並繼續傳承給下一代。

所以，亞伯拉罕把這項重大任務，交給他 最信賴 的、也是管理亞伯拉罕所有產業的老僕人:以利以謝 [8]。

亞伯拉罕叫以利以謝，務必要使命必達，一定要完成這個任務，只是，達成這項艱鉅的任務需要同時符合兩個條件。 首先、亞伯拉罕叫以利以謝指著 耶和華天-地的主 起誓，用來表示這件事的「極端嚴肅性」，所起誓的內容就是: **千萬不能為以撒娶迦南地的女子為妻，而是要往亞伯拉罕本地、本族去找以撒的妻子。**

第二、亞伯拉罕對以利以謝說: 你要謹慎，**不要讓以撒「走回頭路」，回到我的本地、本族居住**。因為，耶和華－天上的主已經帶領我離開父家和本族的地，對我說話，並且向我起誓說:『我要將這地(迦南地)賜給你的後裔。』所以，以撒接下來的人生道路，「**要繼續走**」在耶和華神的應許中，讓神的計畫「**繼續向前**」開展下去。

最後，這位曾經獻以撒，達到信仰巔峰的信心之父:亞伯拉罕對以利以謝做出一個信心的喊話和宣告:就是，**耶和華必差遣使者在你面前，你就可以從那裏為我兒子娶一個妻子**，倘若女子不肯跟你回來迦南地，那麼，我叫你起的誓就與你無干了。

就這樣，以利以謝帶著十匹駱駝和聘禮，就是亞伯拉罕家中各樣的財物，要往亞伯拉罕的老家:哈蘭去，準備踏上這條「**遙遠的信心的旅途**」。

以利以謝，希伯來文名字 (אֱלִיעֶזֶר) 意思正好就是『**我的上帝，是幫助者**』，在為 以撒尋找妻子 的這趟長途跋涉的艱辛路程中，以利以謝確實親身經歷到耶和華神隨時的帶領和幫助。

---

[8] 這個老僕人，雖然在創世記 24 章當中並未言明是誰，但猶太解經的傳統認為這個老僕人就是創 15:2 已經提及的大馬士革人:以利以謝 (אֱלִיעֶזֶר)，他的名字正好是由兩個字組合而成 (אֱלִי-עֶזֶר) 意思就是「我的神-幫助」或「我的神-是幫助者」英文 **My God helped, My God is helper**. 正如同在創世記 24 章「為以撒娶妻」的經文敘事中所看到的，**以利以謝** 在這趟艱鉅困難的旅途任務過程中，是如何切身地經歷到，**神** 是如何地在關鍵時刻引導他「**幫助**」他，所以當以利以謝最後終於找到利百加時，也才會說出這樣的話:『耶和華－我主人亞伯拉罕的上帝是應當稱頌的，因他不斷地以慈愛誠實待我主人。至於我，**耶和華在路上引領我，直走到我主人的兄弟家裏。**』創 24:17 這節當然這也反過來印證了亞伯拉罕對以利以謝所說的『我所事奉的 **耶和華 必要差遣他的使者與你同去，叫你的道路通達**，你就得以在我父家、我本族那裏，給我的兒子娶一個妻子。』創 24:40

如果說以利以謝是從希伯崙起行，走到哈蘭，這個位於今天土耳其東南方與敘利亞北端交界處的地方，一趟路程約800公里的距離，在當時沒有衛星導航和google map 的年代，以利以謝最後能走到哈蘭，並且還找到亞伯拉罕的親族，這只能說是「神助、神蹟」了。

然而，**以利以謝** 也很清楚，知道這位帶領亞伯拉罕離開本地、本族、父家的耶和華神，「**必定會成就**」這件神聖歷史的國度大事。所以，當以利以謝找到、遇見利百加時，以利以謝沒有將功勞歸給自己，反而是 **先低頭向耶和華下拜**，創 24:27，以利以謝對著利百加說：

> 『耶和華我主人亞伯拉罕的上帝是應當稱頌的，
> **因他不斷地以慈愛誠實待我主人。**
> 至於我，**耶和華在路上引領我**，直走到我主人的兄弟家裏。』

然後，以利以謝到了利百加的家中，受到利百加一家人的盛情款待，創 24:33：

> 『把飯擺在以利以謝面前，叫他吃，
> 他卻說：「**我不吃，等我說明白我的事情** 再吃。」』

這節經文強烈地表露出以利以謝對以撒娶妻這項任務「使命必達」的決心，以及對他主人亞伯拉罕的「忠心耿耿」的態度。以利以謝要確認利百加的家人，肯讓她到遠方的迦南地，老僕人才能放下重擔，完成任務。

可以說，若沒有以利以謝對他主人亞伯拉罕「**澈底的衷心**」，以及對耶和華神「**堅定的信心**」，那麼，為以撒娶妻的重大任務是無法達成的。然而，大家: 也就是亞伯拉罕、撒拉、以利以謝、以撒，甚至包括利百加的家人，他們都很清楚，「**為以撒娶妻**」這事，乃是關乎「**神國度計畫**」的重大事情，因為就連貪財的拉班和利百加的父親彼土利也說：

> 『**這事乃出於耶和華**，我們不能向你說好說歹。
> 看哪，利百加在你面前，可以將她帶去，
> **照著耶和華所說的**，給你主人的兒子為妻。』創 24:50-51

當以利以謝聽到利百加的哥哥，以及父親說出這樣的話時，這才放下重擔，因為「為以撒娶妻」的任務，完成了。

五、 撒拉 與 利百加

在<撒拉生平>這段妥拉，利百加的出現，以及以利以謝完成「為以撒娶妻」的任務達成後，<撒拉>最後的心願才可以說是了結了，雖然<撒拉>已經過世，沒有親眼見證以撒和利百加的婚禮，但<撒拉>在天上，看到以撒終於找到一個賢慧、才德，又「敬畏耶和華神」的女子的時候，<撒拉>才可以說是，完全地放下她的擔憂和掛慮。

而以撒也是如此，創 24:67：

> 『以撒便領利百加進了他母親 <撒拉>的帳棚，娶了她為妻，並且愛她。
> 以撒自從他母親 <撒拉>不在了，**這才得了安慰**。』

可見，以撒在他母親<撒拉>過世後，心裡仍然惦記著她，懷念著母親<撒拉>過去在生活上或屬靈上的教導和幫助，就好像<撒拉>還活在這個世界上一般，<撒拉>依舊活在以撒的心中，直到以撒遇到了利百加，這一位在品格上、屬靈上都像母親<撒拉>的女子，以撒這才得了安慰、釋懷，讓<撒拉>可以正式地入土為安。

至於利百加為什麼可以成為神國第一家庭亞伯拉罕和<撒拉>的媳婦，成為以撒的妻子，和以撒一同承接豐盛的產業，並且和以撒共同肩負神國度的侍奉和呼召呢？

首先、創 24:16 說利百加是個『容貌極其俊美的女子，而且還是處女，未曾有人親近她。』外在的部分，利百加的美麗，就像以撒的媽媽<撒拉>一樣，因為<撒拉>也是個容貌俊美的婦人。

第二、同樣是 24:16 經文描述的，利百加『她下到井旁，打滿了瓶，又上來。』接著 17-20 節的記載『以利以謝跑上前去迎著利百加，說：「求你將瓶裏的水給我一點喝。」利百加說：「我主請喝！」就急忙拿下瓶來，托在手上給他喝。女子給他喝了，就說：「**我再為你的駱駝打水，叫駱駝也喝足。**」利百加就急忙把瓶裏的水倒在槽裏，又跑到井旁打水，**就為所有的駱駝打上水來。**』

從以上經文看到，利百家她的 **殷勤、吃苦耐勞**，還有利百加 **善解人意、體貼、顧慮到他人需要** 的才德，當她正在托著水瓶給以利以謝喝水時，還看到一旁口渴的十匹駱駝，就立刻主動替老僕人給十匹駱駝打滿水，讓牠們喝足。另外，利

百家也主動接待這位從異地遠道而來的訪客，在 24:25 節，利百加對以利以謝說：
『我們家裏足有糧草，也有住宿的地方。』

利百加殷勤、體貼的特質，也像她的婆婆<撒拉>一樣，在創世紀 18 章那裏，記載<撒拉>在帳篷裡，為著三位來訪的天使，準備餐點，協助亞伯拉罕一起款待他們。

第三、是利百加的**信心**，以及她**屬靈的洞察力**。當以利以謝去到利百加的家中，把主人亞伯拉罕如何打發他，來到哈蘭，為的是要給以撒娶妻，並且說明這一切，都是耶和華我主人亞伯拉罕的神所計畫、帶領，並且最後要成就的旨意時，利百加心裡也立刻相信，這一切都是神國度的工作和計畫，她必須要順服神的帶領。創 24:58 經文記載：

『就叫了利百加來，問她說：「你和這人同去嗎？」
利百加說：「**我去**。」』

『**我去**』在希伯來文原文 (אֵלֵךְ) 就只有一個字，是一個 **毫不含糊、簡潔有力** 的回答，同時也是一個 **信心的宣告**，意思是說: 我利百加願意 **離開** 本地、本族、父家，**往神所要指示我的地方去**，到一個完全陌生的異鄉異地，**去回應神的呼召和帶領**。

利百加這般信心的品格，和屬靈的敏銳，同樣也和她婆婆<撒拉>一樣，她當年也是「憑信心」跟著亞伯拉罕一同離開家鄉，四處遷徙，過著流離飄盪的生活。至於屬靈的先見，在上段妥拉<顯現>篇撒拉主張要把夏甲和以實瑪利提前趕走，好讓以撒將來能順利繼承產業，而利百加在下一段妥拉<後代篇>同樣也是做出和她婆婆<撒拉>一樣的事情，在「神聖產業的血脈傳承」上，**她們都比丈夫們更清楚知道耶和華神的心意為何**，所以利百加叫雅各，要妝扮成以掃，先取的長子的名分。

總結上述，因著利百加的出現，以及來到迦南地，然後進入<撒拉>的帳篷，和以撒結為連理後，這才填補了以撒心靈的空缺，這空缺是由於 <撒拉>的過世 所造成的，因為在以撒遇到利百加之前，以撒的心仍然惦記、掛念著她的母親<撒拉>，但是當利百加 － 這位在各方面「都神似」<撒拉>的女子，來到以撒的生命當中時，以撒的心靈這才得到了撫平和安慰。

六、 亞伯拉罕 壽終正寢

摩西五經(妥拉)裡面的經文敘事，其實就像是一齣齣的連續劇，這齣劇的導演背後是耶和華神，祂在這個妥拉舞台上，設計並塑造出許許多多的角色，有的角色重要，戲份很多，有的角色是次要，登台時間不長，上場一下子就退場。

另外，若我們仔細去閱讀，會發現到妥拉在這些劇情和事件的敘述中，對於這些重要角色的鋪陳和安排上，大多都會等這個「完成」了他在「**地上的使命**[9]」以後，才會讓他退場，退出 這個妥拉舞台。至於其他次要角色，妥拉則是一筆帶過，沒有讓這些次要角色的劇情有進一步的發展。

在<撒拉生平>這段妥拉中，主角:亞伯拉罕離世前，最後所要做的就是，確實執行並完成 <撒拉>的遺願，要把家裡所有的產業「傳承」給應許之子:以撒。

當亞伯拉罕給他的眾子們安排、布署妥當後，亞伯拉罕這才是「真正完成」他在這個世界最後的任務。因此當亞伯拉罕完成了他在「地上的使命」之後，經文就立刻提及亞伯拉罕的死，也就是創 25:5-8 經文所記載的:

『亞伯拉罕將一切所有的都給了 以撒。
亞伯拉罕把財物分給他庶出的眾子，
趁著自己還在世的時候打發他們離開他的兒子以撒，往東方去。
亞伯拉罕一生的年日是一百七十五歲。
亞伯拉罕 壽高年邁，氣絕而死，歸到他列祖那裏。』

<撒拉>和亞伯拉罕在本段妥拉當中，這對神國第一夫妻兩人一頭、一尾，都走向人生謝幕的時刻，彼此相互輝映。他倆在地上最後的工作，就是要交棒、把神聖呼召和產業「傳承」給下一代，好讓神國度計畫開展的工作 **得以繼續被延續下去**。

如前文所述，在<撒拉生平>這段妥拉中，雖然開篇就提到<撒拉>的過世，但經文卻不時地會出現<撒拉>的名字，這好像是在提醒讀者，<撒拉>的精神還在，<撒拉>仍然繼續在亞伯拉罕、以撒這對父、子的生命和生活，起到很大的影響和作用。

當亞伯拉罕為以撒找到利百加、產業也順利地交棒、傳承給以撒，準備要走完他

---

[9] 也就是神給這個人「在地上的 **呼召** 和任務」。

人生的道路時，亞伯拉罕最後也就能問心無愧地來到<撒拉>面前說：妳離世前所交辦的事項，我都做好、辦妥了，所以，我現在來找妳了。這樣，亞伯拉罕就能很圓滿地和<撒拉>同睡在一起，這就是創 25:9-10 這兩節經文所敘述：

『他兩個兒子以撒、以實瑪利把他埋葬在麥比拉洞裏。
這洞在幔利前、赫人瑣轄的兒子以弗崙的田中，
就是亞伯拉罕向赫人買的那塊田。
亞伯拉罕 和他妻子 <撒拉> 都葬在那裏。』

最後這段妥拉簡短的提到夏甲和以實瑪利的後續，隨著主角亞伯拉罕、<撒拉>的離世和退幕，配角：夏甲和以實瑪利也跟著一起退出妥拉的劇場舞台，不過 以撒 的戲份還會繼續發展下去，：以撒將會成會下一段妥拉<後代>篇的主角。

<撒拉生平>這段妥拉最後之所以還再次提到夏甲和以實瑪利，那是因為<撒拉>生前最擔心的，就是這兩人的行蹤，，<撒拉>擔心在她過世後，亞伯拉罕會擺不平這對想要做大、並且竊取名分的母子。

不過，有趣的是，這段妥拉的結尾正好是「以實瑪利的壽終正寢」畫下句點，這好像是在告訴<撒拉>說：妳可以不需要再擔心以實瑪利了，因為

『以實瑪利享壽一百三十七歲，氣絕而死，歸到他列祖那裏。
他子孫的住處在他眾弟兄東邊，從哈腓拉直到埃及前的書珥，正在亞述的道上。』

上面創 25:17-18 就是<撒拉生平>這段妥拉最後收尾的末兩節經文。

妥拉的經文敘述到這裡，夏甲和以實瑪利兩人的故事和劇情就「發展完畢」，以後再也沒有他們兩人的戲分，接下來，下段妥拉要把鎂光燈，打在以撒和利百加這對夫妻，以及利百加所生的一對孿生兄弟身上。

問題與討論：

1. 在<撒拉生平>篇這段妥拉中，通篇都能看到耶和華神對於「**產業繼承**」的極度重視，這個極度重視甚至還會讓耶和華「介入」，為什麼神常常要「介入」到這件事上？ 另外，在第一段信息「撒拉的遺願」一文中，我們看到<撒拉>生前最在意、最放不下心的兩件事是什麼？

2. 在第二段文本「得地為業」中提到，亞伯拉罕、雅各、甚至大衛，都曾經「合法的購買土地」，取得**土地所有權**，你覺得這些以色列先祖「購買土地」的行為，和 20 世紀以至於到如今的猶太人的「**回歸**」到以色列地有無關聯，現今的猶太人「有權利回到」這塊土地上嗎？

3. 從耶和華神「呼召-帶領」亞伯拉罕，並且神也不斷反覆地向亞伯拉罕「應許」的這一整個過程來看，你覺得 **神給的應許** 是一下子立刻就會發生的，還是，需要經過一個「信心的行動和歷程」才能成就？

4. 常說「作神的好管家」，那到底何謂「**好管家**」？ 為什麼以利以謝能深得他主人亞伯拉罕的「信任」，以及以利以謝為何最後「能完成」為以撒娶妻的終極任務？ 最後，**以利以謝 (אֱלִיעֶזֶר)** 的希伯來文名字「涵義」為何？

5. 在「為以撒娶妻」這段經文敘事中，很明顯，亞伯拉罕和以利以謝，他們兩人都把以撒的婚事，關連到「**神國度**」的計畫和工作。如果你想結婚，要找個女人能與你一起攜手「**共度人生**」，作為你「**一生的伴侶**」，成為你的「**賢內助**」，你覺得這樣的女子應該具備什麼樣的條件？ 試著從第五段文本「撒拉與利百加」的內容中來思索。

6. 在第六段文本「亞伯拉罕壽終正寢」提到，妥拉的經文敘事對於那些重要角色的鋪陳和安排，大多都會等這個人『**完成了 他在地上的使命**』以後，才會讓他退場，「退出」妥拉舞台。至於其他次要角色，妥拉則一筆帶過，甚少紀錄。<撒拉>和亞伯拉罕在這段妥拉中，兩人一頭一尾、一前一後，都走向人生謝幕時刻，彼此相互輝映。這對夫妻在地上最後的工作，就是要「**交棒**」、把神聖呼召和產業「**傳承**」給下一代，好讓神國度計畫開展的工作得以繼續「**被延續**」下去。我們會希望將來看到的**生命冊**上，上帝在我的「人生檔案」上做了哪些記錄，又或者: 根本沒有留下任何記錄，是一片空白呢？

創世記 No.6 妥拉

<後代>篇 （פרשת תולדות）

本段妥拉摘要:

創世記第六段妥拉<後代>，希伯來文(תולדת)。

先回顧上段妥拉<撒拉生平>，在上段妥拉中，亞伯拉罕和撒拉完成人生在世的使命和任務，成功地將產業移轉給以撒和利百加，然後相繼過世，並退出了妥拉的舞台劇場後，隨即，就來到創世紀第六段妥拉<後代>篇，而在這段經文內容當中，所要解決的一個重大問題，仍然是 **產業繼承權** 的核心議題。

正如這一段妥拉的標題<後代>所提示的，以撒的<後代>他的兩個兒子:以掃，和雅各，到底哪一位，最後會贏得長子的名分並繼承亞伯拉罕-以撒的家族產業呢？或者，問得更明確一點，雅各和以掃，這兩個人，哪一個才是願意預備自己，來承接家族的神聖產業，並被耶和華神所揀選的正確<後代>？

在創世記前面幾段妥拉中，特別是從第三段<離去>篇開始，我們發現到，耶和華神對於血脈的系譜，以及產業的傳承特別關注，耶和華神自己會「親自介入」這件事，因為神要確立這條「救贖歷史」的發展主線，使這條軸線不會中斷。

來到<後代>篇，耶和華神仍然繼續在做介入，和確立血脈系譜，以及產業傳承的動作，就正如我們已經知道的，到後來，乃是以撒的二兒子:雅各的<後代>，也就是以色列，將要繼續承接這個神國度的使命和救贖歷史的開展工作。

創世記 No.6 妥拉 <後代> 篇 (פרשת תולדות)

經文段落:《創世記》25:19 - 28:9
先知書伴讀:《瑪拉基書》1:1 - 2:7
詩篇伴讀: 36 篇
新約伴讀:《羅馬書》9:1-29、《希伯來書》11:20, 12:14-17

一、「產業繼承」的「人選」

創世記第六段妥拉標題為<後代>。經文段落從創世記 25:19 節 開始,到 28:9 節。

<後代>篇這段妥拉的標題,在創 25:19:

『亞伯拉罕的兒子以撒的 後代 記在下面。』
וְאֵלֶּה **תוֹלְדֹת** יִצְחָק בֶּן-אַבְרָהָם

25:19 節<後代> (**תוֹלְדֹת**) [1] 一詞,出現在這節經文中的第二個字,這個字,就是這段妥拉的標題。

先回顧上段妥拉<撒拉生平>篇,內容主要處理的議題是「**產業繼承**」。亞伯拉罕過世前,必須要完成一項重大任務,是要幫應許之子:以撒,找到一個合適的太太,這個太太要能夠和以撒「**一起承接 並 持守**」 亞伯拉罕家中所有的產業,另外,更重要的是,要可以和以撒 「**共同肩負 並 繼續實踐**」 耶和華神所命定的呼召和應許,持續走在神國度的計畫和旨意的道路中。

後來,正如在上段妥拉劇情所發展的,以撒終於找到一位賢慧、才德的婦女利百加。當以撒和利百加成婚後,亞伯拉罕這才完全地放下心中重擔,剩下所要做的,就是把產業,完全移交 給以撒和利百加這對新婚夫妻,讓他們得以順利繼續承接神國產業。這就是上段妥拉<撒拉生平>篇,在創 25:5-6 所記載的:

---

[1] <後代> (**תוֹלְדֹת**) 這個字是一個「複數」名詞,英文翻譯成 **descendants**. 若對應到本段妥拉的經文重點和議題,那就是以撒的「兩個兒子」:以掃、雅各,這兩個人,到底哪一個才是合神心意,繼承神國呼召和家族產業的正確<後代>?

『亞伯拉罕將一切所有的　都給了以撒。

亞伯拉罕把財物分給他庶出的眾子，

趁著自己還在世的時候打發他們離開他的兒子以撒，往東方去。』

就這樣，在上段妥拉中，亞伯拉罕和撒拉完成了人生在世的使命和任務，成功地將產業移轉給以撒和利百加，然後相繼過世，並退出妥拉的舞台劇場之後，隨即就來到創世紀第六段妥拉<**後代**>篇，而在這段經文內容當中，所要解決的一個重大問題，仍然是「**產業繼承權**」的核心議題。

「**產業繼承**」的問題一直困擾以色列族長們的家庭，從亞伯拉罕-以撒直到雅各，這三位大家長無時不刻地都在費心、苦惱地在應付、面對這個幾乎可以被當作是「家族魔咒」的一個棘手問題。

在前兩段妥拉，<**顯現**>篇及<**撒拉生平**>篇中，產業繼承的問題和處理就已浮出檯面，當時亞伯拉罕和撒拉，為著以實瑪利和以撒　這兩個　同父異母　的兄弟，他們的「長子名分」[2] 的歸屬而傷腦筋，然而由於撒拉的洞見，她知道夏甲和以實瑪利這對母子，將來很可能會和以撒掀起一場「長子-產業繼承」的爭奪戰，所以撒拉趕緊告訴亞伯拉罕，要亞伯拉罕儘速趕走夏甲和以實瑪利。

夏甲和以實瑪利雖然已離開亞伯拉罕這個大家庭，但是，「長子-產業繼承」的戰爭沒有結束，反而是繼續延燒到下一代。

正如這段妥拉的標題<**後代**>所提示的，以撒的<**後代**>，他的兩個兒子:以掃、雅各,到底哪一位,最後會取得長子名分並繼承亞伯拉罕-以撒的家族產業？ 或者,再問得更明確一點,雅各、以掃,這兩個人,**哪一個才是願意預備自己**,**來承接家族的神聖產業**,**並被耶和華神所揀選的？**

在創世紀前面幾段妥拉中,從第三段<**離去**>篇開始,我們發現到,耶和華神對於血脈的系譜,以及「產業傳承」特別關注,關注到一個程度就是,神自己祂「親自介入」,因為神要確立這條「救贖歷史」的發展主線,使這條軸線「不會中斷」。

因此,因著「**神的主權和介入**」到人類歷史的血脈當中,正如我們在前幾段妥拉中已經看到的,耶和華神「**呼召-揀選**」亞伯拉罕,並告訴亞伯拉罕和撒拉,從撒拉所生的以撒,才能夠繼承產業,才被稱為你們的後裔,才是耶和華神「**聖約**」

---

[2] 在希伯來聖經中,我們很常看到,頭生的「肉身長子」往往沒有取得「長子名分」和神國的「產業繼承」,所以這就表示,不是說肉身頭生的長子,就有長子名分的「當然繼承權」,就可以直接坐享其成。這也讓我們想到羅馬書 9:7-8 的經文『也不因為是亞伯拉罕的後裔,就都做他的兒女,唯獨「從以撒生的,才要稱為你的後裔」。 這就是說,肉身所生的兒女不是神的兒女,唯獨 那應許的兒女 才算是後裔。』

的延續。

接著，來到<後代>篇，耶和華神仍然繼續「介入」到確立血脈的系譜，以及產業傳承的動作，就正如我們已經知道的，到後來，乃是以撒的二兒子:雅各的<後代>，也就是以色列民族，將要「繼續承接」這個神國度的使命和「救贖歷史」的開展工作。

因此，在<後代>篇一開始，耶和華就預先告訴利百加：

> 『兩國在你腹內；兩族要從你身上出來。
> 這族必強於那族；將來大的要服事小的。』創 25:23

正如利百加的婆婆:撒拉很清楚知道，將來要繼承產業的是以撒，利百加在懷孕時，神也早已告訴利百加，將來要繼承以撒家業的會是雅各。

只是，人往往不清楚神的計畫和旨意，或者，知道神的心意和計畫，但卻不信服神，那麼..最終就會造成無法挽救和不可彌補的結局和後果，正如我們在這一段妥拉中看到的，以撒和利百加最後失去了這兩個兒子，如同利百加在 27:45 所說的：『為甚麼一日喪你們二人呢？』

或許，這是因為以撒和利百加夫妻倆，沒有同心合一地，按著耶和華神所訂的計畫，來處理「產業繼承」的問題所導致的家庭破裂。[3]

二、 以掃 與 雅各

妥拉，也就是摩西五經，雖然相傳是摩西所寫，當然也包括歷世歷代的祭司、猶太文士們的增補和編撰，但如果我們都同意 『聖經都是神所默示、啟示』[4] 的，那麼，妥拉背後真正的作者，其實是 耶和華神自己。

妥拉，雖然詳述許多歷史事件，但所陳述的觀點是來自於「神的視角」，因此，

---

[3] 時至今日，家族遺產的戰爭和爭奪，也時有所聞，即便是親兄弟、親姊妹也不惜互告到上法院，最後鬧到家庭破裂，或家族分裂。

[4] 提摩太後書 3:16。

妥拉就不單單只是一本關於人類歷史的一般性紀錄而已,因為妥拉的題材和內容是「經過選擇」的,特別是從「救贖歷史」的角度出發,去記載一些對於影響人類<後代>歷史發展產生巨大效應的「關鍵性事件」,而這些事件通常可以給當代歷史的現況,以及,各個國家民族之間的衝突關係,提出比較「根源性」的解釋。

正如<後代>篇,開篇的經文即記載利百加腹中的這對攣生兄弟,在媽媽懷孕期間,就已在利百加的腹中「彼此相爭」,創 25:22-23 神對利百加的這個預言,開啟並且也解釋了將來雅各的<後代>,也就是後來的以色列,以及以掃的後代:以東族,也就是今日泛指的阿拉伯人,這兩個民族之間在後來的歷史發展中,經常會發生衝突和戰爭的根本原因。

以撒和利百加現在要面對的這個「產業繼承人選」的問題,比起上一代的亞伯拉罕和撒拉要來的更困難,因為以撒和以實瑪利畢竟是由不同的母親所生,如果神已經很明確地告訴亞伯拉罕和撒拉說:由你們「自己血肉」所生下來的,才被稱為應許的後裔,要來承接聖約產業,那麼由亞伯拉罕的「元配」撒拉所生的以撒,最終承接家業,這是合情合理的事。

但現在,以撒和利百加所要面對的考驗是,以掃和雅各都是利百加生的兒子,那麼他們必須就要做出一個正確的、並且合神心意的重大決定和選擇,那就是 家族的產業,應該要留給哪一個兒子,而這個兒子和他的<後代>是願意並且能「世世代代持守」並「繼續傳承」神國度的呼召和使命的?

因此,<後代>篇這段妥拉,經文一開始就先來描述和刻劃**以掃、雅各**這兩個人的個性、特質和他們的言行舉止,經文敘事在開展的同時,也讓讀者自己去判斷,到底哪一個人,才是真正能「承接產業」的人,當然,妥拉本身最後也給這個問題下了一個結論,就是 25:34 所說的:

> 『雅各將餅和紅豆湯給了以掃,以掃吃了喝了,便起來走了。
> 這就是以掃 **輕看** 了他長子的名分。』

首先,從 **以掃** 和 **雅各** 這兩個人的「名字」來看,**以掃** 的希伯來文 (עֵשָׂו) 這個字除了經文已經提示的是「有毛、多毛」的意思之外,從字義本身來說,他還指的是「**已經做好的、已經發展完成的 (עשׂוי)**」,英文 **fully fashioned, completely developed.**

而 **雅各**,希伯來文(יַעֲקֹב),這個字的字根(עקב)當名詞就是「腳跟(עָקֵב)」[5] 的意

---

[5] 創 25:26 雅各『手抓住以掃的「**腳跟 (עָקֵב)**」,因此給他起名叫 **雅各(יַעֲקֹב)**。』

思。當動詞 (עָקַב) 他的含意就很豐富:有「抓住 [6]、偷襲、欺騙 [7]」,在現代希伯來文這個動詞有「尾隨在後,或 專注地跟蹤」的語意。

從上面兩人的希伯來「名字」來看,妥拉經文本身已經先給出兩人的基本潛在性格的暗示,以掃 是「發展完成」[8] 的個體,並且只按著「肉體的本能和慾望」行事,而 雅各 則是「積極進取、主動抓住」機會,不斷地想要「超越 和 突破」,這也是為什麼後來 雅各 的名字還會再進一步地更名為「以色列」[9] 的原因,以色列 這個希伯來字(יִשְׂרָאֵל),就是「與神搏鬥、角力」[10] 的意思。

所以,接下來的經文,就要透過一段經文敘事來具體描述 以掃 和 雅各 這兩個人基本性格的行為表現。首先 25:27 經文說:

『兩個孩子漸漸長大,
以掃 善於打獵,常在田野;
雅各 為人安靜[11],常住在帳棚裏。』

這節經文清楚表明以掃喜歡「外出活動、從事打獵」,言下之意就是,以掃靜不下來,喜好從事比較刺激的活動,而打獵,滿足的正好是當下拘捕-獵殺「動作和感官上的慾望」,因為當以掃看到一頭獵物在眼前被自己獵殺,動物的鮮血噴灑出來時,以掃感到是打獵的一種成就感,這同時也伴隨著獵物的血腥味。而雅各為人安靜,常待在帳篷裡,這暗示出雅各喜歡「沉澱、思考」,和這個躁進、缺乏耐性、膚淺的哥哥以掃比較起來,雅各則是「深謀遠慮,計畫未來」,雅各更關注、期盼的是那個「遠大的將來」。

經文來到 25:29-34 節,這段經文,就是大家耳熟能詳「的一碗紅豆湯換 長子名

---

[6] 何西阿書 12:3『他在腹中「抓住 (עָקַב)」哥哥的腳跟,壯年的時候與上帝較力。』

[7] 創 27:36『以掃說:「他名 雅各(יַעֲקֹב),豈不是正對嗎?因為他「欺騙 (וַיַּעְקְבֵנִי)」了我兩次』

[8] 言下之意就是「沒有發展性」,不會去挑戰自我,不會讓自己的生命「被改變和被擴張」。

[9] 雅各 的名字被改名,是因為雅各原來的生命是「彎曲、欺騙、狡詐的(עָקַב)」,但遇見神以後,神把雅各的生命「截彎取直」、修「直」了雅各的人生道路,所以更名為「以色列 (יִשְׂרָאֵל)」,而在 以色列 這個希伯來字前面的三個字母(ישר) 意思正好就是「正直的、直率的,英文 straight.」

[10] 「以色列 (יִשְׂרָאֵל)」這個字可以分解成兩個字(ישר-אל),後面的(אל)是神 的意思,前面的(ישר) 在上面的註釋中,除了解釋成「正直的、率直的」之外,還可以看作是「動詞(שרה) 與…搏鬥較力」之意,見創 32:28『那人說:「你的名不要再叫 雅各,要叫 以色列;因為 你與上帝與人較力(שָׂרִיתָ),都得了勝。」』 何西阿書 12:3 雅各『壯年的時候 與 上帝 較力(שָׂרָה),』

[11] 「為人安靜」原文(אִישׁ תָּם) 和合本翻譯的「安靜(תָּם)」這個形容詞在希伯來文有幾個含意,一個是「居家的、在家的」,另一個是指(在道德)上「正直的、質樸的」。所以,創 25:27 節這裡,經文對雅各和以掃的描述,明顯是一種「對比」,以掃喜歡「在外」打獵,而雅各則「在家」照顧羊群。當然,猶太解經的角度認為,雅各比以掃來的更「正直」,這是因為雅各的生命更願意「被神雕塑」、「被神修剪」、「被神對付」、被神「截彎取直」。

分」的重大事件，妥拉用 6 節的篇幅，就對此次的事件蓋棺論定，也就是以掃的作為，讓他「失去」長子的名分和家族產業繼承權。

在這六節的敘事中，以掃所說的話，強烈地反映出以掃行事只憑「眼前的感官本能」和「肉體慾望的滿足」：

首先在 25:30 節以掃說：『我累昏了，求你把這紅的、這紅色的湯給我喝。』」想必以掃是剛打獵回來，又累又餓，看到了雅各煮的紅湯，就向雅各說給『我喝這紅湯』，但在以掃準備要狼吞虎嚥這碗紅湯之前，雅各提議說：『哥，你今日把 長子名分 賣給我吧』，而以掃的回答卻令人震驚，以掃說：

『我現在餓得要死，

這 長子的名份 對我有什麼用呢？ 』創 25:32

然後，以掃就把長的名份，賣給了雅各。[12]

就這樣，25:34 這節經文給「紅湯事件」下了一個結語，同時也預先做了一個宣判：『以掃失去長子繼承權』的資格：

『雅各將餅和紅豆湯給了以掃，

以掃 吃了-喝了-起來-走了，以掃 輕看 他長子的名分。』

וְיַעֲקֹב נָתַן לְעֵשָׂו לֶחֶם וּנְזִיד עֲדָשִׁים
וַיֹּאכַל וַיֵּשְׁתְּ וַיָּקָם וַיֵּלַךְ וַיִּבֶז עֵשָׂו אֶת-הַבְּכֹרָה

25:34 節後半句希伯來原文，(**וַיֹּאכַל וַיֵּשְׁתְּ וַיָּקָם וַיֵּלַךְ וַיִּבֶז**) 一連五個動詞：「吃、喝、起身、走去、輕賤」經文本身強烈地表達出以掃秋風掃落葉般的本能動作，**毫不把長子的名分、繼承家族的神聖產業當作一回事。**

經文發展至此，神國度的產業和事工、使命和呼召，應該交付在誰的手上，妥拉其實已經給出答案，但是以撒和利百加還沒有達成一致的共識。

---

[12] 顯見，**長子名分**，也就是亞伯拉罕所傳承下來的「**家族產業-神聖呼召**」在以掃的眼裡連「一碗紅湯」的價值都不如，那你認為耶和華神會把救贖歷史的「神國大業」交付在這樣的人的手上嗎？如果以撒真的交給了以掃，「修復世界」的神國大業的計畫和進程，會不會就此「中斷」，葬送在以掃的手中？

三、 以撒的「信心試驗」

神所應許的產業和美好事，常常是 需要經過琢磨、信心的考驗、和人生的淬鍊，才會經歷得到和看見的。以色列先祖們的各樣生活經歷，可以很好地來見證這樣的信仰真理。

<後代>篇這段妥拉，經文來到第 26 章，一開始就提到飢荒。對於 飢荒，以撒不陌生，因為他肯定聽過他爸爸亞伯拉罕講述因為飢荒曾經下埃及去避難的事。

而現在是以撒本人自己和他一家「親身遭遇」到飢荒。如果以撒相信神應許要賜給亞伯拉罕的迦南地，以及後代子孫要多如天邊的星、海邊的沙，那麼 現在遇到飢荒的以撒，會不會向神抱怨: 你耶和華神要賜給我以撒的迦南地，怎麼這塊應許之地會發生飢荒，以至於連生存、性命都有問題。

然而，以撒為了顧全家計，想到他和利百加還要好好的撫養、培育下一代，好讓神聖產業和家產可以「繼續傳承」給<後代>，所以，他想如法炮製，學他父親亞伯拉罕，也下去土地豐饒的埃及來躲避飢荒。

不過，這是 人的盤算和想法。

當以撒在思想、考慮下埃及的事情，耶和華神此時對以撒<顯現>了，並且首次向以撒來確認 並 確保，他從他父親亞伯拉罕繼承來的「聖約」，和神國度的產業，仍然是有效的。在 26:2-5 節這段經文內容，也就是耶和華神對以撒所說的話，是要來鼓勵以撒，叫他「不要失去」對耶和華神的信心，以及應許:

『你不要下埃及去，要住在我所指示你的地。
你寄居在這地，我必與你同在，賜福給你，
因為我要將這些地都賜給你和你的後裔。
我必堅定 我向你父亞伯拉罕 所起的誓。
我要加增你的後裔，像天上的星那樣多，
又要將這些地都賜給你的後裔。並且 地上萬國 必因你的後裔得福 [13]。』

接著，耶和華神說的重點來了，創 26:5:

---

[13] 這句『地上萬國 必因你的後裔得福』，一在地重複在耶和華神對「亞伯拉罕-以撒-雅各」的應許當中。見創 22:18、28:14. 耶和華神的這個應許已經預示出，將來的以色列在列國中所扮演的「獨特角色和職分」。

『都因亞伯拉罕 **聽從** 我的話，

遵守 我的吩咐和我的命令、律例、法度。』

很多時候，人的信心，和信仰的經歷，**需要透過「困難和危難」來考驗和磨練**，也正是因為 **這些問題和挑戰**，使得我們 **可以更多地去親身經歷神信實的保護和供應，更深地去體驗到神的大能和奇妙**。

先前是亞伯拉罕被耶和華神揀選，他不斷地受到信心的操練，這個信心的試煉最後一關就是「獻以撒」，然後亞伯拉罕宣告出 **耶和華看見 (耶和華以勒)**」，成為「信心之父」的典範和榜樣。現在呢，信心的測試和考驗，就輪到亞伯拉罕的兒子:以撒了。

在 26 章的經文中，我們看到以撒「**信服神**」，最後沒有下埃及去，選擇留在迦南地的基拉耳，只是待在基拉耳這裡，非力士人會「**隨意搶妻**」[14] 的狀況，以撒也曉得，所以以撒跟他父親亞伯拉罕一樣，把自己的太太利百加稱作是自己的妹子，以免招來殺身之禍。

此時基拉耳王也是一個叫亞比米勒的，他跟前朝的王做著同樣的勾當，也在覬覦利百加的美色。從經文中可知，亞比米勒因為以撒說:利百加是自己的妹妹這個謊言而感到憤怒，那是因為亞比米勒從窗台上看到了利百加在和以撒「**戲玩**」[15] 時，可能就已經動念想要派人，去把利百加接到自己的皇宮裡。

不過，以撒「**依舊相信**」神的應許，繼續寄居在非力士人的境地中，耶和華神也讓他在這個異鄉異地的基拉耳 **昌大、日增月盛**，成了**大富戶**。

不過這卻遭來了當地非利士人的「**無故憎恨和忌妒**」，正如經文所描述的，非力士人把以撒所有的水井全部塞住，並且填土。在曠野-沙漠的環境中，若沒有固定的水源，等於無法生存，非力士人的舉動無異於是要置以撒一家於死地，此外，亞比米勒王還要把以撒趕出本國。

---

[14] 創世記裡面，以「**聖約**」家族為主的亞伯拉罕-以撒-雅各，在他們所到之處的四周圍環境，不論是埃及或迦南地，都普遍會遇到「**性道德敗壞**」的事情。因此，當耶和華神領以色列百姓出埃及之後，就馬上和他們立約，要以色列在列邦萬國中成為祭司的國度，「**聖潔**」的子民，所以他們「**絕對不能**」和當時周遭的人群社會、文化、生活風俗一樣，也就是和當時的埃及人、迦南人一樣「**道德淪喪、淫亂敗壞**」，經文見利未記 18:2-5。同參《奧秘之鑰-解鎖妥拉:利未記》No.6 妥拉 <死了之後>篇之第五段「聖地與聖潔」。

[15] 「**戲玩-戲弄**」(מצחק) 這個字在妥拉裡是一個帶有「**性暗示**」活動的動詞，所以創 26:8 節，可以翻譯成『非利士人的王亞比米勒從透過窗戶眺望，看哪，以撒正「**調戲**」他的妻子利百加。』另見創 39:17，波堤乏的太太「**誣告**」約瑟說『你所帶到我們這裏的那希伯來僕人進來要「**戲弄**」(לצחק) 我。』

以撒的這樣遭遇，成為後來猶太血淚民族史的一個先兆，妥拉這裡「預先展示」了「迫害猶太人」的 一個原型 [16]，就是:當猶太人「發達、強盛」時，經常會遭來周邊民族的「忌妒、排擠、憎恨、甚至**迫害及殺戮**」，並且後來的列國，會把猶太人像皮球一樣，踢來踢去、**趕散驅逐**。這也就正如亞伯拉罕所說的:『我在你們中間是 外人，是 寄居 的』以色列百姓除非是生活在應許之地，否則他們在任何地方都會被當地人看作是外人，是寄居者。

儘管如此，耶和華神為了要「**確保、鞏固**」神聖產業的血脈傳承，可以繼續順利地延續和開展下去，所以神自然會盡一切的力量「來保護」以撒一家，並且讓世人、周遭的人都清楚明白:**關乎到 神國度的事，關乎到神的主權，耶和華神一定會「介入到」人類歷史中。**

因此，當以撒此時被非力士人「迫害、驅逐」時，耶和華又向以撒<顯現>了，在創 26:24 耶和華對以撒說:

> 『我是你父親亞伯拉罕的上帝，**不要懼怕**！
> **因為我與你同在，要賜福給你，**
> 並要為我僕人亞伯拉罕的緣故，使你的後裔繁多。』

前面是飢荒，現在透過又一次的生存困難和危機: 也就是非力士人的迫害、驅逐，以撒又再次「**更多、更深地經歷**」耶和華神的「**大能和信實**」。所以經文接著說『以撒就在那裏築了一座壇，**求告耶和華的名**，並且支搭帳棚;他的僕人便在那裏挖了一口井。』

而亞比米勒也知道，**以撒一家「的確有」神的保守和護衛**，亞比米勒和他的臣僕們說:

> 『我們明明地看見 耶和華與你同在。』創 26:28

做個總結:以撒之所以在創世紀 26 章經歷飢荒、又被非力士人迫害、驅逐，這其實是要讓以撒的對耶和華神的信心受到更多的試驗和操練，這樣，以撒也才能把信仰的真理和信心的功課 切身地「傳承」給他的<後代>。因為，有真實-具體-切身的「信仰經歷」和「信心的考驗」，才能鍛造-生養出信心的 <後代>。

---

[16] 關於這個迫害猶太人或說「反猶的原型」詳見《奧秘之鑰-解鎖妥拉:民數記》No.7 妥拉<巴勒>篇之第二段「反以的原型」。

四、 利百加的屬靈洞見

<後代>篇這段妥拉的內容主軸，是圍繞著以掃與雅各對「長子名分」的爭奪而逐步展開的，這當然也關係到他們的父母:以撒和利百加的決定。因為，在「**後代－產業繼承**人選」的選擇上，父、母必須要審慎評估並做出正確的抉擇。

創世記 27 章的經文描述中，我們看到，利百加就如同她婆婆:撒拉一般，利百加在「長子繼承」這件重大的事情上，也做出了正確的行動和決定，我們在 27 章裡面看到，利百加是如何力挽狂瀾，扭轉乾坤地，硬是要讓以撒所傳遞的「長子祝福和產業繼承」落在雅各身上。

可以說，在以撒、利百加、以掃、雅各這四口人當中，利百加是腦袋最清醒，在屬靈上最為敏銳的。利百加「清楚知道」 **耶和華神的心意**，是要將亞伯拉罕-以撒的神聖產業和使命，交付給雅各。或許利百加一開始並不明白為何神會屬意雅各，要把長子名分給這個二兒子。不過，事後，等這兩個孩子都長大，從以掃的行為舉止所反映出來的，足證耶和華神的預告是正確的。

首先、利百加一定知道以掃的「紅湯事件」，利百加肯定聽雅各說過: 哥哥以掃已經把長子名分賣給我雅各，因為哥哥「完全不在乎」長子名分這件事，以掃一點也不看重，甚至「輕賤」承接家業、並繼承神聖呼召這件關乎家族延續和興衰的大事。

第二、以掃經常「在外打獵」，很可能以掃待在家的時間非常少，自然以掃和她父、母親就比較少分享、交談，連帶地以掃對家族中的大、小事務也不太關心。

第三、以掃娶了迦南地外邦女子，讓以撒和利百加心裡擔憂。創 26:34-35:『以掃四十歲的時候娶了赫人比利的女兒猶滴，與赫人以倫的女兒巴實抹為妻。(這兩位迦南媳婦) 她們 常使以撒和利百加 心裏愁煩。』35 節的「心理愁煩」希伯來原文是(מרת רוח)更白話的翻譯就是:**精神痛苦**。意思就是說: 以掃所娶的這兩位迦南地的外邦女子，讓以撒和利百加精神受折磨。

綜上所述，從利百加在懷孕時，耶和華神就已預告利百加:『將來大的要服侍小的』，再加上以上的三點:第一、紅豆湯事件:以掃輕看長子名分。第二、喜歡在外打獵，對家中事務漠不關心。第三、娶迦南地女子讓父母操心。這些都讓利百加百分之百確定一件事情，那就是，大兒子 以掃 這樣的行事為人和處事態度，是絕對不能，也無法來繼承家族產業，以掃不能承接神聖呼召和使命。

也因為如此，當利百加知道以撒準備要祝福以掃，將長子名分傳給以掃時，利百加才會大動作的出手，此時這個「強悍的猶太婦女」形象表露無遺，就像她婆婆撒拉一樣，利百加此時要排除任何困難和障礙，為達目的而不擇手段，為了就是要千方百計地阻止以撒先祝福以掃，將長子名分給以掃。

因為「長子名分和產業繼承」這件事茲事體大，它關乎到家族產業 是否能延續，以及更重要的是:神國度的計畫和工作能否繼續開展下去，所以，必須要傳遞、交付給對的人，讓 正確的<後代> 可以肩負責任、不辱使命，不斷地傳承下去。

然而，以撒卻始終認為，取得長子祝福，承接產業的人會是以掃，從 27:27-29 節這個原本要給以掃的祝福內容中，很清楚地可以看出，以撒原來是屬意要以掃承接家業的。

『以撒 愛以掃，因為 常吃他的野味 [17]；
利百加卻愛雅各。』創 25:28

這節經文可以說明，以撒和利百加夫妻倆，對於家族產業繼承這個的重要問題上，沒有好好彼此溝通，沒有達成共識，或者說，沒有同心合一地一起去面對和處理，以至於最後鬧得家庭破裂，兩個兒子都離家出走。

無論利百加有沒有告訴過以撒:將來大的會服侍小的，以撒「溺愛」甚至「縱容」以掃卻是事實，這樣的溺愛，讓以掃「自認為」他身為「大兒子」的身分，本來就該「理所當然地得到」長子的名份，從父親以撒繼承家族的產業，這是「本來就該發生」的事情。

也因為以掃心中這種「早已坐享其成」 的輕蔑態度，才會在他喝紅湯的同時，輕易-隨便地 把長子的名分賣給雅各。所以 25:34 節才會說:『這就是以掃 輕看了他長子的名份。』

所以，雅各其實「並沒有欺騙」以掃，長子的名分，是雅各和以掃「談妥」並且用錢(也就是一碗紅湯的價值)向以掃「買來的」，並且雅各還請以掃「起誓」。只是當父親以撒要來做長子祝福時，以掃並沒有據實以告地說: 他自己已經把長子名分賣給了弟弟雅各，所以才會有接下來利百加大張旗鼓，要唆使雅各喬裝成哥哥以掃，來「騙取」爸爸以撒長子祝福的事情發生。

---

[17] 這樣看來，以撒和以掃這對父子，似乎都是喜歡「滿足口腹之慾」的人，先是以掃為了「吃紅湯」而把長子名分賣給弟弟雅各，而以撒則是愛「吃野味」而想要按己意把神國產業-長子名分交付給以掃。

創 27:41：『以掃因他父親給雅各祝的福，就 **怨恨** 雅各，心裏說：「為我父親居喪的日子近了，到那時候，**我要殺** 我的兄弟雅各。」』利百加聽到以掃這番話，趕緊要雅各啟程、離家逃亡。這裡，我們看到以掃的「仇恨」和那「**嗜血殺戮**」的性格，就連他父、母親:以撒和利百加都管不住，也「無法約束」以掃，所以才要雅各被迫離家出走。由此可見以撒「**溺愛、縱容**」以掃到這樣的程度。

本段妥拉<後代篇>，創 27 章可以說是這段妥拉的主幹，也是篇幅最長的一章，因為在 27 章裡劇情高潮迭起，雅各和以掃的「長子名分爭奪戰」當中，最後由雅各驚險勝出，產業的繼承，和神聖呼召及使命，終究是交給了符合資格的兒子和<後代>，不過最後所要付出的代價，卻也是慘痛的，就正如利百加在創 27:45 所說：

『我為甚麼要 一日失喪你們二人 呢？』

五、 合神心意的<後代>

做父、母的，都希望把「家族的產業」交托給 真正關心家業、肯努力打拚、有企圖心、有謀略策畫的兒子和他的<後代>來繼承，讓這個產業可以「代代相傳、歷久不衰」，而不是富不過三代。

耶和華神也是如此，神也希望神聖的呼召和使命、神國的工作必須要交付給正確的人、是合神心意的人，讓這樣的人來承接神國的產業，才能讓神國度的計畫繼續實踐和開展下去，而不致中斷。

所以，<後代>篇這段妥拉，經文內容所突顯出的一個核心議題和重點就是:家族的產業，以及神國度的事工，一定要傳遞到對的人的手中，要讓正確的後代來承接。

在<後代>篇的結尾，創 28 章，年老又眼睛昏花的以撒，終於知道這個對的人、合神心意的<後代>是雅各，雅各和他的<**後代**>將要繼續來傳承並持守亞伯拉罕-以撒的家業和屬靈產業。

而這個「屬靈產業」極為重要的，這是亞伯拉罕從耶和華神那裡領受來的「神聖呼召」，也就是肩負著要將人類歷史發展「拉回到」正確道路上，並宣揚耶和華

神的名的這個 救贖歷史 的神國大業。

這個重責大任，以撒現在準備要正式移交給二兒子雅各，正如上段妥拉<撒拉生平>，亞伯拉罕希望以撒可以娶到本地、本族的女子，不可以找迦南地女子為妻，這裡，以撒同樣囑咐雅各說創 28:1-2：

『你不要娶迦南的女子為妻。
你起身往巴旦‧亞蘭去，
到你外祖父彼土利家裏，在你母舅拉班的女兒中娶一女為妻。』

以撒和利百加，正如同他們的上一代：亞伯拉罕和撒拉一樣，他們都深知：**產業的繼承和持守，需要有「一個賢內助」來一起共同經營家業。**所以，在雅各準備要離家逃亡之前，以撒特別叮嚀了這件事情。

最後，以撒就把耶和華神應許給亞伯拉罕和以撒他自己的祝福，「完全地移交給」雅各。創 28:3-4 以撒對雅各說：

『**願全能的上帝賜福給你，使你 生養眾多，成為多族，**
將應許亞伯拉罕的福賜給你和你的後裔，
使你承受你所寄居的地為業，就是 上帝賜給亞伯拉罕的地。』

如此，耶和華神所計畫的這條「神聖產業的血脈傳承」的主線，又再次地「被確立和鞏固」，從上一段妥拉<撒拉生平>篇，亞伯拉罕傳給以撒，來到本段的<後代>篇，以撒最後也成功地傳給了雅各。

<後代>篇這段妥拉的節尾，也簡短地總結出以撒和利加的<後代>，也就是以掃和雅各這兩人各自所走上的道路。

被逆愛-縱容 的 以掃 仍然是個 **叛逆** 的兒子，創 28:6 記載『以掃見以撒已經給雅各祝福，而且打發他往巴旦‧亞蘭去，在那裏娶妻，並見祝福的時候囑咐他說：「不要娶迦南的女子為妻」，又見雅各**聽從**父母的話往巴旦‧亞蘭去了，以掃就曉得他父親以撒看不中迦南的女子，』然後，以掃以為自己澈底失寵於以撒和利百加，一氣之下，也憤慨地離家出走，往以實瑪利那裏去，又再娶了一個太太。

而雅各則是之前「**聽從**」媽媽利百家的計謀，取得長子的名分，結果最後搞得哥哥想要殺人報仇、現在則是「**順服**」父親以撒的指示，要離家離得遠遠地，踏上通往巴旦‧亞蘭的遙遠路途，為的只是要回到本族那裏，去找一個適合的女子娶做太太。這樣看來，**雅各要為了長子的名分，所要付上的代價可真是非常巨大。**

以上，從以掃和雅各這兩個人最後所走上的道路看來，這兩人的行事為人，兩相對比下，兩人的道德、品行，誰好，誰不好，昭然若揭、表露無遺。以掃 任性、血氣方剛、放縱肉體，完全不顧父母的感受；而雅各則是沉得住氣、深謀遠慮，他知道他要追求的是更高層次的使命，雅各看中遠大的目標更甚於眼前的享樂，最重要的是，雅各「順服」自己的父母親，沒有讓他們擔憂。

因此<後代>篇用以掃和雅各兩人「道路發展的結果」來作為本段妥拉的結尾，其實就是經文本身要來證明：家族產業和神聖呼召傳承給 雅各 是以撒和利百加「完全正確的選擇」，而這個抉擇非常關鍵，因為它會直接影響到神國度的事工和計畫能否繼續開展下去。如果神國的產業，是交給以掃，那麼，很可能最後就是斷送在以掃的手中。

然而，雅各雖然取得「長子名分」，名義上是繼承家業，但並沒有從此平步青雲，直接坐享家族產業，正好相反，雅各一個人「離家逃亡」，在奔往巴但亞蘭的路途上，耶和華神要來「鍛鍊、打造」雅各的信心，讓雅各「更多地認識」這位先祖亞伯拉罕-以撒的上帝。

是的，神所要選擇交付、讓產業傳承的<後代>，乃是願意「順服」神的心意，並且「肩負」神聖使命的<後代>。

問題與討論：

1. 在創世記前面幾段妥拉當中，我們看到，耶和華神非常在意也非常關注「**神聖呼召-家族產業**」的 **世代傳承**，耶和華神「**極度關注**」的地步甚至是到了「**親自介入**」，你覺得神為什麼要這麼在意這件事？

2. 以掃 (**עֵשָׂו**) 和 雅各 (**יַעֲקֹב**) 兩人的希伯來文名字涵義為何？ 透過經文的描述和鋪陳，你覺得這兩人的「性格、作為」有何不同？ 以及為何最後作為「**肉身長子**」的以掃「**會失去**」長子的名份？

3. 雖然神會應許人、賜福人，就像在創世記我們所看到的，耶和華「應許-祝福」亞伯拉罕、也「應許-祝福」以撒、以及之後的雅各，神都「應許-祝福」，但是為什麼神還是會讓他們在他們的生命歷程中，經歷不少的問題、危機、甚至是苦難？

4. 在<後代>篇這段妥拉中，很明顯可以看到，以撒和利百加這對夫妻，在「長子名分-產業繼承」的重大事情上「不同調、立場不一致」，可見，以撒和利百加似乎沒有就這件事「**預先作充分的溝通**」，導致最後家庭悲劇的發生，『一日失喪兩個兒子』。如果你是利百加，或者你是以撒，在這項家庭悲劇尚未發生以前，你/妳覺得 你/妳應該要有什麼樣的作為，才能避免這樣的憾事發生？

5. 在<**後代**>產業繼承者的「選擇」上，父、母親必須要審慎評估並做出正確的決策。因為每個父母都「不希望」自己家族過去 (好不容易) 所累積起來的產業，不管是物質，或屬靈/精神價值/核心信念，傳給一個 (對繼承家業 **毫不在乎** 的) 兒子，結果造成「家道中落」，最後「化為烏有」。耶和華神也是如此，祂希望神聖的呼召和使命、神國的工作必須要交付給「對的人」，讓這樣的人「來承接」神國的產業，才能讓神國度的計畫「繼續」實踐和開展下去，不致中斷。所以，你認為，神所要選擇交付、讓產業傳承的<**後代**>應該具備「什麼樣的條件」？

創世記 No.7 妥拉

<出去>篇（פרשת ויצא）

本段妥拉摘要：

創世記第七段妥拉<出去>，希伯來文(וַיֵּצֵא)。

在上段妥拉<後代>篇，雅各最後取得長子名分 (其實更清楚地來說，是取得「聖約繼承」的名分) ，成為以撒所祝福，並要來繼承家業的<後代>。但是，雅各沒有因此就養尊處優，從此就呆在家裡，過著舒適閒散的生活，正好相反，雅各在拿走長子的祝福後，他必須要<出去>、必須離開家，踏上一條信心的試驗之路，正如我們在後來故事的發展所看到，接下來，等在雅各前頭的，將會是一連串的困難和挑戰，以及顛沛流離。

而雅各在這個離開家鄉<出去>的過程當中，也逐漸地，更多證明自己，是一個 有擔當、有責任、有決心可以承接、並守護家族產業和神聖呼召的正確<後代>。可以說，如果雅各沒有離開家<出去>踏上這條信心的旅途的話，那麼，很多事情將不會發生，神的應許也無法成就。

在<出去>篇這段妥拉中，雅各在伯特利首次遇見神，見到耶和華神站在梯子的上面，有神的使者在梯子上，上去下來，耶和華神也首次向雅各應許，要隨時保護雅各，雅各在奔往亞蘭的路途上，到後來遭到拉班的壓榨、甚至迫害、追趕，並且再次重啟逃亡之途，這一路上雅各都切身地經歷並實際地感受到耶和華神的保護與看顧。

另外，雅各也在人生的這趟<出去>逃亡的過程中，孕育了自己肉身的產業、後代，也就是以色列 12 支派的雛形。<出去>篇這段妥拉，雅各是兩手空空地離家<出去>，最後則是帶著豐厚的家產離開拉班。雅各<出去>努力打拼，日後所得來的產業，讓他深切知道，這一切都不是靠他自己的聰明才智得來的，乃是耶和華神保守和賞賜的。

創世記 No.7 妥拉<出去篇> （פרשת ויצא）

經文段落：《創世記》28:10 - 32:2
先知書伴讀：《何西阿書》12:12 - 14:9
詩篇伴讀: 3 篇
新約伴讀：《約翰福音》1:19-51、4:1-26

一、 雅各的「離家逃亡」

創世記第七段妥拉標題為<出去>[1]。經文段落從創世記 28:10 節開始，到 32:2 節結束。

<出去>篇這段妥拉的標題，在創 28:10：

> 『雅各 出了 別是巴，向哈蘭走去。』
> וַיֵּצֵא יַעֲקֹב מִבְּאֵר שָׁבַע וַיֵּלֶךְ חָרָנָה

<出了、出去> 這個動詞 (וַיֵּצֵא) 出現在上面 28:10 節中的第一個字，這個字，就是本段妥拉的標題。

在上段妥拉<後代>篇，雅各最後取得長子名分，成為父親以撒所祝福，並要來「繼承」家業的<後代>。但雅各沒有因此就養尊處優，從此就呆在家裡，開始過著舒適閑散的生活，正好相反，雅各在拿走長子的祝福後，卻必須要<出去>、他必須離開家，踏上一條「信心試驗」的道路，正如我們在創世記後來故事的發展所看到，接下來，等在雅各前頭的，將會是一連串的困難和挑戰，以及顛沛流離。

雅各離開家鄉、雅各的<出去>，他被迫逃亡<出去>冒險，面對人生的各樣考驗和試煉，這其實就很像是我們每一個人的信仰經歷，我們的信仰也就是一個不斷<出去>的歷程。而雅各在這個離開家鄉<出去>的過程當中，也逐漸地，更多證明自己，是一個 有擔當、有責任、有決心 可以承接、並守護家族產業和神聖呼

---

[1] <出去>的這個標題，也讓我們想到前面創世記 No.3 妥拉的標題<離去-你要離開>，是講到亞伯拉罕的<出去-離開>本地、本族、父家所展開的信心之旅。以色列的聖先祖們「經歷神」的路經和方式，泰半都和<出去-離開>的人生經驗有密切的關聯。

召的正確<後代>。

可以說，如果雅各沒有離開家<出去>踏上這條「信心的旅途」的話，那麼，很多事情將不會發生，神的應許也無法成就:

首先、雅各的<出去>是讓他更多地「去經歷神，更認識神」。因為神是一位**會向人應許、向人說話、顯現**的上帝，並且 **神會保守**與看顧。因此，這段妥拉<出去>篇一開始，立刻就提到雅各生平第一次和耶和華神照面、遭遇的情況: 雅各看見耶和華站在梯子上面的異象，並且耶和華神對雅各說:

> 『我是耶和華－你祖 **亞伯拉罕** 的上帝，也是 **以撒** 的上帝;
> 我要將你現在所躺臥之地 **賜給你和你的後裔**。² 』創 28:13

在創 28:15 耶和華神更是對雅各保證，說:

> 『**我也與你同在**。你 **無論往哪裏去，我必保佑你**，
> 領你 **歸回這地**，總不離棄你，直到 我成全了 向你 所應許的。』

後來，當雅各遇到拉班，後來被拉班「欺騙、壓榨」，以至於雅各必須要攜家帶眷、牛、羊、牲畜等等的家產，「逃離」拉班的追趕，甚至追殺，要再一次地離開<出去>時，**雅各又更深地體會和經歷到耶和華神「信實的保護和看守」**，讓雅各免於拉班進一步地迫害。

第二、雅各的離家<出去>，是要去尋找一個能與他「**一同肩負使命、守護產業**」的人生伴侶，也就是後來遇到的 拉結。當然，因為拉班的欺騙，以至於雅各最後被迫也娶了拉結的姊姊:利亞，而另外的兩個使女:悉帕和辟拉也變成了雅各的兩個妾。

第三、雅各的離家<出去>，是要去「得產業」，特別是「肉身的產業」。雅各知道，他從父親以撒領受並承接了從亞伯拉罕來的 **神聖呼召**，所以雅各這一趟<出去>肩負一個很重要的使命，就是 **繁衍後代**、雅各自己希望，他的兒子們 可以繼續將神聖的使命和產業「傳承下去」。而在<出去>篇我們也的確看到，雅各孕育出 **以色列的 12 支派** 的雛形。所以，可以說，**在耶和華神的計畫中，雅各的<出去>正是為了預備自己能成為 以色列，並且生養、培育出將來「救贖歷史」的運作軟體: 以色列。**

---

² 雅各此時要開始「**去真實地經歷**」這位先祖的上帝，乃是一位「**守約-信實**」的上帝，從前耶和華神是怎麼樣「**應許-祝福**」亞伯拉罕、和以撒，如今這樣的「**應許-祝福**」也會臨到雅各身上，只是雅各必須要<出去>，踏上這條「信心之路」。

總的來說，雅各<出去>離開舒適的家，最終的目的是要去**更深地認識神、經歷神、遇見神**。這也就是這段妥拉<出去>篇之所以會斷在 32:2 節的一個重要原因。創 32:1-2：

> 『雅各仍舊行路，上帝的使者遇見他。雅各看見他們就說：
> 「這是上帝的 軍營 (מַחֲנֶה)」，
> 於是給那地方起名叫 瑪哈念 (מַחֲנָיִם) (意即**兩軍營**)。』

所以，當雅各離開拉班，帶著妻妾、僕婢、成群的兒女、各樣的牲畜:羊群、駱駝和驢，如此龐大的家產要回到迦南地的時候，**雅各竟然「見到了」神的軍營/軍兵**，他們是要來「護衛、護送」雅各一家的人口和產業，「平安順利回到」迦南地的。 這就正如雅各一開始離家<出去>，在逃亡路上時，耶和華神在 28:15 節一開始就已經向雅各所應許的:『**我也與你同在。你無論往哪裏去，我必保佑你，領你歸回這地，總不離棄你，直到我成全了向你所應許的。**』

二、 神的殿、天的門

<出去>篇這段妥拉一開始提到，雅各抱著「忐忑不安」的心情，展開了這一趟遙遠的「**離家-逃亡**」的生涯，而這一別，雅各就再也沒見到他母親:利百加，而等到雅各再回到迦南地時，也準備要給他父親以撒送終。

雅各踏上這條<出去>的信心旅途，可說是，一人孤苦伶仃、無依無靠，雅各要「獨自面對」他人生的未來，這個巨大的未知當中充滿許多變數，或許雅各心想，會不會就在路上，狹路相逢，遇到他哥哥以掃，然後就被以掃追殺，結束他的一生呢？

可以想像，雅各此時心裡充滿不安與恐懼，然而，**危機就是轉機，人的盡頭就是神的起頭。一個在人看來是困難或絕境的狀態和環境，往往就是神要在我們生命中、考驗我們的信心，同時也是來彰顯神偉大能力和奇蹟作為的時候。**

耶和華神知道雅各心裡的軟弱與害怕，所以當雅各離家<出去>後，耶和華神就立刻向雅各顯現。創 28:12：雅各『**夢見一個梯子立在地上，梯子的頭頂著天，有上帝的使者在梯子上，上去下來。**』

神向雅各顯現出這樣的異象，乃是要告訴雅各，並且讓雅各知道，你被迫要離家 <出去> 踏上這條充滿 未知 的信心的旅途，其實並不是孤單的，**因為耶和華神會在天上看顧你，而且還有神的使者會 上去-下來，不斷地來與你雅各保持緊密的連結和守護。**所以，雅各，你不要緊張、害怕，有我耶和華神與你同行。

再來創 28:13-14，耶和華神對雅各說：

> 『我是耶和華－你祖亞伯拉罕的上帝，也是以撒的上帝；
> 我要將你 現在所躺臥之地 賜給你和你的後裔。
> 你的後裔必像地上的塵沙那樣多，必向東西南北開展；
> 地上萬族 必因你和你的後裔 得福。[3] 』

這節經文，是耶和華神首次向雅各清楚地確認：**雅各「會繼承」亞伯拉罕-以撒 的家業和神聖呼召，並且「救贖歷史-神聖產業」的系譜血脈，會透過你-雅各這一家「繼續傳承」下去**。換句話說，耶和華神過去曾經應許要給 亞伯拉罕-以撒 的產業和祝福，現在，會繼續透過 **雅各** 來傳遞，和逐步成就。

接著來到前文已提過的創 28:15，耶和華更應許和承諾雅各，說『我也與你同在。你無論往哪裏去，我必保佑你，**領你「歸回」這地**，總不離棄你，直到我成全了向你所應許的。』

15 節這節經文，應許的對象，除了雅各以外，自然也包括雅各的後代子孫、就是後來在埃及被奴役的希伯來人、以及被趕散到列國的以色列民、猶太人。所以，這節經文除了是一個對雅各的應許之外，也可以當作是一則「先知性的預言」，再重述一遍這節經文，就是『我耶和華神也與你們以色列百姓同在。**你們無論往哪裏去，我必保佑你們，領你們 歸回 這地，總不離棄 你們，直到我耶和華成全了向你們所應許的。**』的確，末後，**以色列餘民的「回歸」**，是後來許多先知書預言的一個重要主題。

以上，雅各在聽完了耶和華神這番應許和承諾以後，驚覺到他「真的遇見」耶和華神，創 28:16-17：『雅各睡醒了，說：「耶和華真在 這地方，我竟不知道！」就懼怕，說：「這地方 何等可畏！這不是別的，乃是 神的殿 (**בֵּית אֱלֹהִים**)，也是 天的門 (**שַׁעַר הַשָּׁמָיִם**) [4]。」』

---

[3] 這句『**地上萬國 必因你的後裔得福**』，一再地重複在耶和華神對「亞伯拉罕-以撒-雅各」的應許當中。見創 22:18、26:4.

[4] **神的殿、天的門** 這些雅各的措辭都清楚地表示出，雅各乃是「真實經歷」到耶和華神對他的「直接顯現」。

在<出去>篇這段妥拉的開頭，經文常常反覆提到「一個地方、那地方、這地方」，這些字眼在希伯來的經文中用的都是同一個字(הַמָּקוֹם) 英文翻成 The place.

在創 28:11 的經文中，「這地方(הַמָּקוֹם)」這個希伯來字就反覆出現三次，按希伯來原文直譯：

> 『到了 一個地方， 因為太陽落了，就在那裡住宿，
> 便拾起 那地方 的一塊石頭枕在他的頭下，
> 他就在 那地方 躺臥；』

> וַיִּפְגַּע בַּמָּקוֹם וַיָּלֶן שָׁם כִּי-בָא הַשֶּׁמֶשׁ
> וַיִּקַּח מֵאַבְנֵי הַמָּקוֹם וַיָּשֶׂם מְרַאֲשֹׁתָיו
> וַיִּשְׁכַּב בַּמָּקוֹם הַהוּא

到了一個地方、那地方 的一塊石頭，以及在 那地方 躺臥。經文中的一個地方、那地方，希伯來文都是用限定型態，也就是帶有定冠詞的(הַמָּקוֹם)這個字來記載。

「這地方 (הַמָּקוֹם)」the place.這個字，也讓我們想到創世記 22 章，亞伯拉罕帶著以撒上摩利亞山，到這個神所指示的「這地方(הַמָּקוֹם)」，在 22 章面，這個字也是頻繁地出現。

亞伯拉罕獻以撒的這座 摩利亞山 [5]，猶太人相信就是後來的聖殿山，也就是之後，耶和華神在地上「立祂名為居所」[6] 的所在地。因此，在希伯來聖經裡，「這地方(הַמָּקוֹם)」the place.這個字，對猶太人來說，經常是專指著耶路撒冷的「聖殿山」、以及「神的所在」而說的。

若照著這樣的理解，那麼，雅各所躺臥之處，就是他爺爺亞伯拉罕獻他父親以撒獻祭的摩利亞山，也就是日後所羅門蓋聖殿的「這地方(הַמָּקוֹם)」了。因此，當雅各說 「這地方(הַמָּקוֹם)」何等可畏！，這不是別的，乃是上帝的殿，也是天的門。」』就非常合裡了。

作一個小結，雅各被迫流亡，孤苦無依地離家<出去>，兩手空空，看似前途一片慘澹，但是在啟程的路途中，耶和華神隨即向雅各顯現，並且還讓雅各在流亡的路上先經過「神的殿、天的門」。此外神也應許雅各 隨時的保護與同在，應許

---

[5] 見創世記 No.4 妥拉<祂顯現>篇之第五段「耶和華-看見 (耶和華-以勒)」當中，對於「摩利亞」一詞的解釋。

[6] 在申命記的 No.4 妥拉<看哪>篇，申命記 12 章和 16 章，這個耶和華所選擇「立祂名為居所」的語句一再地重複出現。同參《奧秘之鑰-解鎖妥拉:申命記》No.4 妥拉<看哪>篇之第二段「立為祂名的居所」。

將來的產業、未來國度的開展。這樣，就讓雅各 有信心、有勇氣 繼續向前行。
現在的雅各，<出去>乃是「緊緊抓住」神的應許，朝向遠方的哈蘭地，無所畏
懼地繼續挺進。

三、 雅各遇見拉結

<出去>篇這段妥拉，28 章後半段，先記述雅各與耶和華神「首次會面、遭遇」
的經過，並且雅各從耶和華那裡聽到、領受神清楚的應許和確據，然後，雅各就
充滿信心的，繼續起行。所以來到 29 章，經文開頭就這麼說:『雅各起行，到了
東方人之地。』「起行」的希伯來文(וַיִּשָּׂא יַעֲקֹב רַגְלָיו) 按原文直譯為「抬起他的
腳」Jacob lifted his feet，意即「昂首闊步」。再來，東方人之地，也就是雅各的
母舅: 拉班所居住的哈蘭地。

我們每個人，人生<出去>的信仰旅程，他的道路、方向和目標必須是要「明確
的」，否則，我們很容易徬徨、失去異象、迷失方向，到最後，甚至也不知道到
底<出去>的意義 是什麼？ [7]

雅各的<出去>，目標 非常明確，就是完全遵照著他父親:以撒的指示:『起身往
巴旦‧亞蘭去，到外祖父彼土利家裏，在你母舅拉班的女兒中，娶一女為妻。創
28:2.』所以，雅各<出去>要前往、踏上的這條人生道路是非常清楚的，就是直
奔雅各的外公:彼土利的家。

在上段妥拉<後代>篇，28:3-4，以撒正式地把 家族產業，和 神聖呼召「移轉給」
雅各，以撒對雅各說:

『願全能的上帝賜福給你，使你生養眾多，成為多族，
將應許亞伯拉罕的福 賜給你和你的後裔，
使你承受你所寄居的地為業，就是上帝 賜給亞伯拉罕的地。』

---

[7] 就像亞伯拉罕的姪兒:羅德一樣，羅得雖然和敬畏神的亞伯拉罕一同<離開>家鄉，但是最後卻
和亞伯拉罕「分道揚鑣」，走上毀滅的道路。見創世記 No.3 妥拉<離去>篇之第二段「亞伯蘭與
羅得的分離」、另見創世記 No.4 妥拉<祂顯現>篇之第二段「兩條道路的顯明」。

然後 28:5：『以撒打發雅各走了，雅各就往巴旦·亞蘭去，到亞蘭人彼土利的兒子拉班那裏。』

因此，從上面這幾節文可以看清楚一件事，就是：雅各的<出去>乃是 帶著應許、肩負使命，有異象的<出去>。雅各的離家<出去>，並不是<出去>外面隨便走走、四處閒晃、或是走自己想要走的路，過自己想要過的生活，正好相反，雅各的<出去>，說到底，是要去回應、並完成神聖呼召的。

而<出去>所要完成的第一件人生大事，就是照著父、母的心願，去彼土利的家族中，找到一個合適的女子，一個可以「一起守護」家業，並「傳承」神國度產業的配偶。這個雅各心愛的太太，也就是後來的拉結。

這裡，我們可以把雅各的婚姻，拿來和他的哥哥:以掃 作一個對比。在上段妥拉<後代>篇，創 26:34-35『以掃四十歲的時候娶了赫人比利的女兒猶滴，與赫人以倫的女兒巴實抹為妻。她們 常使以撒和利百加 心裏愁煩。』28:9 節又提及以掃又『往以實瑪利那裏去，在他二妻之外「又娶了」瑪哈拉為妻。』

以掃對肉體的放縱，對婚姻隨便的態度，在希伯來書 12:16 節有一個清楚的明證，『恐怕 有淫亂的，有 貪戀世俗 如以掃的，他因一點食物把自己「長子的名分」賣了。』

而雅各，則是聽從他那敬虔父、母親的話，從別是巴離家<出去>，跋山涉水，遠赴本族、本家的哈蘭地，為的只是要找到雅各母舅拉班家的一個女兒，娶來作太太，這可以用四個字來形容:千里尋妻。

從這點可以看出，雅各他那 「等待、持守真愛」 的情操。雅各沒有因為繼承長子的名分和家產，離家<出去>以後，認為自己在外沒人管，就胡作非為，放縱情慾，在這趟離家<出去>的人生道路上，可以隨便找女人，娶來作太太。雅各沒有這樣作，雅各乃是一心一意地，切切尋求、努力尋找他生命中的理想伴侶，直到他遇見拉結的那一刻為止。

這也就是為什麼，當雅各經歷了千辛萬苦，從別是巴走到遙遠的哈蘭地，最後，終於見到拉結，並且「也確認」這位女子就是拉班的女兒時，雅各的情緒會如此激動，創 29:11：

　　　　　『雅各與拉結親嘴，就 放聲而哭 [8]。』

---

[8]　希伯來文用字很傳神地表達出雅各激動的情緒，「放聲而哭」(וַיִּשָּׂא אֶת-קֹלוֹ וַיֵּבְךְּ) 英文直譯為 **And he raised his voice and wept.**

雅各的離家<出去>是 付上巨大代價 的，他千里迢迢地從別是巴走到哈蘭，最後終於遇到、找到了這位生命中的伴侶:拉結。可謂是皇天不負苦心人。

不過，接下來，雅各還要繼續為了他對拉結的 真愛，付上 更多代價，創 29:18 記載『雅各 愛 拉結，就對拉班說:「我願為你小女兒拉結服事你七年。」』 接著創 29:20:『雅各就為拉結服事了七年;他因為深愛拉結，就看這七年如同幾天。』

從上面這兩節經文的描述，可以具體看到，雅各對拉結的 那份真愛，是 如此全心全意地付出。確實，真愛 是需要付出代價的。雅各愛拉結，為了拉結，服侍拉班七年之久， 但正如後來我們在經文中所看到的，雅各被拉班欺騙以後，還願意為拉結再工作、再服侍拉班七年，這實在強烈地顯示雅各那份對拉結 愛情「寶貴-堅貞」的神聖情操 !!! [9]

四、 以色列「十二支派」的雛形

雅各清楚知道他是肩負著 神聖使命 而離家的，因此<出去>最重要的一件人生大事，就是娶妻生子，讓自己可以繁衍孕育出合神心意的兒孫、後代，讓他們來「承接」家業和使命，好讓神的應許和計畫，可以「繼續」被延續和開展下去。

因此，在<出去>篇這段妥拉中，經文花了不少的篇幅，在記述雅各 11 個兒子接連出生和命名的過程和細節。

可以說，以色列 的 12 個支派，以色列民族雛形的「初步成就」，這個耶和華神將來要用來作為「救贖歷史」當中一個首要的運作軟體，正是在雅各這趟離家-逃亡<出去>的過程中，才得以發生和實現出來的。

所以，雅各人生中的<出去>是非常關鍵而且重要的，雖然，這個<出去>是一趟 出走、離家 的過程，是從你所熟悉安逸舒適的環境中離開<出去>，這當中必定會有許多的不舒服和難受，甚至還會有挑戰和困難，但雅各是否能繼續相信，並緊緊抓住神所應許的祝福和產業，這就是創世記接下來的經文敘事和劇情發展所要描述和記載的主要內容。

---

[9] 這讓我們想到 雅歌 8:6 所說的『因為 愛情 如死之堅強。』

回到雅各這 11 個兒子「名字的命名」，從創 29:31 到 30:24 節我們看到，這一連串的命名，基本上很像是一個大老婆和小老婆彼此爭風吃醋的過程。利亞和拉結對她們各自所生出的小孩，都用一種 「神是站在我這邊」的堅決態度和強烈口吻，來給自己生出來的小孩取名字。

例如:利亞生的第一個兒子:呂便 (רְאוּבֵן)，這個名字其實就是由兩個字組合而成的 (רְאָה-בֵּן) 意思就是:『看見，一個兒子』，所以利亞說『耶和華 看見(רָאָה) 我的苦情，如今我的丈夫必愛我。創 29:32』

利亞的第二個兒子:西緬 (שִׁמְעוֹן)，這個名字當中的字根 (שמע) 就是「聽見」的意思，所以利亞在生了西緬又說『耶和華因為 聽見(שָׁמַע) 我失寵，所以又賜給我這個兒子，於是給他起名叫 西緬(שִׁמְעוֹן)。創 29:33』

利亞的第三個兒子:利未 (לֵוִי) 名字當中的字根 (לוי) 就是「聯合-結合」[10] 的意思，所以利亞在生了第三個兒子，就給他取名 利未，並且說『我給丈夫生了三個兒子，他必與我 聯合(יִלָּוֶה)。創 29:34』

利亞的第四個兒子:猶大(יְהוּדָה) [11] 名字當中的字根 (ידה) 正是「感謝-讚美」[12]的意思，所以當利亞生了第四個兒子，就給他起名叫 猶大，並且又說:「這回我要 讚美-感謝 (אוֹדֶה) 耶和華。創 29:35」

而拉結呢，拉結最後，也好不容易生出 約瑟，就說:『「上帝 除去(אָסַף) 我的羞恥」然後拉結就給這個兒子起名叫 約瑟 (יוֹסֵף) 字根為 (יסף) 這名字意思就是『願...加增 (May... add) 』，也就是拉結的心願:「願耶和華再 增添(יוֹסֵף) 我一個兒子。」』

有趣的是，在給所有兒子「命名」的這些件事上，雅各完全是插不上話，這 11個兒子都是由利亞、和拉結所命名，這又讓我們看到 猶太婦女們 強悍的形象，猶太婦女在家庭中所扮演的重要角色，和所具有的分量，就如同先前我們在<顯

---

[10] 利未的「聯合」讓我們想到後來在出埃及記 32 章發生的金牛犢事件時，利未 子孫 與耶和華神「聯合」的真理事件，見出埃及記 32:25-26. 另見《奧秘之鑰-解鎖妥拉:出埃及記》No.9 妥拉 <數點-背負>篇之第五段「利未支派的勇敢」。

[11] 猶太解經也注意到 猶大(יהודה) 和 耶和華(יהוה) 這兩字極為相似,只差一個字母 (ד) dalet. 在後來雅各為十二個兒子所做的臨終祝福和預言，就提到將來「代表耶和華神 的 彌賽亞王權」會出自 猶大 支派，有意思的是，在 猶大(יהודה) 的名字裡有 耶和華(יהוה) 四個字母的名字在其中，而在 猶大(יהודה)名字多出來的這個字母(ד) dalet. 按「字母數值」來說是 4. 這又巧妙的對應到猶大做為雅各「第 四 個兒子」的事實。

[12] (ידה) 這個字根當動詞除了有「感謝-讚美」的意思之外，還有「承認-認錯」admit,confess. 的涵義，這就讓我們想到 猶大(יהודה) 在創世記 38 章與她的兒婦她瑪，後來勇於「承認-認錯」的事蹟，以及後來在與埃及做宰相的約瑟「兄弟 相認」的事情上，扮演極關鍵的角色。

現>篇看到的 撒拉，以及<後代>篇的 利百加，她們在家庭、產業繼承的決策和影響力上面，是大過於她們的丈夫的。

不過，利亞和拉結對於各自所生出的兒子們的「命名、取名」，這些名字，日後卻變成了家庭兄弟之間「失和」的一個見證、刻印和紀錄，因為每當利亞在拉結的兒子面前，叫喚著利亞自己的兒子:呂便、西緬、利未 的名字的時候，這同時也喚起了利亞和拉結當初在新婚的家庭中「彼此爭吵、互相搶奪」丈夫的過往傷痛的記憶和裂痕。

但耶和華神的意念高過人的意念，神的道路高過人的道路，或許雅各，以及利亞和拉結當時都不曉得，她們兩人，以及她們的使女，所生出的 每一個兒子，都將會「承接」耶和華神「救贖歷史」的神國產業，並且在日後，這個將要成形的以色列 12 支派，會同心合一地，一起出埃及，過紅海，在西乃山領受十誡，為耶和華神蓋會幕，並且繼續逐步成就、實踐出耶和華神給 亞伯拉罕-以撒-雅各 的應許和計畫。

創 31:3-5『耶和華對雅各說:「你要回你祖、你父之地，到你親族那裏去，我必與你同在。[13]」雅各就打發人，叫拉結和利亞到田野羊群那裏，對她們說:「我看你們父親的氣色向我不如從前了；但 我父親的上帝 向來與我同在。』

接下來的經文敘述，就是雅各對利亞和拉結 動之以情、曉之以理，希望她們也可以跟著他 一起離開，再次踏上<出去>的旅程，回到迦南地的整個談話過程。

後來，正如經文所記載的，利亞和拉結，以及她們所生的兒女們，全都同意，願意跟著雅各，冒險踏上她們人生這一趟<出去>的信心道路。

雖然先前利亞和拉結彼此爭吵，鬧的家庭失和，但現在她們兩人卻作出同樣的一個重大的人生決定，就是: 要離開熟悉、舒適的家鄉，準備跟著雅各一起 <出去>，踏上回家，回到迦南地的旅程，這是一個…跟著自己的先生，回應神的呼召，要繼續完成神的計畫和應許的「信心行動」。就正如利亞和拉結最後對雅各所說的創 31:16:

> 『現今 凡上帝所吩咐你的 [14]，你只管去行吧！』

---

[13] 這讓我們想到雅各剛離家<出去>時，耶和華神對雅各說的 『我也與你同在。你無論往哪去，我必保佑你，領你歸回這地，總不離棄你，直到我成全了向你所應許的。』創 28:15

[14] 由此可見，夫妻有無「同樣的信仰」是何等重要的事。

五、 雅各逃離拉班

在<出去>篇這段妥拉，感受、經歷最深的就是這段妥拉的主角:雅各，因為這段妥拉的篇名，就是以他<出去>的行動而命名，並且這段的經文內容，主要講述的也是雅各<出去>之後的種種人生際遇，和信仰的經歷。

特別是，在雅各這趟人生離開<出去>的歷練和考驗中，雅各 **更真實、更具體地**在他自己個人的生命中 **去經歷-認識** 到這位先祖的神:耶和華是一位怎麼樣的神。[15]

可以說，雅各先前對神的印象，只是一個「理性上」的認識，雅各「知道」[16] 父親以撒和爺爺:亞伯拉罕有一個信仰，他們信耶和華神，並相信祂所應許的。

但如今，神國的產業「轉交給」雅各來繼承，那麼，雅各也就必須要對耶和華神有一個 **個人的、具體的、切身的 經驗 和 體會**，這樣，雅各也才「有 **信心 和動力**」不斷持守應許，並繼續完成耶和華神所交付的使命，如此呢，雅各在稱呼這位先祖的上帝耶和華時，才會把自己的名字「放進去」，變成:

亞伯拉罕-以撒-雅各的神。

אֱלֹהֵי אַבְרָהָם אֱלֹהֵי יִצְחָק וֵאלֹהֵי יַעֲקֹב [17]

而這也就是雅各在剛踏上離家<出去>的信心考驗之旅時，在創 28:20 節對耶和華神所許的願:『雅各許願說:「上帝若與我同在，在我所行的路上保佑我，又給我食物吃,衣服穿,使我平平安安地回到我父親的家,**我就必以耶和華為我的上帝。**」

後來，當雅各在遭遇拉班，無故百般地欺壓和詐騙時，雅各自己乃就開始「**親身經歷**」許多 耶和華神信實的保護、看顧，甚至是祝福。創 30:43 說到『**雅各極其發大**，得了許多的羊群、僕婢、駱駝,和驢。』就連拉班也很清楚地曉得，耶和華神大大地祝福雅各，所以拉班自己也說:

---

[15] 就像我們之前在創世記 No.6 妥拉<後代>篇之第三段「以撒的信心試驗」所討論過的，唯有**真實-具體切身**的「信仰經歷」和「信心的考驗」，這樣才能 **鍛造-生養** 出信心的 <後代>來傳承信仰和神聖呼召。

[16] 知道，並不等於 相信。

[17] 「亞伯拉罕-以撒-雅各的神」這個稱號在出埃及記第 3 章頻繁地出現 (3:6,15,16)，那裡正好是耶和華神向摩西介紹神自己的 <名字> 稱謂和名號，同參《奧秘之鑰-解鎖妥拉:出埃及記》No.1 妥拉<名字>篇之第四段「耶和華的名: 亞伯拉罕-以撒-雅各的神」。

『耶和華賜福與我，是因為你雅各的緣故。』創 30:27

如果我們回顧一下創世記前面幾段妥拉，看看 **亞伯拉罕-以撒**，包括現在的**雅各**，這一條神所要應許和祝福的 家族血脈 的「救贖歷史」的發展主線，這些要來繼承家業，並且肩負神聖使命的人，這些人呢，都是耶和華神「極力保護」[18] 的對象。

也就是說，神所應許的家族、和他們的後代子孫: 亞伯拉罕-以撒-雅各以至於後來發展出來的以色列民族，他們乃是耶和華神守護和看顧的 首要對象。

回到雅各和拉班彼此交手的過程，我們看得很清楚，耶和華神「**出手攔阻**」拉班對雅各作出進一步的傷害，創 31:23-24：

> 『拉班帶領他的眾弟兄去追趕，追了七日，在基列山就追上了。
> 夜間，**上帝** 到亞蘭人拉班那裏，在夢中對他說：
> 「你要小心，不可與雅各說好說歹。」』

而雅各在和拉班正面對質的時候，自己也親自作見證說：

> 『若不是**我父親以撒所敬畏的上帝**，就是**亞伯拉罕的上帝** 與我同在，
> 你如今必定打發我空手而去。
> **上帝看見** 我的苦情和我的勞碌，**就在昨夜** 責備你。』創 31:42

經過拉班事件，雅各很清楚，這一切都是因為耶和華神「**親手介入**」和「**完全的保護**」，才讓雅各倖免於拉班的逼迫甚至殺害。

另外，對拉班來說，他將會很清楚的一件事情就是: 耶和華神親自訂定<出去>的時候，任何人都不能更改，也 無法攔阻。因為，神告訴雅各:『我是伯特利的上帝；你在那裏 用油澆過柱子，向我許過願。**現今你起來，離開這地，回你本地去吧！**』創 31:13.

這裡，我們看到，耶和華神的揀選、神的主權和計畫，任何人都「無法攔阻和破壞」，神定意會讓它成就。

<出去>篇這段妥拉，雅各是「兩手空空地」離家<出去>，踏上人生信心考驗的道路中，但經過 20 多年，「增加了」許多人生和信仰上的經歷，以及在母舅拉班家的磨練，現在的雅各，是有兒有女、有牲畜、有家產，是「兩手豐盛」滿載而

---

[18] 當然前提是: 他們也「**遵守**」神的道，「**順服**」神的帶領。

歸地準備離開哈蘭，再次踏上<出去>的旅程..

雅各的<出去>，讓他深切知道，這一切「都不是」靠他自己的聰明才智得來的，乃是 耶和華神 保守和賞賜的。不過，最後要說的，雅各這一回帶著豐厚家產的<出去>，接下來還要面對的是一個「更巨大-更艱難」的信心試驗，這個試煉，甚至攸關雅各一家性命，那就是: 雅各與他哥哥以掃的狹路相逢...

問題與討論：

1. 在以色列先祖們的「信仰經歷」中，神常常會要他們<離開>原有的生活環境，<出去>到一個「未知的、不確定的」人生道路上，為什麼神要這麼做呢？

2. 『地上萬族 必因你和你的後裔 得福』這句話一再地重複在耶和華神對「亞伯拉罕-以撒-雅各」的應許當中，這個應許是什麼意思？ 如果這個應許可以被詮釋成：『地上的萬國-列國會因 以色列 得福』，那麼以色列在列國中，以及在整個「救贖歷史」中應當扮演好什麼樣的角色？

3. 雅各的「千里尋妻」，為了娶得拉結，付上「極大的代價」，你/妳 會願意為了等待「真愛」、尋找「真愛」而付出努力和代價嗎？ 什麼是「真愛」？

4. 希伯來聖經從來「不會隱惡揚善」，經文對人物的刻畫面向多元，不管好壞、無論善惡，都很「赤裸真實地」呈現出來，正如我們在創世記前面幾段妥拉的經文中看到的，即便是以色列先祖們的家庭：亞伯拉罕-以撒-雅各，他們當中的「家庭失和」的情況，妥拉也不吝記述下來，正如在創 29:31 開始到整個 30 章當中我們看到的，利亞和拉結「彼此爭寵」的經文敘事。妥拉為什麼要如實地呈現這些「家庭失和」的狀況，這些經文被記載下來的目的是什麼？

5. 我們對神的信仰「不只是」一個理性上的認識，它還需要一個「**個人的、具體的、切身的**」經驗和體會，如此，你的信仰才能「常保」堅強的信心和活潑的動力。在你/妳個人的信仰歷程中，你/妳可曾「真實經過」神 (在危難當中給你/妳) **信實的保護、看顧**，甚至是 **祝福** 嗎？ 以至於你會把神當成「**你自己個人的**」上帝，就如雅各說的『上帝若與我同在，在我所行的路上保佑我，又給我食物吃，衣服穿，使我平平安安地回到我父親的家，**我就必以 耶和華 為 我的上帝。**創 28:20 』

創世記 No.8 妥拉

<打發/放手>篇 (פרשת וישלח)

本段妥拉摘要：

創世記第八段妥拉<**打發**>，希伯來文 (וישלח) 這個字更白話的意思就是<**放手、送出**>。

在上段妥拉<出去>篇，雅各看似已經累積許多的產業、並且兒女成群時，來到<打發>篇這段妥拉，卻又要經歷失去一切的危難，因為現在雅各準備要跟他那位要來復仇的哥哥以掃正面遭遇。

然而，這樣的遭遇和經歷，正好就是耶和華神要來繼續破碎雅各生命，考驗雅各對耶和華神信心的方式，這樣的破碎和考驗，和亞伯拉罕獻以撒是一樣的，那就是：你雅各，有沒有把我耶和華神所給你的、所厚恩賞賜給你的一切，當作是你自己的，或者說，是認為靠著你雅各自己的聰明才智，和你自己的努力而得來的。因為這一切，都是我耶和華神白白給你的恩典。

所以，雅各現在所要學習的一個信心功課，就是：一個從緊緊抓住到完全<**放手**>交託的歷程。現在的雅各，所要緊緊抓住的，不是自己的財富、自己的牲畜、甚至是自己的妻妾兒女，雅各可能也無法顧及他們所有人的安全了。上面提到的這些，雅各都被迫要<**放手**>，要完全地交託出去。雅各，現在，真正需要 緊緊抓住 的，是神的應許，是耶和華神自己。

然而，在這個天人交戰、恐懼、害怕的過程中，發生了雅博渡口，雅各與天使摔跤的事件，經歷這次的事件，改變雅各的一生，雅各的名字、身分和命定被耶和華神轉化，雅各從先前的一個天然人，抓取、欺騙 的性格，轉變成一位勇者，是一個能與人與神較力都能得勝的大能的勇士。雅各改名為 **以色列**。這表明，雅各日後雖然繼續會遭遇到許多困難和挑戰，但雅各會以這個新的屬靈身分：**以色列**，繼續堅定相信神的應許，並將自己的一生完全交在耶和華神的手中。

創世記 No.8 妥拉 <打發/放手> 篇（פרשת וישלח）

經文段落:《創世記》32:3 - 36:43
先知書伴讀:《何西阿書》11:7 - 12:12、《俄巴底亞書》1:1-21
詩篇伴讀: 140 篇
新約伴讀:《馬太福音》26:36-46、《希伯來書》11:11-20

一、 雅各的「打發與放手」

創世記第八段妥拉標題為**<打發>**，經文段落從創世記 32:3 節開始，到 36:43 節結束。

<打發>的這個標題，在創 32:3 起頭說到：

『雅各 **打發** 人…』

וַיִּשְׁלַח יַעֲקֹב מַלְאָכִים לְפָנָיו

<打發> (וַיִּשְׁלַח) 這個動詞出現在上面 32:3 節的第一個字，這個字，就是這段妥拉的標題。

先回顧上段妥拉<出去>篇，雅各因為聽從他母親利百加的計謀，得了長子的祝福，讓哥哥以掃懷恨，想要殺雅各，於是雅各被迫離家逃亡，展開人生流亡的旅途。

雅各聽從父、母的話，最後來到哈蘭，也就是雅各母舅拉班的家，雅各在拉班的手下，替拉班工作 20 年，從一個兩手空空的流浪漢，到最後，竟變成了有妻有妾，有兒有女、有許多產業的大戶人家。從別是巴的離家<出去>直到如今，這當中，**雅各「親身經歷」耶和華神的保守、信實。**

而現在，雅各卻要來面對他人生中最大的一次危難和挑戰，這次的危險，可能會讓他在拉班那裏 20 年工作挣來一切所有的產業「全部化為烏有」，因為雅各認為以掃仍沒有忘懷當年騙走長子名分的事情，現在以掃帶了 400 人來，要來復仇，尋索雅各的性命。

當雅各在上段妥拉<出去>篇，看似已經累積許多的產業、並且兒女成群時，來到<打發>篇這段妥拉，看似卻又要**經歷「失去一切」的危難**。

然而，這樣的遭遇和經歷，正好就是耶和華神要來「繼續破碎」雅各生命，「考驗」雅各繼續對耶和華神保持堅定信心的方式，.這樣的破碎和考驗，和亞伯拉罕獻以撒是一樣的，那就是:

你雅各，有沒有把我耶和華神所給你的、所厚恩賞賜給你的一切，當作是你自己的，或是認為靠你雅各自己的聰明才智,和你自己的努力而得來的。**因為這一切，其實都是我耶和華神「白白給你」的恩典。**

正因為雅各現在，當前要遭遇到的是他哥哥以掃，這回，就是雅各用自己人的聰明和方法，**都不知道該怎麼去解決的一個危難和困境**，雅各現在激底的「**束手無策**」，這裡，似乎就是他到走到「**人生盡頭**」的時候了。

因此，正如這段妥拉的標題<打發>所提示的，雅各先<打發>人去見以掃，又<打發> 送出了自己的牲畜和禮物，要送給他哥哥以掃。

在權宜衡量之下，**雅各(יַעֲקֹב)** [1] 正如他自己的名字所表現出的性格，這個總是會「**緊緊抓住**」的人格特質，現在反而是被迫要把他手邊的財富<打發>，或者說<放手>送給以掃。

本段妥拉的標題<打發>(**וַיִּשְׁלַח**)這個動詞，用更白話的翻譯就是:送出<放手>。

所以，雅各現在所要學習的一個信心功課，就是一個 從「緊抓」到 <放手>交託的歷程。

現在的雅各，所要緊緊抓住、所能緊緊抓住的，恐怕已經不是自己的財富、自己的牲畜、甚至是自己的妻妾兒女，雅各可能也無法顧及他們所有人的安全。上面提到的這些，**雅各都被迫要<放手>，要完全地交託出去。**

雅各現在，真正需要「緊緊抓住」的，是神的應許，是耶和華神自己。

所以，在創 32:9-12 節的經文中，我們看到，雅各情詞迫切地向耶和華神禱告，這個禱告可說是雅各的人生中，所做的第一次攸關性命的 生存/存在的懇求和祈禱。

---

[1] 關於**雅各(יַעֲקֹב)** 名字的詳細釋義，另參創世記 No.6 妥拉<後代篇>之第二段「以掃與雅各」。

二、 雅各向耶和華神「求救」

神所使用的人，**這個人的信心**，**常常是會「受到考驗的」**，這是為了要來證明，這個人是不是「**真的相信**」神，還是只是嘴巴說說而已。

在上段妥拉<出去>篇的結尾，經文提到雅各帶著他的家人、產業、牲畜，一行人浩浩蕩蕩從哈蘭起行，離開拉班，在路途上，雅各遇見兩軍營的天使。雅各「看見」兩軍營的天使，這當然給雅各 極大的信心，也讓雅各確實知道，耶和華神真的是一位「**說話算話**」 的上帝。

創 31:3，當雅各還在哈蘭，正動念要逃離拉班時，『耶和華對雅各說：「你要回你祖、你父之地，到你親族那裏去，**我必與你同在。**」』

當雅各看見兩軍營的天使時，或許雅各也憶起，當他離家出走，一人孤單地踏上奔往哈蘭的逃亡途中，耶和華神早就跟他承諾的，在創 28:15，耶和華對雅各說『**我也與你同在。你 無論往哪裏去，我必保佑你，領你歸回**這地，總不離棄你，直到我成全了向你所應許的。 』

以上這些，都曾是耶和神對雅各說過的話。

不過，應許歸應許，承諾歸承諾，重點是，**當危難來、困難來的時候，你是不是還可以「繼續堅定」倚靠神，「繼續緊緊抓住」**神的應許，這個，就是耶和華神，接下來要給雅各的一場信心大考驗。

這段妥拉的標題<打發>，<打發>的這個動作，表現出雅各「做事謹慎，小心翼翼」的性格，雅各知道，回迦南地的路上，需要經過他哥哥 以掃 的地盤，所以先行<打發>探子，派人深入到以東地，想獲得一些情報，好讓雅各預先做布署和準備。

從另一個角度來說，<打發> 的這個動作，其實也是來自於雅各對以掃的「恐懼和害怕」。所以，當雅各知道，以掃確實帶著 400 人正迎著雅各來的時候，32:7 節的經文說到：『雅各 非常的懼怕。』

於是雅各就來到耶和華神的面前，向耶和華神「求救」，創 32:9-12 節這一段的經文，可說是雅各生命中對耶和華神，所發出的第一次懇切的呼求和禱告: 雅各說：

「耶和華－我祖亞伯拉罕的上帝，我父親以撒的上帝啊，
你曾對我說：『回你本地本族去，我要厚待你。』
你向僕人所施的一切慈愛和誠實，我一點也不配得；
我先前只拿著我的杖過這約旦河，如今我卻成了兩隊了。
求你救我 脫離我哥哥以掃的手；
因為我怕他來殺我，連妻子帶兒女一同殺了。
你曾說：『我必定厚待你，使你的後裔 如同海邊的沙，多得不可勝數。』

雅各知道，他這次走到「人生的盡頭」，沒有退路，雅各再也沒有辦法用自己的聰明和謀略，來解決這次生命中所遭遇到最艱鉅的困難和危機，**所以雅各來到神面前，承認自己 澈底的軟弱、完全地無助，雅各這回只能<放手>、交託、仰望、倚靠耶和華神。**這個，就是雅各現在所要學習的信心的功課。

儘管如此，雅各還是想盡任何辦法想要「躲避」以掃，看看有沒有什麼方式，可以避免和以掃正面對決。所以，雅各<打發>牛群、羊群、駱駝、驢駒等等這些牲畜當作財物和禮物，先送給以掃。去看創 32:14-15 節經文所記載的這些牲畜的數量，那麼會發現，雅各所<打發>出去要送給以掃的是「一份大禮」。

簡言之，雅各因為害怕、恐懼，所以<打發>使者、<打發> 這些牲畜去見以掃，為的就是「不要和以掃見面」；但耶和華神卻要雅各「直面」心裡的害怕，「正視」自己內心莫名的恐懼，耶和華神要雅各 勇敢、壯膽，「去和以掃 直接照面」。

而在這個去面對危機，被迫要正視以掃的同時，雅各的信仰經歷，又被更深一層地挖掘，雅各的 生命又再次地被耶和華神翻轉。而這個翻轉的經歷，就是影響並改變雅各一生的 雅博渡口和天使摔跤、搏鬥的事件。

三、 與神與人較力

人生的盡頭，往往就是上帝做事的起頭。

在<打發>篇這段妥拉中，雅各在雅博渡口，把妻子、使女和十一個兒子都平安地護送過河，最後，只剩下自己一人，孤零零地，**獨自面對自己**，面對自己內心中生命中的那個最赤裸裸地、痛苦掙扎、那個最根本、最真實的「焦慮、害怕與

恐懼」。

可以想像，雅各此時的人生跑馬燈轉了一圈，雅各知道，如果這次過不了他哥哥以掃這一關，很可能他過去這二十多年來的努力將「全部化為泡影」，甚至，雅各的生命也「就此結束」。

雅各現在彷彿走到人生盡頭，等在他前面的，是帶著 400 人的以掃，正迎面而來。而雅各不知道，和他哥哥以掃正面遭遇的結果將會如何，這個「未知的恐慌」讓雅各感到非常不安。

然而，正如這一段妥拉的標題 <打發/放手> 所要告訴我們的，就是當你，把生命中所有的東西，或者是你原來看為寶貴的物品、財產都<打發>走，完全地<放手>，最後只剩下你一個人，那麼，這個時候，你才可以「看清楚」那個最原始的自己，你也才能夠「真正地遇見」神。

雅各現在景況就是如此，他正面對他人生中最大的困難和危機，他<打發/放手>送出了他「過去所努力得來的」財貨、牲畜，將這些地上的財物完全<放手>，因為，現在，這些東西現在都已變成身外之物，雅各現在只在乎他自己，和他一家人的性命存活，其他的一切都不重要了。

正當雅各覺得自己「走投無路」時，神的使者卻出現了，接下來的經文敘事，就如大家所熟悉的，**神的使者和雅各摔跤**，然後**天使將雅各的大腿窩摸了一把**，最後 **雅各的大腿「就瘸了」**。

雅各和天使摔跤，雅各瘸腿的這個事件，讓雅各清楚知道，也親身感受到，**這個事件「不是夢」，這是一個「真實發生」的事件**，因為雅各的大腿「確實瘸了」，**雅各的肉體被神打敗、被神破碎**，這讓雅各實際地意識到，**他從今以後，再也無法靠著自己的肉體，自己的意志，自己人的想法去解決問題。**

肉體被破碎後，接下來，神的使者改了雅各的名字，雅各成了 以色列 (יִשְׂרָאֵל) 這個字的意思就是:『**與神摔跤、搏鬥**』。[2]

雅各在經歷這次與天使摔跤的事件後，**他的名字、身分和命定，被耶和華神轉化、改變**，雅各從先前的一個天然人，抓取、欺騙 的性格，轉變成了一位勇者，甚至還是一個能與神較力的大能的勇士。

---

[2] 關於 以色列 (יִשְׂרָאֵל) 這個希伯來字的詳細釋義，另參創世記 No.6 妥拉<後代>篇之第二段「以掃與雅各」，見註釋 9 和 10。

對雅各的生命歷程來說，這就是一個「從緊緊抓住到完全放手」的過程，雅各的希伯來文名字 **(יַעֲקֹב)** 意思正好就是「抓」。也就是說，**雅各現在要抓住所應該要抓的，也要放手所要放的東西。**雅各此時要選擇去抓住 那更重要的東西、那上好的福，也就是神的應許和帶領。那麼，該要放手的是什麼? 就是那些先前被迫要<打發-放手>的牲畜、財產。

天使與雅各的摔跤在創 32:26：

> 『那人說：「天黎明了，容我去 吧！」
> 雅各說：「你不給我祝福，我就不 容你去。」』
> וַיֹּאמֶר **שַׁלְּחֵנִי** כִּי עָלָה הַשָּׁחַר;
> וַיֹּאמֶר לֹא **אֲשַׁלֵּחֲךָ** כִּי אִם-בֵּרַכְתָּנִי

> 創 32:26 的希伯來原文，
> 天使說的 「容我去(**שַׁלְּחֵנִי**)」，和
> 雅各說的「我就 不容你去 (**לֹא אֲשַׁלֵּחֲךָ**)」。
> 「容..去」(**שלח**) 的動詞字根，正是標題<打發>(**וַיִּשְׁלַח**)。

所以，重新用比較白話的方式來翻譯創 32:26 節的經文就是:天使說:<打發-放手>讓我去吧。雅各說:你不給我祝福，我就不<放手-打發>你去。

雅各可以<打發-放手>他在地上所贏得、努力賺得的牲畜、財物，但是當他在面對人生的盡頭時，雅各知道，**他唯一不能<放手-打發>出去的，是來自於「神的應許和祝福」**，因為這比任何事物都重要。

耶和華神讓雅各在正面遭遇以掃之前，先安排了天使和雅各單獨地摔跤、單挑，這樣的安排，也是有目的的。

耶和華神知道雅各心裡恐懼，所以如果能讓雅各「**先突破、克服**」他自己心中的**害怕**，那問題的根源其實就解決了。因此，當雅各已經完成了和天使搏鬥之後，創 32:30：

> 『雅各便給那地方起名叫 **毗努伊勒 (פְּנִיאֵל)** [3]，
> 意思說：「我 **面對面 (פָּנִים אֶל-פָּנִים)** 見了上帝，我的性命仍得保全。」』

雅各說這句話的意思就是: 我雅各都已經 『**和神直接照面了**』，和神的天使正面

---

[3] 毗努伊勒 (פְּנִיאֵל) 就是由「上帝-臉面(**פָּנִים, אֵל**)」這兩字組合而成，所以「**毗努伊勒**」一詞的意思就是「上帝的臉面」，正如雅各在創 32:30 節所說的『我 面對面 (פָּנִים אֶל-פָּנִים) 見了上帝…』

搏鬥了，我都已經「嚇破膽了」，但我居然「還能挺得住」，能全身而退，可以存活，那麼，還有什麼會使我更害怕更恐懼呢？ 我哥哥以掃，不過是個人啊，我還害怕什麼呢？！

就這樣，雅各雖然「肉體被破碎」，大腿瘸了，行動不方便了，可能到時候面對以掃，萬一起了衝突，發生爭鬥，雅各恐怕也跑不了了，但現在的雅各 生命被神翻轉，靈命剛強了，他現在可以去「正面迎接」他哥哥以掃，心中已經沒有任何害怕和恐懼。

四、 雅各回伯特利「還願」

在<打發>篇這段妥拉中，雅各經歷他人生最大的危機，就是冒著自己和全家性命的危險，以及他一生努力得來的產業，可能會全數被搶奪的危機的情況下，去和他哥哥以掃見面。

在這個過程中，雅各經歷他生命的破碎，肉體被打敗，現在的雅各瘸了一條腿，行動不方便，但雅各的靈命反而「**剛強起來**」，因為他變成 以色列，就是『**與神與人較力，都得了勝。**』

創 32:28 節，中文和合本聖經的翻譯：『耶和華神的使者說:因為你與神與人較力，都得了勝。』**都得了勝 (וַתּוּכָל)**，希伯來原文只用一個動詞來表達， (וַתּוּכָל) 這個字若單從動詞的「未完成式」的型態來翻譯是: **你將可以、你將能夠。**或從 Vav 的動詞「時態反轉」來翻譯就是: **你 (已經) 可以、你 (已經) 能夠..。**

所以，這裡天使真正告訴雅各的意思是說，當你遇到危機、困難的時候，『你**都能夠，你可以去**』...去什麼，**去面對它**，你雅各不會再感到莫名的恐懼，因為，你與神與人較力，**你都可以** 去面對，正如雅各自己說的:「**我面對面見了上帝，我的性命仍得保全。**」

因此，天使並沒有向雅各保證說，你雅各日後在面對任何困難或問題時，都一定會得勝，都一定可以澈底解決問題。沒有，天使沒有這樣說，神的使者是說，**你都可以去面對**，或者: 你都可以倚靠神，靠著神加添給你的力量，**能夠去面對** 人生接下來的困難和挑戰。

雅各在和他哥哥以掃正面遭遇的過程中，讓雅各深刻地知道，這一次**完全是仰賴耶和華神的保守，絕對不是靠自己的聰明，靠自己的力量**，才得存活一家的性命，和雅各所有的產業。

和哥哥以掃見面之前，雅各因著恐懼害怕，於是被迫要<打發>，必須要<放手>，要學習交託。雅各看到自己的軟弱，知道並且也「承認」自己的無能，但正如哥林多後書 12:9 說的：

> 『我的恩典夠你用的，
> 因為 **神的能力** 是在 **人的軟弱** 上顯得完全。』

因此，和以掃道別，雅各「平安地-**完整地**」[4] 進入迦南地時，雅各所做的第一件事就是，**給耶和華神築壇，求告他的名**，「**感謝並承認**」耶和華神 是雅各「**個人-生命**」的主：

> 雅各『在那裏 (就是示劍) 築了一座壇，
> 起名叫 **伊利・伊羅伊・以色列**』
> 希伯來文(אֵל אֱלֹהֵי יִשְׂרָאֵל)
> 意思就是: **神，是 以色列的神**。』創 33:20

這裡，雅各稱呼耶和華神，是 **以色列的神**，而以色列就是雅各的新名字，所以，也就是說，雅各的人生道路走到如今，現在是雅各「**首度承認**」 耶和華神是他自己「**個人-生命**」的救主。

儘管如此，回到迦南地，本來雅各以為他們一家可以從此安居，但是又發生利未和西緬屠城事件。在<打發>篇這段妥拉中，經常發生一些雅各無法處理、束手無策的危機和困難，而這些事情總是逼得雅各必須要完全<放手>交託給耶和華神，讓雅各學習 **尋求神，順服神的帶領**。

利未和西緬屠城的事件發生後，雅各一家隨即又要展開流亡、逃難的生涯，可以說雅各的一生，大部分的時間都是在「流亡、逃難」中度過的。雅各聽從耶和華神的指示，向南遷徙，來到**伯特利**。**伯特利 (בֵּית-אֵל)** [5] 這個地方，就是當初雅各逃難流亡時，耶和華神首次向雅各顯現的地方，當時，雅各對耶和華「許願」

---

[4] 創 33:18『雅各從巴旦・亞蘭回來的時候，「**平平安安地 (שָׁלֵם)**」到了迦南地的示劍城，在城東支搭帳棚，』平平安安地一詞原文 **(שָׁלֵם)** 是「**完整、整全**」的意思，所以，這也就是說，當雅各的生命「被神對付過」後，重新認識「真正的自己」，找到「屬於自己的命定」時，這時的雅各「身-心-靈」才達到了「**完整**」的狀態...

[5] 伯特利 **(בֵּית-אֵל)** 意思為「神的殿、神的居所」，雅各之所以命名這個地方為 伯特利，那當然是因為他在這裏首次「**遇見神**」，並且神還「**應許**」雅各。

說:『「上帝若與我同在，在我所行的路上保佑我，又給我食物吃，衣服穿，使我平平安安地回到我父親的家，**我就必以耶和華 為我的上帝。**」創 28:20-21

雅各從別是巴的離家逃難，在拉班家工作 20 年，娶妻生子，離開拉班時，產業豐厚，神又「保守」雅各免於拉班進一步的追殺，然後又「保守」雅各在和以掃正面遭遇時，全家性命得以「保存」，上面這些種種的經歷，讓雅各深知，**這一切的一切，都是耶和華神的保守、保護和帶領。所有的這些，都是神白白給雅各的恩典。**

正因為雅各經歷了這一段妥拉<打發-放手>完全交託的信仰歷程，讓他知道人生的終極目標和方向，**唯有倚靠神，行走在神的應許當中，才是最重要的事，才是最正確的道路。**因此，當雅各回到伯特利，要回來「還願」時，同時也帶著一家子人，並且雅各告訴他家中的人: **我雅各家族的人，我們家的呼召、命定和道路，乃是要認識、事奉這位真神:耶和華，**創 35:2-4:

> 『雅各就對他家中的人並一切與他同在的人說:
> 「你們要 除掉你們中間的外邦神，也要 自潔，更換衣裳。
> 我們要起來，上 伯特利 去，在那裏我要築一座壇給上帝，
> 就是 在我遭難的日子應允我 的禱告、在我行的路上保佑我的 那位。」
> 他們就把外邦人的神像和他們耳朵上的環子交給雅各;
> 雅各都藏在示劍那裏的橡樹底下。』

就這樣，雅各在家中，「**首度確立**」了家族的信仰。雅各讓他的眾子們，清楚知道、了解父親:雅各整個的信仰經歷和歷程，就是雅各曾經在 伯特利 向耶和華許願，現在又回到 伯特利 [6] 向耶和華還願。雅各給他的兒子們，樹立了一個信仰的典範和模樣，創 35:9-10:

> 『雅各從巴旦‧亞蘭回來，上帝又向他顯現，賜福與他，且對他說:
> 「你的名原是雅各，從今以後不要再叫雅各，要叫 以色列。」
> 這樣，他就改名叫 以色列。』

雅各的人生道路發展到這裡，可說是已經「定位完成」，因此，接下來，在下一段妥拉<居住>篇的主角，將會轉換到雅各的兒子們身上。

---

[6] 伯特利 (בית-אל)「神的殿、神的居所」，這個地名「一再重複地」出現經文當中，彷彿在提醒雅各，也提醒讀者，千萬不要忘記那些你「**遇見神**」的時刻和經歷，因為這些都是真實的。**不要忘記神**，過去你向神許的願，也不要忘記要向神還願。

五、 「救贖歷史」主線的確立

<打發>篇這段妥拉中，交代一件非常重要的事，就是耶和華神向雅各「確認了」長子的祝福，和產業繼承。也正是到了<打發>篇這段妥拉，耶和華神的 **神國產業繼承的發展主線和架構**，才確立完成。創 35:11 耶和華神對雅各說：

> 『我是全能的上帝；你要生養眾多，
> 將來有 一族和多國的民 從你而生，又有 君王 從你而出。
> 我所賜給亞伯拉罕和以撒的地，我要賜給你與你的後裔。』

若回顧創世記前面幾段妥拉，會發現一個很清楚的軌跡和脈絡，就是 **耶和華神正在「逐步確立」一條在人類救贖歷史中，發展的主線**，這條關鍵的主線，就是透過 **亞伯拉罕、以撒、雅各，這一支特定的家族血脈的系譜，「來傳承」神國的呼召和產業。** 底下，就依序來看耶和華神，定意要給亞伯拉罕、以撒和雅各所應許關於 **後裔** 和 **土地** 產業祝福的話：

先來看**亞伯拉罕**，在創世記第三段妥拉<離去>篇開頭，創 12:2-3 神對亞伯蘭說：

> 『我必叫你成為 **大國**。我必賜福給你，叫 **你的名為大**；
> 你也要叫別人得福。為你祝福的，我必賜福與他；
> 那咒詛你的，我必咒詛他。
> **地上的萬族 都要因你得福。**』

接下來，創 13:14-17，耶和華首次向亞伯蘭應許 **地的產業**：

> 『耶和華對亞伯蘭說：「從你所在的地方，你舉目向東西南北觀看；
> 凡你所看見的 **一切地**，我都要賜給你和你的後裔，直到永遠。
> 也要使你的後裔如同地上的塵沙那樣多，…。
> 你起來，縱橫走遍這地，因為 **我必把這地賜給你。**』

經文來到第 17 章，同樣也是在第三段妥拉<離去>篇的內容，17:4-8，耶和華神此時透過 **割禮** [7] 來和亞伯蘭「正式立約」，將前面所應許的祝福和產業「永遠確立下來」。耶和華對亞伯蘭說：

---

[7] 關於 **割禮** 的重要意涵，參創世記 No.3 妥拉<離去>篇之第五段「作為記號的割禮」，同參《奧秘之鑰-解鎖妥拉:利未記》No.4 妥拉 <懷孕>篇之第五段「割禮的盟約」。

『我與你**立約**：你要作 **多國的父**。

從此以後，你的名不再叫亞伯蘭，要叫亞伯拉罕，

因為我已立你作**多國的父**。我必使你的**後裔極其繁多**；

國度 從你而立，君王 從你而出。

我要與你並你世世代代的後裔 **堅立我的約**，作 **永遠的約**，

是要作你和你後裔的上帝。

我要將你現在寄居的地，就是 **迦南全地，賜給你和你的後裔 永遠為業**，

我也必作他們的上帝。』

來到第四段妥拉<顯現>篇的最後面，當亞伯拉罕通過了「獻以撒」的信心試驗之後，耶和華神對亞伯拉罕說，創 22:17-18：

『**論福，我必賜大福給你**；

論子孫，我必叫 **你的子孫多起來，如同天上的星，海邊的沙**。

你子孫必得著仇敵的城門，並且 地上萬國都必因你的後裔得福，.

因為你「**聽從了**」我的話。』

接著看 **以撒**，耶和華神對以撒說過、應許過些什麼？

在第六段妥拉<後代>篇，創 26:2-5，當以撒在神所應許為產業的迦南地遇到飢荒時，耶和華神對以撒說:

『「你不要下埃及去，要住在我所指示你的地。

你寄居在這地，我必與你同在，賜福給你，

因為我要將 這些地 都賜給你和你的後裔。

我 必堅定 我向你父亞伯拉罕 所起的誓。

我要 **加增你的後裔，像天上的星那樣多**，

又要 **將這些地 都賜給你的後裔。並且 地上萬國必因你的後裔得福**。

都因亞伯拉罕「**聽從**」我的話，「**遵守**」我的吩咐 和 我的命令、律例、法度。』

創 26:24，當以撒被亞比米勒王驅逐，又遭遇非力士人的迫害時，耶和華神對以撒說：

『**我是你父親亞伯拉罕的上帝**，

不要懼怕！因為我與你同在，

要賜福給你，並要為我僕人亞伯拉罕的緣故，**使你的後裔繁多**。』

最後，我們來看 **雅各** 的部分，在第七段妥拉<出去>篇的開頭，創 28:13-15，雅各展開離家逃亡的時候，耶和華神對雅各說：

『我是耶和華－你祖亞伯拉罕的上帝，也是以撒的上帝；

我要將你現在所躺臥之地 賜給你和你的後裔。

你的後裔 必像地上的塵沙那樣多，必向東西南北開展；

地上萬族 必因你和你的後裔得福。

我也與你同在。你無論往哪裏去，我必保佑你，

領你歸回 這地，總不離棄你，直到我成全了向你所應許的。』

接著就是本段的第八段妥拉<打發>篇前文一開始就已提及的，創 35:11 耶和華神對雅各說:『我是全能的上帝；你要 生養眾多，將來有 一族 和 多國的民 從你而生，又有 君王從你而出。我所賜給亞伯拉罕和以撒的地，我要賜給你與你的後裔。』

從上面援引的這些經文中，看得很清楚，耶和華神是如何費心、努力地，一代又一代的，來向以色列的先祖們: 亞伯拉罕-以撒-雅各，不厭其煩地，重申這些約的內容，這些應許和祝福。

耶和華神這樣做的目的只有一個，就是要讓這個神自己所確立出的「救贖歷史」發展的「特定血脈」傳承的主線，得以被鞏固，好讓這個因著人類罪惡而敗壞的的土地和世界得以「被修復」，而修復世界的「這個運作軟體」，就是 亞伯拉罕-以撒-雅各，他們的後代子孫: 以色列。這乃是 耶和華神的主權和計畫。

因為，未來 彌賽亞 的王權和國度，將會從 以色列家 而出 [8]。耶和華神對以色列先祖們的「應許和祝福」，會在先祖們的後代子孫:以色列百姓當中「應驗和發生」。

---

[8] 約翰福音 4:22 耶穌說『...我們所拜的我們知道，因為救恩是從猶太人出來的。』、羅馬書 9:4-5
『他們是以色列人，那兒子的名分、榮耀、諸約、律法(妥拉)、禮儀、應許都是他們的；列祖就是他們的祖宗；按肉體說，彌賽亞(基督) 也是從他們出來的...』

問題與討論：

1. 在你的生命和信仰歷程中，你是否曾經歷過，像雅各這樣『從緊緊抓住到完全<打發-放手>』的過程？

2. 當危難來臨，困難來臨時，你是否還可以，還能夠「繼續堅定倚靠」神，還能繼續地「緊緊抓住」神的應許？

3. 在創 33:10，雅各對以掃說：『因為我見了你的面，如同見了上帝的面。』這句話是什麼意思？ 試著從: **神經常是站在我們的「對立面」**，讓我們知道，我們不能總是按著自己的意思和方法行，神有祂自己行事的法則，的這個角度去思考。

4. 你願意「被神破碎，被神修剪」生命嗎？ 另外，你覺得在什麼樣的情況下，你才可以「看清楚」那個『**最原始、最真實、最赤裸的自己**』，在什麼樣的情形下，你才能夠「真正地遇見」神，或者說「被神來造訪」？

5. 在第五段信息「救贖歷史主線的確立」一文中，我們回顧了耶和華神對「亞伯拉罕-以撒-雅各」的應許和祝福的經文內容，請你歸納出「重複出現」在這三個人當中 共同的「**應許和祝福**」的重點內容。

創世記 **No.9** 妥拉

<安居/住在>篇 （**פרשת וישב**）

本段妥拉摘要:

創世記第九段妥拉<居住>，希伯來文(**וַיֵּשֶׁב**)。之所以選擇這個動詞<居住/住在>來當作本段妥拉的標題，這是清楚表明，雅各在經歷一連串的人生風暴、長期的逃難、流亡的奔波後，現在終於回到迦南地的希伯崙，就是他父親以撒的家，雅各最後來到他可以安歇落腳、安頓<居住>的住所。

但好景不常，好不容易回到家中的雅各以為可以從此安頓<居住>下來，沒想到卻又發生寶貝兒子:約瑟被賣的事件。雖然約瑟失蹤，這給雅各造成巨大的痛苦，但來到<居住>篇這段妥拉，耶和華神仍繼續在「提升」雅各信仰的層次和境界，更多「操練」雅各對神應許的完全信心。現在的雅各雖然傷心欲絕，但卻開始準備要進入到約瑟所做的夢境和(異象)當中。也就是說，雅各雖然<居住>在地上，但卻要繼續堅定地活在「約瑟的異夢和異象」之中。

創 37:11 提到: **雅各把約瑟的夢存在心理**。按著雅各自己的一廂情願的人意，或許認為希伯倫就是他人生最後可以安頓<居住>之地，但是後來雅各將會更多明白，希伯崙不過是暫時落腳之處，**神國度的計畫** 是要雅各一家下埃及去，而在此過程中，雅各也將會看到，**約瑟當年所做的異夢**，是如何地被成就和應驗出來。因此，也可以說，正是約瑟的夢，讓雅各可以繼續信心堅定地，行走在在神的道路上、順服神的旨意和命定。

最後，<居住>篇所要教導我們的一個信心功課就是: 不論環境多艱難，你身處在任何環境，只要有神同在、只要你仍然相信神的應許，那麼，你就能隨遇而安。

創世記 No.9 妥拉<安居/住在篇> (פרשת וישב)

經文段落:《創世記》37:1 - 40:23
先知書伴讀:《阿摩司書》2:6 - 3:8
詩篇伴讀: 112 篇
新約伴讀:《馬太福音》1:1-6,16-25

一、 雅各想要 <安頓居住>

創世記第九段妥拉,標題<安居/住在>。經文段落從創世記 37:1 節開始,到 40:23 節結束。

<安居/住在>這個標題,在創 37:1:

『雅各 住在 迦南地,就是他父親寄居的地』
וַיֵּשֶׁב יַעֲקֹב בְּאֶרֶץ מְגוּרֵי אָבִיו בְּאֶרֶץ כְּנָעַן

<住在>這個動詞 (וַיֵּשֶׁב) [1] 出現在上面 37:1 節的第一個字,這個字,就是這段妥拉的標題。

這一段妥拉之所以選擇這個動詞<住在>當作這一段妥拉的標題,清楚地表明,雅各在經歷一連串的人生風暴、長期逃難、流亡奔波後,現在終於回到迦南地的希伯崙,就是他父親以撒的家,雅各總算找到一個,他可以安歇落腳、<安頓-居住>的住所。

在上段妥拉<打發>篇中,耶和華神讓雅各經歷「**完全的放手-交託**」的信仰功課,就正如上段妥拉<打發>的這個標題,雅各為了要拯救全家人的性命,免於被以掃的報復和殺害,所以雅各,把他過去努力得來的家產<**打發-放手**>給他哥哥以掃,因為此時,這些物質的財富,都變成「身外之物」。

---

[1] 和合本翻譯的 <住在>(וַיֵּשֶׁב) 這個動詞有「**永久安居、安頓** settle」的語意,這表達出雅各的心願,就是在一連串長期流亡逃難、四處搬遷的生涯後,雅各現在想要<**安頓-住在**>迦南地,終老在此。

另外，在<打發>篇中，雅各的生命，**被神破碎**，他從一個過去是靠著自己聰明才智來抓取、欺騙、為自己得益處的人，變成了一個「**與神與人較力**」，他都可以**勇敢去面對**的人，所以，耶和華神改了雅各的名字，成了:以色列 (יִשְׂרָאֵל)。

以色列,所代表的人格特質,就是一種,**需要不斷和現實生活環境作「生存搏鬥」**的一種經常性狀態。

來到第九段妥拉<住在>篇,耶和華神又讓雅各的信仰歷程,「昇華」到更高的層次和境界,雖然這樣的昇華和上升,對雅各來說,又是讓他感到痛苦和艱難的。

因為,雅各以為他經歷『離家出走、拉班的追趕、和以掃的狹路相逢,又從示劍舉家逃亡』,最後千辛萬苦,平安地返回迦南地,「就此就完成了」耶和華神在雅各身上所有的計畫和使命。

在<出去>篇這段妥拉中,雅各離家沒多久,耶和華神就對雅各說『我也與你同在。你無論往哪裏去,我必保佑你,**領你 歸回這地**,總不離棄你,直到我成全了向你所應許的。』隨後,雅各也向耶和華神許願說:『上帝若與我同在,在我所行的路上保佑我,又給我食物吃,衣服穿,**使我平平安安地回到 我父親的家,我就必以耶和華 為我的上帝。**』

現在,到了<住在>篇這段妥拉,經文一開始就說『雅各<住在>迦南地,就是他父親寄居的地。』此時雅各已是「平平安安地回到」他父親以撒的家。

但雅各從離家逃難到如今,經歷風霜,好不容易回到家中,以為可以從此<**安頓居住**>下來,沒想到卻又發生自己最愛的寶貝兒子: **約瑟被賣** 的事件。

約瑟被賣、失蹤後,雅各以為約瑟已經死了,就這樣,來到希伯崙雅各準備要得享晚年,<**安頓居住**>的美夢,頓時間成了噩夢。

這個父親以撒寄居,並且也是雅各離家出走後,最後回來的終點站:希伯崙之地,現在卻變成了「痛失愛子的傷心地」。雅各在希伯崙為他的愛子約瑟,悲哀、哀哭許久。雅各說:『我必悲哀著下陰間到我兒子約瑟那裡。』直到 20 多年後,雅各才知道約瑟還活著,並且在埃及當了宰相,飛黃騰達。

雖然約瑟失蹤,給雅各造成巨大的痛苦,但來到<**安居-住在**>篇這段妥拉中,就如前文已提及的:耶和華神在這裡要「**繼續提升**」雅各的信仰的層次和境界,更多地操練雅各「**對神應許的信心**」。

因為，雅各最終要<安頓居住>的，其實不是這個地上有形的家，而是天上的，是神國的計畫，雅各所要寄託和盼望的，乃是耶和華神的應許。

也就是說，儘管現在的雅各雖是傷心欲絕，但卻要開始準備進入到他那寶貝兒子約瑟所做的「夢和異象」之中。換言之，雅各雖然<住在>在地上，但卻同時也要試著繼續堅定地活在<住在>約瑟的異夢和異象之中。創 37:11 提到: **雅各把約瑟的夢「存在心理」**。因為雅各自己也有過「做異夢」的經驗，雅各知道他這個寶貝兒子約瑟的夢，非比尋常，透露出一些重要的訊息。

約瑟的夢，以及約瑟被哥哥們賣掉，最後輾轉來到埃及，這些事件，從一個更大的架構，和經文整體格局來看，乃是 **耶和華神的計畫**，是耶和華神準備要啟動雅各一家，接下來將要全家下埃及的「救贖歷史」中的一個布局和計畫。這個計畫，正是先前耶和華神對亞伯拉罕所預言的，在創 15:13『你要的確知道，你的後裔必寄居別人的地，又服事那地的人；那地的人要苦待他們四百年。』

按著雅各自己一廂情願的人意，或許認為希伯崙就是他人生，最後可以<安頓居住>之地，但後來雅各將會更清楚明白，希伯崙不過是「暫時落腳」之處，神國度性的計畫是要雅各一家下埃及去，而在這個過程中，**雅各也將會看到，約瑟當年所做的異夢-異象，是如何地被成就和應驗出來。**

因此，可以說，是 **約瑟的夢**，讓雅各可以繼續 信心堅定地，行走在、活在、<**安頓居住**>在神的道路、旨意和命定中。

二、 約瑟: 那個「做夢的人」

在<住在>篇這段妥拉，約瑟和哥哥們，表面上看起來像是共同<住在>一個家，但其實，他們是<住在>兩個不同的世界。

約瑟<住在>他父親雅各的美好世界中，備受雅各的寵愛。創 37:3 節『以色列原來愛約瑟過於愛他的眾子，因為約瑟是他年老生的；他給約瑟做了一件彩衣。』所以，約瑟<住在>雅各家中，可說是個天之驕子。

第二，約瑟是一個<住在>夢想、異象中的少年。在<住在>篇一開始，創 37:5-9

就提到約瑟所作的這兩個夢:一個是約瑟的哥哥們的禾捆都向著約瑟的禾捆下拜。另一個是約瑟夢見太陽、月亮,和十一顆星星都向約瑟下拜。

當雅各聽到約瑟作的這兩個夢,雖然起先責備約瑟一番,但雅各其實已察覺到,他這個寶貝兒子,在屬靈眼界裡有預知未來的能力,因此,創 37:11 說道,雅各把這話,就是約瑟所做的夢,存在心裡。

然而,也是因為約瑟所作的這「兩個夢」[2],引爆了「約瑟被賣」的事件。

創 37:19,約瑟被父親雅各打發到示劍,最後在多坦看見他哥哥們的時候,他哥哥們彼此說:

『你看!那做夢的 來了。』

הִנֵּה **בַּעַל הַחֲלֹמוֹת הַלָּזֶה** בָּא

希伯來原文「那作夢的(**בַּעַל הַחֲלֹמות הַלָּזֶה**)」直接翻譯就是「這個擁有夢[3] 的人」,更進一步地來說,就是這個「有夢想、有異象的人」來了[4]。

接著創 37:20,哥哥們說:

『來吧!我們將他殺了,丟在一個坑裏,就說有惡獸把他吃了。我們且看 他的夢(**חֲלֹמֹתָיו**)[5] 將來怎麼樣。』

哥哥們把約瑟賣掉,根本的原因,正好就是來自於「約瑟的夢」,這個夢所透露出來的訊息在創 37:8:

『他的哥哥們回答約瑟說:

「難道 你真要作我們的王 嗎?難道 你真要管轄我們 嗎?」

他們就因為他的夢和他的話越發恨他。』

雅各的兒子們肯定知道,父輩們在家族的「產業繼承權」這個問題上,常常爆發衝突,從亞伯拉罕所生的以實瑪利和以撒,到了以撒生了以掃和雅各,現在又延續到了雅各的 12 個兒子。

雅各自己本人就是用「計謀和手段」為自己贏得「長子名份」[6],這點,雅各的

---

[2] **夢(חֲלוֹם)** 和動詞 **做夢(חָלַם)** 這兩個字頻繁地出現在創 37:1-20 這段的經文中,可見,**夢**的主題,一開始就浮現<住在>這段妥拉。

[3] 夢 (**הַחֲלֹמות**) 原文是「複數」型態 dreams.

[4] 經文發展到後面到了創 40 章,我們還會發現,約瑟不僅會「做夢」,還有「解夢」的恩賜。

[5] 他的夢 (**חֲלֹמֹתָיו**) 原文同樣是「複數」型態 his dreams.

[6] 在妥拉裡,那些「繼承產業和長子名分」的人往往是要付出極大代價,而且要背負極大的責任。

12 個兒子應該也知曉。只是沒想到，因為「約瑟的夢」，約瑟的「提早出線」，讓這個「長子繼承的爭奪戰」現在就已白熱化、浮出檯面。

於是，約瑟的哥哥們，為了把這位眼前，看似就是「長子繼承的準候選人」給拉下來，所以，哥哥們把約瑟賣掉，暫時解決這場即將要引爆的家族分裂的危機和衝突。

雖然哥哥們因著自身的利益把約瑟賣掉，但哥哥們所不知道的是，這個「賣掉約瑟」的行動，同時也在「啟動並逐步成就」耶和華神所定規的「救贖歷史」的計畫，也就是雅各一家將要「下埃及」的發展進程。

而少年約瑟，此時也因為被哥哥們無情地賣掉，正遭逢與家人天人永別的劇變和痛苦中，那個原先<住在>父親雅各所寵愛的美好世界，如今，破滅了..

約瑟所<住在>的生活環境，猶如從天堂到地獄..

現在的約瑟，孤零地，一個人，被帶到異鄉異地，展開了約瑟一生的「信心之旅」，這條道路和旅程，可以說是漫長而艱苦地，但是，約瑟將慢慢體會、經歷，並且明瞭，只要是<住在>神的應許、異象之中，不論環境多艱難，不管<住在>哪裡，**只要有耶和華神同在** [7]，那麼，**就可以隨遇而安**，就可以知道並且相信：**這一切都是神的帶領。**

而這個，也就是本段妥拉<住在>篇，經文對於約瑟的一個最真實的寫照和描述，也是<住在>篇這段妥拉所要給讀者的一個主要信息：那就是約瑟<住在>的環境雖然一直在變換，約瑟的處境也不斷地在改變，甚至 (表面上看來) 還越變越糟，但約瑟心裡知道，他 17 歲所作的異夢，和耶和華神給約瑟的應許，終究會實現。

約瑟所要做的就是，繼續緊緊抓住神的應許，堅定不移地行走在耶和華神的和道路，<住在>活在神的旨意中，然後，等候神的時間。

---

[7] 有意思的是，當約瑟還<住在>家裡，被父親寵愛的時候，經文「並沒有說」耶和華神與約瑟同在，反倒是當「約瑟被賣」到埃及，<住在>異鄉異地的波提乏家中的時候，經文才開始提及**耶和華神與約瑟同在**。例如，創 39:2-4『約瑟住在他主人埃及人的家中，**耶和華與他同在**，他就百事順利。他主人見 **耶和華與他同在**，又見耶和華使他手裏所辦的盡都順利，約瑟就在主人眼前蒙恩，伺候他主人，並且主人派他管理家務，把一切所有的都交在他手裏。』

三、 猶大和她瑪生出 法勒斯

<住在>篇這段妥拉經文，整整四章的篇幅，從 **37** 章開始記述雅各對約瑟的偏愛，到約瑟被賣，**39** 章講到雅各被賣到波提乏家中，最後來到 **40** 章，約瑟在監牢裡遇見酒政和膳長，然後約瑟替他們解夢，以此結束本段妥拉。

而中間跳過的一章就是 **38** 章。**38** 章的經文內容，看起來像是一個插曲，這個插曲跟約瑟這個「正在發展的故事主線」並沒有直接的關連。

如果我們看 37 章最後一節 37:36 節的經文『米甸人帶約瑟到埃及，把他賣給法老的內臣－護衛長波提乏。』，然後，直接跳過過 38 章，來看 39:1 節的經文『約瑟被帶下埃及去。有一個埃及人，是法老的內臣－護衛長波提乏，從那些帶下他來的以實瑪利人手下買了他去。』把整個 38 章抽掉，由 37 章最後一節，直接接到 39:1 節，看起來非常順暢，而且合理。

但中間經文的安排，硬是安插一個 **38** 章的內容，來講述猶大的離家出走，最後居然和猶大的兒婦:她瑪行淫，生下一對孿生兄弟，法勒斯和謝拉，然後，**38** 章的經文就此畫下句點。

猶太的解經傳統認為，之所以在創世記 37 章和 39 章中間「特意安插」**38** 章的經文內容，目的是要特別點出，或有意地預告出，將來的大衛王朝，甚至以後要生出的 **彌賽亞** 的家譜的起頭。因為在 38 章裡，正是由於猶大，陰錯陽差地和他兒婦:她瑪行房，以至於生出了大衛的先祖: **法勒斯**。

之所以預先要在 **38** 章特別提到 **法勒斯** 的出生，目的是為了要讓讀經的人，可以在 路德記 找到一個「可以串連的連結點」。

在路德記最後一章的結尾 — 路德記 4:18-22 這段經文中讓我們看到，雖然大衛是出自猶大支派，但是在家譜的追溯上，卻是從法勒斯開始記載的，路德記 4:18-22 節 [8] :『法勒斯的後代記在下面：法勒斯生希斯崙；希斯崙生蘭；蘭生亞米拿達；亞米拿達生拿順；拿順生撒門；撒門生波阿斯；波阿斯生俄備得俄備得生耶西；耶西生大衛。』

---

[8] 路德記 4:18-22 節這段經文，可以對照馬太福音紀載耶穌的家譜『亞伯拉罕的後裔，大衛的子孫，彌賽亞耶穌的家譜：亞伯拉罕生以撒；以撒生雅各；雅各生猶大和他的弟兄；猶大從她瑪氏生「法勒斯」和謝拉；法勒斯生希斯崙；希斯崙生亞蘭；亞蘭生亞米拿達；亞米拿達生拿順；拿順生撒門；撒門從喇合氏生波阿斯；波阿斯從路得氏生俄備得；俄備得生耶西；耶西生大衛王。』馬太福音 1:1-6

所以，如果猶大當年沒有離家出走，正如創 38:1 所說的『那時，猶大離開他弟兄下去，到一個亞杜蘭人名叫希拉的家裏去。』那麼，接下來一連串的事件發展的結果也就不會發生，也就是說，猶大就不會和她瑪生出法勒斯，沒有法勒斯，當然也就不會有後來的波阿斯、大衛，和將來的彌賽亞:耶穌。

這也就是為什麼這段妥拉，要「特意安插」38 章這段和約瑟的故事「沒有直接關連」的經文內容。

另外，在 38 章的經文中，透過猶大與她瑪行淫的事件過程中，讓我們清楚地看到，這個身為雅各和利亞所生的第四個兒子:猶大，他那「勇於承認錯誤」的性格，和「勇於承擔責任」的特質，**猶大** 的希伯來文(**יהודה**) [9] 字根正來自(**ידה**) 意思就是「**承認**」，猶大具有一種「勇於承認真理」的魄力。

在她瑪把猶大的印、帶子和杖拿出來要猶大指認時，猶大「**立刻承認**」自己的犯罪和過錯，並且立刻悔改。創 38:26 猶大 **承認** 說:

> 『她瑪比我猶大更有義，因為我沒有將她給我的兒子示拉。」
> 從此猶大不再與她同寢了。』

因著這樣的人格特質，使得猶大在家族兄弟的地位排行中，慢慢地具有「更多的話語權和決策主導權」，後來當兄弟們第二次下埃及糴糧時，正是猶大說動老父親雅各，讓他們再冒一次險去埃及，並且雅各還放心地將小兒子便雅憫，交給了猶大。

當哥哥們在埃及時，和已經當上埃及宰相的約瑟「正面對質」時，也是猶大一人挺身而出，「勇於承擔」一切的責任。約瑟被賣，到後來約瑟和哥哥們「復合」的整個過程，我們看到，改變最大的是猶大，因為當初提議要把約瑟賣掉的是猶大，最後促使約瑟和哥哥們彼此哭泣相認的，也是猶大。

正因如此，使得雅各臨終最後祝福的時候，對著猶大所發的預言，是 12 個兒子中最具屬靈重量的，因為將來 **彌賽亞** 的國度王權，將會從 **猶大** 支派而出。

---

[9] 關於 猶大(**יהודה**) 這個名字的釋義，另參創世記 No.7 妥拉<出去>篇之第四段「以色列十二支派的雛形」，見註釋 11、12。

四、 約瑟的「考驗與磨練」

在以色列先祖的歷史上，我們看到，這些神所要使用的人，他們會經常「**遷徙、移動**」，也就是說，他們不會原地不動地一直<住在>同一個地方。

正好相反，神所要用的人，神會改變他們所居住<住在>的環境，目的是為了要在各樣的環境中，操練他們、考驗他們，使他們的靈命更加成長茁壯。

約瑟原來<住在>溫暖舒適的家中，被父親雅各寵愛，雖然約瑟會做異夢，有屬靈預知的恩賜，但如果不是因著約瑟被哥哥們賣掉，那有沒有可能，將來長大後的約瑟，變成了一個，只會做異夢，但卻是個被父親「溺愛、驕縱」的孩子呢？

當然，約瑟後來沒有變成一個「被寵壞」的孩子，因為約瑟被賣到埃及去了。

神透過埃及，這樣一個外邦的，甚至還有點敵視希伯來人的異鄉異地的環境中，「來磨練」約瑟的生命，使約瑟從一個原本只是<住在>家中的天之驕子「蛻變成」一個具有管理才能的領導者。

所以經文從 37 章到 39 章，約瑟早先<住在>的環境，從一個溫暖的家，來到了埃及帝國法老內臣-護衛長波提乏的家中。

可以先設身處地的來想像一下，當時的約瑟，這個只有 17 歲的青少年，相當於今天高中生的年紀，從迦南地的希伯崙，被米甸人、米但人、以實瑪利人，經過好幾手的轉賣，最後輾轉來到埃及，這中間的路途中，約瑟不知流了又擦乾多少眼淚，經歷了多少的不安、害怕與恐懼，一個這麼年輕又稚嫩的生命，如何能夠面對這樣的人生劇變。

但是 39 章的經文讓我們看到，約瑟雖然被自己的親哥哥們賣掉，從一個被寵愛的孩子「變成了」無依無靠的奴隸，可是，難能可貴的是，**約瑟居然還能 繼續堅定持守自己的信仰，在外邦世界，也就是埃及人波提乏的家中，為耶和華神作美好的見證。**

底下看幾處經文：

創 39:2-3『約瑟住在主人埃及人的家中，**耶和華與他同在，他就百事順利。**約瑟就在主人眼前蒙恩，伺候他主人，並且 **主人派他管理家務，把一切所有的都交**

在他手裏。』

約瑟從一個奴隸，被提升成波提乏家中的家管。這是約瑟開始操練、發揮他管理恩賜和才幹所在的地方，可以說，**就是在波提乏家中的這些生活歷練，來為日後將來要成為宰相、管理全埃及的約瑟，作一個人生道路的預備。**這也就是約瑟，之所以要先<住在>波提乏家中的一個重要原因。

創 39:5『自從主人 (波提乏) 派約瑟管理家務和他一切所有的，**耶和華就因約瑟的緣故 賜福與那埃及人的家；凡家裏和田間一切所有的 都蒙耶和華賜福。**』[10]

這節經文清楚地表明凡約瑟所到之處，所管理的各方面，約瑟所生活<居住>的每個地方，都會帶來耶和神的祝福，這是多麼大的榮耀。

約瑟從先前<住在>家裡，只會「接受」他父親恩寵的小孩，現在，居然變成一個<住在>外邦人中，能「帶給」別人恩寵和祝福，並且為耶和華信仰榮耀見證的好管家，這是青年約瑟生命中何等大的轉變。約瑟，現在變成波提乏家中一個最主要的祝福的管道。

然而，正當約瑟平步青雲的時候，卻遭到波提乏太太的誣陷，結果被打入大牢，一關就是 12 年的時間。就這樣，約瑟又再一次遭逢人生的重大災難，而且還是個無妄之災。

這次，約瑟的生活環境「又改變」，但變得更糟了，約瑟現在<住在>監牢裡，身分從一個護衛長家裡的大總管，一夕間變成一個階下囚，而且罪名還被冠上了強暴未遂..

儘管，約瑟所居住<住在>的環境改變，<住在>監牢裡，但約瑟對耶和華神的信心看來沒有受到太大的動搖，**在監獄中，仍然為耶和華神出美好的見證。**

創 39:21-23『**耶和華與約瑟同在**，向他施恩，使他在司獄的眼前蒙恩。司獄就把監裏所有的囚犯都交在約瑟的手下；他們在那裏所辦的事都是經他的手。凡在約瑟手下的事，司獄一概不察，因為 **耶和華與約瑟同在；耶和華使他所做的盡都順利。**』

約瑟的人生境遇發展至此，雖崎嶇坎坷，但約瑟沒有因此而放棄對神的信仰，反而是「越挫越勇」，因為約瑟更加「真實地」經歷到『**神真的與他同在**』。

---

[10] 約瑟此時的經歷，也正如同他父親雅各年輕時一般。在創 30:27 拉班對雅各說『耶和華賜福與我，是因為你 (雅各) 的緣故。』

同時，約瑟也「沒有忘記」17 歲所做的那兩個異夢，他仍「緊緊抓住」神的應許，堅定不移地行走在耶和華神的道路，<住在>活在神的旨意和計畫中，**相信耶和華神坐著為王，在天上的寶座，運籌帷幄。**

五、 「等候」神的時間和工作

『神的意念高過人的意念，神的道路高過人的道路。』以賽亞書 55:9.

<住在>篇這段妥拉一開始提及雅各<住在>迦南地，就是雅各父親以撒寄居之地: 希伯崙，雅各以為他離家出走這 20 多年，現在平安回到迦南地，總算可以在希伯崙落腳、定居、安頓<住在>這裡，終老於此。

但耶和華神，「救贖歷史」的計畫，卻不是如此。

透過「約瑟被賣」的事件，使得將來雅各全家「下埃及」的國度計畫，正悄悄地啟動和展開，可以說，雅各、和雅各的兒子們、約瑟、波提乏、波提乏的太太，再到約瑟後來在監獄裡巧遇、認識的酒政和膳長，以及，最後找約瑟來解夢的法老，全體、他們每一個人，其實「都參與了」這場..耶和華神的國度計畫當中，只是他們都不曉得，唯獨 約瑟在 17 歲所作的那兩個夢，預先透露了 這個計畫的端倪。

這個計畫的前半部就是,約瑟從被賣的那一刻開始,**會逐步地向埃及「權利頂峰」邁進**,只不過,**這個邁進的方向和路徑,不是按著人可以想像得到的方式,而是照著「耶和華神的旨意和計畫」**,透過一系列事件的因果串聯,讓我們看到,最後約瑟可以當上埃及的宰相,是如何精密巧妙地,被耶和華神成就。

所以<住在>篇最後一章,第 40 章,所講述的正好就是:這個約瑟邁向埃及權利頂峰的前奏曲。

第 40 章一開始就提及酒政和膳長因為得罪法老,而被法老下在監裡,典獄長把這兩人交給約瑟來伺候,就這樣,**約瑟首次和「埃及帝國的高層官員」有了直接的聯繫和接觸,這就為日後的約瑟,會被法老提出監,被法老召見這條道路做了**

準備。

重點在於，約瑟現在<住在>監獄裡，他那精闢「解夢」的恩賜和才幹才得以被發揮出來。如果說，約瑟一直都<住在>波提乏家中當總管，或許約瑟「解夢」的恩賜，恐怕一輩子都不會被發現。

現在，雖然約瑟被打入大牢，表面上看來，好像人生前途一片慘淡，沒有盼望，但約瑟沒有因而沉淪，離開信仰，因為約瑟相信神有祂「奇妙的旨意和計畫」。

此時，正好因著法老的兩位大臣下到監牢，又因著法老的護衛長波提乏，波提乏清楚知道約瑟有「管理的恩賜」，所以，就將酒政和膳長交由約瑟來伺候。

當酒政和膳長，兩人都各作了一個夢 [11]，並且也多方詢問過他人，沒有得到任何答案和解釋時，他們倆人都來到約瑟這裡尋求解答，然後，約瑟就說了這樣一句話：『**解夢** 不是出於上帝嗎？請你們將夢告訴我。』

就這樣，約瑟在埃及首度開啟了他的「**解夢**」的恩賜和長才，正如 40 章結尾所提到的，約瑟給酒政和膳長的解夢，各自都照著約瑟所說的、所預言的，發生和成就了。

官復原職的酒政，自然對約瑟驚為天人的「**解夢-預知**」的能力印象深刻，也因為約瑟知道酒政將會被提出監，繼續在法老身邊服事，所以約瑟才對酒政說：

『你得好處的時候，求你 **記念我**，施恩與我，在法老面前提說我，
救我出這監牢。』

不過，

『酒政 卻不記念 約瑟，竟忘了他 (約瑟)。』

上面是創 40:23 的經文，也就是這段妥拉<住在>篇的最後一節經文。

上面這節經文，其實是要提醒約瑟，也是提醒我們:不要過度仰賴或指望人，因為人有些時候是容易健忘的，但神不一樣，不管你<處在>什麼樣的境遇、<住在>什麼樣的地方，神都不會忘記，神會記念你為主所做的，神也始終會顧念我們，只要我們還行在祂的真理的道路上，只要我們還有對神堅定的信心。

---

[11] **夢** 又再次頻繁地出現在創世記 40 章當中，正如在本段妥拉開頭的創世記 37 章。顯見<住在>篇這段妥拉的經文鋪陳，用 **夢** 這個主題在作「首尾呼應」。

因此，回過頭來，我們可以問，在約瑟坐監的這些年日，如果約瑟為自己的冤獄憤恨不平，而「提早自行越獄」，跑出監獄，那麼約瑟就沒有機會遇見後來的酒政。

又或者，如果官復原職的酒政「記得」約瑟的恩，立刻向法老求情，以至於讓法老「提早釋放」約瑟，那麼出監後的約瑟又不知道將會流落何方，或許約瑟想家了，成功地先回到迦南地希伯倫的家也說不定。

若真是發生了上述的事情，又等到兩年後，當法老做夢，酒政想起在監獄有個會解夢的希伯來年輕人的時候，此時，要在全埃及帝國的茫茫人海中，找到約瑟，又是難上加難的事。

因此，「從約瑟被誣陷下監，到後來認識酒政，以及酒政的健忘..又過了兩年後法老作夢」……等等的這些年日，雖然約瑟都<住在>監牢裡，但，從這一整個過程，以更宏觀，更長的時間軸的觀點和視角來審視，我們清楚看到，**神真是有祂的時候**，因此，問題的關鍵在於:**我們願不願意「等候」上帝的時間，讓神「親自來做」奇妙的事，動奇妙的工，以至於到最後，神重要(國度)的計畫得以「被成就」呢 ?**

問題與討論：

1. 在上段妥拉<打發-放手>篇，雅各經歷了「從緊緊抓住到打發放手」的信心考驗，再來到本段妥拉<安居-住在>篇，雅各還又經歷了什麼樣的信心試煉？

2. 一個很會做異夢、很有屬靈恩賜才幹的人，但「卻沒有」生命長大成熟的身量，信仰也還沒有經過試煉和考驗，你覺得，神會使用這樣的人嗎？

3. 本段妥拉整整四章的篇幅，從 37 章到 40 章，故事是以約瑟、約瑟的夢、以及約瑟的被賣為主軸展開的，但中間卻穿插的一個與約瑟故事沒有直接關連的 **38 章**，來講述猶大和她瑪生出法勒斯，經文這樣的安排有何用意？

4. 這段妥拉標題雖然叫<安居-住在>篇，但約瑟被賣之後卻「四處漂泊」不得安居，甚至還遭陷害被下到監，儘管如此，約瑟對耶和華神的信心看來沒有受到太大的動搖，約瑟沒有因此而放棄信仰，或信仰破滅，約瑟反而是 越挫越勇，原因為何？

5. 你願意「等候」神的時間，讓「神親自來」動奇妙工作，使得神重要(國度)的計畫得以「被成就」，還是，你常常會等不及，想按照自己的時間、計畫和方式來做事工？

創世記 No.10 妥拉

<過了/到盡頭>篇（פרשת מקץ）

本段妥拉摘要：

創世記第十段妥拉<**過了**>，希伯來文(**מקץ**)。

<**過了**>這個標題，更白話的翻譯是<**到盡頭**>或<**終了**>，英文翻作 **the end of**. 就正如這段妥拉的標題<**過了/到盡頭**>所提示的，也向我們顯明的一個真理，那就是:當神所布局的人、事、時間，都發展到一個<**盡頭**>的時候，那麼，接下來，就是神要開始動工，和彰顯祂大能的時候了。

<**過了**>篇開篇在創世記 41:1 所說『<**過了**>兩年，法老做夢』，這意味著<**過了**>兩年後，神所計畫的這個時局的<**盡頭**>來到了: 因為這其中發生了兩件重大事件，首先、法老做了一個眾人都無法解出的夢，第二、全地發生了大飢荒。也因著這兩件事情的開展，才分別使得: 約瑟當上宰相，以及約瑟的哥哥們下到埃及來糴糧，還讓約瑟和哥哥們相認，這也就讓約瑟 17 歲時所做的這個預言性的夢，這個夢的發展過程，也來到了一個最後的<**盡頭**>，那就是約瑟即將要和全家人團聚的這個美好結局。

不過，在此之前，約瑟仍然想要確認一件事，就是約瑟的哥哥們，悔改了沒有？因此，在<**過了**>篇這段妥拉的結尾提到: 約瑟給哥哥們設下了一個死結，要看看哥哥們怎麼來處理、解決這個看似已經走到<**盡頭**>的絕境，就是便雅憫將要被扣留在埃及做奴隸的危機。

然而，約瑟其實已經知道，<**過了**>這些年，哥哥們已經悔改了，接下來，要看的就是，那個當年提意要賣掉約瑟的猶大，他將會如何在約瑟面前，冒著自己的性命危險，力保、並誓死挽救便雅憫。

創世記 No.10 妥拉 <過了/到盡頭> 篇（פרשת מקץ）

經文段落:《創世記》41:1 - 44:17
先知書伴讀:《列王記上》3:15 - 4:1
詩篇伴讀: 40 篇
新約伴讀:《使徒行傳》7:9-16

一、 時局的<盡頭>

創世記第十段妥拉，標題<過了>。經文段落從創世記 41:1 節，到 44 章 17 節。

<過了>這個標題，在創 41:1：

> 『 **過了** 兩年，法老作夢』[1]
> וַיְהִי מִקֵּץ שְׁנָתַיִם יָמִים וּפַרְעֹה חֹלֵם

<過了>(**מִקֵּץ**) 這個詞出現在上面創 41:1 的第二個字，這個字，就是這段妥拉的標題。

<過了>這個標題，更白話的翻譯是<到盡頭>，或<終了>的意思，英文可以翻作 **the end of.**

就正如這段妥拉的標題所提示的，也向我們顯明的一個道理，那就是:當神所布局的人、事、時間，都發展到一個<盡頭>的時候，那麼，接下來，就是 **神要開始做事**，和 **彰顯祂大能** 的時候。

這也就是我們常常講的，**人的 <盡頭>，就是神的起頭**。而這也就是這段妥拉的內容，它所記載和描述，以及所要傳達的一個重點信息，

底下分別從「約瑟、法老、和約瑟的哥哥們」，來看看這些人，他們在各自的處境中，所面臨的僵局，和所走到的一個<盡頭>:

---

[1] 法老「**做夢**」，夢 的議題從上段妥拉<住在>篇的創世記 37、40 章，一直延續到本段妥拉起始的 41 章。

首先、<u>約瑟</u>，從先前的被賣，成為一個奴隸，來到波提乏家中，在異鄉異地打拼，但沒想到卻被誣陷，成了罪犯，待在牢獄裡已 12 年，正看似人生已「毫無指望」，來到一個「永無翻身」之地的絕境，走到<盡頭>之際，可能一輩子就要終老在大牢中。此時，來到這段妥拉<過了/到盡頭>篇，卻來了一個「谷底反彈」，從一個最底層的階下囚，「一躍而上」，變成了一人之下，萬人之上的宰相。[2]

第二、<u>法老</u>，這段妥拉開篇立刻就開門見山地提到法老「做夢」這件關鍵的大事，因為正是「法老的夢」才給約瑟提供了一個，可以「被釋放出監」，為法老「解夢」並給法老提出重要決策，及解決方案的「**最好時機 和 絕佳機會**」，結果因為約瑟的智慧和表現讓法老大為驚嘆，所以約瑟可以一夕之間，從一個囚犯，躍升成為埃及宰相。

耶和華神這樣的布局，實在奇妙。因為法老在「解夢」這事上，現正面臨到一個走投無路，走到<盡頭>的一個絕境。

> 『到了早晨，法老心裏不安，
> 就差人召了埃及所有的術士和博士來；
> 法老就把所做的夢告訴他們，
> **卻沒有人 能給法老圓解**。』創 41:8

上面這節經文凸顯出，法老身邊的這群智囊團:術士和博士們的 無能，也因為術士和博士們無法給法老的夢，提出一個合理的解釋，這就更顯得法老的「手足無措、束手無策」，因為就連國家級的宗教機構和專業人士，都沒有辦法替法老解決問題，

正當法老來到<盡頭>之際，這才引發酒政的惻隱之心，才向法老提說，當時有一位「希伯來」少年，替酒政解夢，且非常神準。

最後、這段妥拉所提到的，另一群走投無路，走到<盡頭>的就是**約瑟的哥哥們**。

當迦南地鬧饑荒，雅各一家糧食吃完，約瑟的十個哥哥們第二次下埃及去糴糧時，帶著最小的弟弟:便雅憫同去，但沒想到在回程時，被約瑟的家宰追上，並且查出約瑟的銀杯，放在 便雅憫 的袋子裡，然後哥哥們的反應是:『他們就 撕裂衣服。創 44:13』

---

[2] 約瑟也許「做夢」都沒想到，他在幫法老「解夢」之後，竟然被法老拔擢一躍而升，成為宰相，在約瑟成為宰相之後，約瑟越加地清楚意識到，他那 17 歲所作的「兩個夢」，就準備要來到一個<盡頭>，因為這兩個夢「即將」應驗成真和成就發生。

哥哥們知道，無論如何都不能讓便雅憫留在埃及做奴隸，因為這會讓老父親雅各傷心欲絕，但擺在眼前的事實是，銀杯的確是在便雅憫的袋子裡被搜出來的，所以，**猶大** 出來，想「一肩扛下」所有責任，並且 **猶大** 說:**如果要扣留便雅憫，不如我們所有人一併扣下來。**

但約瑟堅持說:『在誰的手中搜出杯來，誰就作我的奴僕；至於你們，可以平平安安地上你們父親那裏去。』創 44:17. (本段妥拉最後一節經文)

就這樣，約瑟讓哥哥們走到<**盡頭**>，約瑟給哥哥們設了一個「**死結**」的局面，目的是要看看哥哥們，要「怎麼去解開」這個死結...

最後，做一個總結，回到這段妥拉一開始在創 41:1 所說的<**過了**>兩年，這意味著<**過了**>兩年後，神所計畫的這個時局的<**盡頭**>來到了: 因為，這當中發生了兩件事，首先、**法老做了一個眾人都無法解出的夢**，第二、**全地發生的大饑荒**。

這兩件事情，分別使得: **約瑟當上宰相，以及 約瑟的哥哥們「下到埃及」來糴糧，還讓約瑟和哥哥們「相認」，這也就讓約瑟 17 歲時所做的那個夢，最後被應驗**，也就是說，這個預言性的夢，其發展過程也來到一個<**盡頭**>，也就是約瑟和全家人團聚的那個美好的結局。

二、 約瑟與 夢

在約瑟的故事中，約瑟和「夢」這個主題總是脫離不了關係，而且也是因為 這些夢，不管是 約瑟自己的，或 酒政和膳長，最後來到 法老的夢，這些夢，都大大地改變了約瑟的人生道路和命運。當然，約瑟為了 自己的夢、自己的異象 付出了巨大的 代價。

首先、最重要的，是約瑟自己的夢，約瑟因為 17 歲那年做了那 兩個夢，而引來哥哥們的「仇恨和殺機」，最後被賣，由此，引發了約瑟「離家流亡」到埃及的坎坷之途。

到波提乏家中，又被波提乏太太「誣陷」，結果被打入大牢，後來遇到法老的兩位大臣:酒政和膳長，這兩位大臣在監牢裡分別各做一個夢，約瑟幫他們「解夢」，

後來，**約瑟所解的夢，都如實地應驗和發生。**

最後，來到法老的夢，此時約瑟被下在監已過 12 年。約瑟總算等到他翻身的好時機，正如經文所告訴我們的，約瑟同樣也 **按著耶和華神給他的智慧和屬靈洞見，替法老成功地解夢。**

照上面所陳述的，我們發現到，約瑟好像一直都在幫別人解夢，約瑟幫酒政和膳長解夢，約瑟幫法老解夢，**但約瑟自己的夢，反倒是，到最後的<盡頭>才被破解出來的。**

我們可以設身處地想像，當約瑟待在監牢的那 12 年「漫長歲月和時光」裡，約瑟**「如何面對」**他的人生處境，約瑟**「如何看待」**前面的人生道路，約瑟有沒有因此而埋怨神，自暴自棄，或因而沉淪？

答案是沒有，正如經文向我們顯示的，約瑟「沒有放棄」他的人生，他「始終沒有忘記」他 17 歲時「所得到」的這個異象和「所持有」的這個夢想，約瑟「耐心等候」 神的時間，「仍繼續緊緊抓住」神的應許。[3]

約瑟「知道」耶和華神在他生命中奇妙的計畫和旨意，儘管現實生活的遭遇和環境艱困，看似一切都毫無指望和盼望。

約瑟雖然一直在幫別人解夢，但約瑟知道，最後能替自己解夢的，**是耶和華神自己**，而且最重要的是，約瑟相信，他自己的夢，**是來自於 耶和華神「國度性的計畫和工作」。**

因此，當約瑟替法老解夢，當上埃及宰相後，約瑟並沒有忘記神給他這極大的恩典，約瑟沒有因此就開始作威作福，**約瑟沒有按照自己個人的意思，去發展、籌算自己的人生。**

甚至，等到約瑟的哥哥們下到埃及來糴糧時，約瑟也沒有報復他的哥哥們，當然，約瑟絕對有理由可以這麼做，但是，**約瑟沒有被這個「心中的苦毒和怨恨」抓住。**

看到那些當年把約瑟賣掉的哥哥們，唯唯諾諾地站在約瑟面前，並且還向約瑟下拜的時候，約瑟知道，他 17 歲作的這個夢，正在應驗和發生當中。

但難能可貴的是，看到眼前的哥哥們，約瑟記念的並不是因著他過去的被賣，所

---

[3] 在約瑟的生命和精神背後「潛藏著」一股巨大的動力和驅力，就是要把自己的夢想「轉換成」實際的「一股強大意志力」，當然這股力量，是來自於他對耶和華神「堅定的信仰」。

遭受一切的痛苦，反而是想起了從前所做的「那兩個夢」。

> 『約瑟認得他哥哥們，他們卻不認得他。
> 約瑟就想起 從前所做的 那兩個夢。』創 42:8-9

約瑟「沒有忘記」起初的這個異象和夢想，約瑟也知道這是「神國度的計畫和工作」，儘管現在約瑟當上宰相，看似達到約瑟人生事業的巔峰和<盡頭>，但神在約瑟身上的計畫，還沒有到<盡頭>，還沒有完全成就出來，也就是說，約瑟的夢還沒有「全部破解」開來，要等到約瑟和哥哥們相認，以及雅各一家下埃及，和約瑟團圓了，這才算是圓滿地「圓夢」。

神在每個人的生命當中，都有「**神美好的旨意和計畫**」，你們願意「讓神來成就」這些美好事嗎?

三、 一個「希伯來的」少年

在<過了>篇這段妥拉中，一件令全埃及轟動的新聞事件就是: 約瑟替法老解夢，並且當上埃及的宰相。

在這麼樣一個普遍敵視「**希伯來人**」[4] 的埃及帝國中，約瑟能以一個外國人，而且還是一個希伯來人的奴隸身分，進入埃及帝國的朝廷，任職宰相，這是一件極不尋常的事情。

創 43:32 提到『因為埃及人不可和 **希伯來人** 一同吃飯;那原是埃及人所厭惡的。』由此可見，希伯來人是被埃及人瞧不起、輕賤的。當酒政在向法老建言，說有一個希伯來的少年很會解夢時，酒政正好就是用了一些詞彙來描述，或者說「貶抑」約瑟，創世紀 41:12 酒政說:

> 『有一個 **希伯來** 的 少年人，是護衛長的 僕人。』
> נַעַר עִבְרִי עֶבֶד לְשַׂר הַטַּבָּחִים

---

[4] 關於「**希伯來人 (עִבְרִי)**」我們立刻想到亞伯拉罕，在整本聖經中，第一個用「希伯來人」來指涉的對象就是亞伯拉罕，關於「**希伯來**」這個字的解釋，見創世記 No.3 妥拉<離去>篇之第一段「展開信心的旅途」。

酒政一連用了三個詞，來向法老說明約瑟的身分，如果細看這三個詞，它們其實都是帶有「貶意」的：

首先、酒政說約瑟是「**希伯來人(עִבְרִי)**」，暗指這是一個從周邊落後地區:迦南地來的外邦人，連我們埃及的官方文化和語言都不瞭解的人。[5]

第二、酒政說約瑟還是個「**少年人(נַעַר)**」，意思是指，約瑟還是個乳臭未乾的小夥子，還是個 不成熟 的年輕人，還需要多加歷練。

第三、酒政說約瑟是護衛長的「**僕人(עֶבֶד)**」這個字其實就是 奴隸 slave. 酒政的意思是說，約瑟目前的身分只是一個微不足道的小奴隸，並且已坐牢 12 年。就埃及的法律來說，奴隸是不能當官的，甚至連貴族的衣服都不可以穿。

儘管酒政如此地在法老面前「貶抑」約瑟，但法老已束手無策，因為他身邊，全埃及，所有最厲害的術士和博士，都無法替法老解夢，最後只好請出這位名不見經傳的 少年，這位 希伯來人，還是個 奴隸，而且還正在坐牢，來幫法老解夢。

這裡，我們看到，**經文用一個「極大的對比和反差」**在描述約瑟現在的經歷和遭遇，那就是:約瑟那「**低賤-奴隸的身分**」，和他所具有「**高超的神性智慧**」完全不成正比。也正因為「這個極大的對比和反差」，讓法老對約瑟刮目相看，並且也讓法老大為震驚。法老心裡可能這麼想著：怎麼我宮廷裡養的這一大群術士和博士，居然不敵眼前這一個 **希伯來** 的 **少年 - 奴隸** 呢？

法老對約瑟的解夢當然是佩服的五體投地，因為約瑟不僅解開法老的夢，提出一個合理且完美的解釋，**甚至，約瑟還能夠「預見未來，未雨綢繆」，替法老獻策。**論到將要來到的七年荒年，約瑟在創 41:34-36 這樣對法老說：

> 『法老當這樣行，又派官員管理這地。
> 當七個豐年的時候，**征收** 埃及地的五分之一，
> 叫他們把將來豐年一切的糧食 **聚斂起來**，
> **積蓄五穀，收存在各城裏做食物，歸於法老的手下。**
> **所積蓄的糧食** 可以防備埃及地將來的七個荒年，
> 免得這地被饑荒所滅。』

---

[5] 創 43:32『埃及人不可和希伯來人一同吃飯；那原是埃及人所厭惡的。』

就這樣，耶和華神透過了這一個「**希伯來人**」[6] 約瑟，來給法老解夢，並且向法老傳達這個夢的信息，還進一步地「**超前布署**」給出重要決策和措施，因為這個夢，乃是關乎到埃及帝國「未來存亡」的命運..

這裡，我們也看到一個脈絡，就是：約瑟所處理的夢，從他自己 17 歲個人的夢，來到酒政、膳長朝廷官員的夢，最後上升到法老所做的「國家等級」的夢。我們看到，約瑟所處理和解釋的夢，**這些夢的等級和規模不斷地「被提昇和擴大」**，最後酒政、膳長和法老的夢，又回過頭來，逐步地成就了約瑟在 17 歲那年所做的夢。

回到法老的夢，因為約瑟精湛的解夢，和約瑟所提出的「**防災政策**」，使得埃及帝國不會在饑荒的危機當中被滅絕，也因為約瑟的解夢，**使得法老對約瑟 耶和華神 的 信仰 「心生敬畏」**，創 41:37-38：

> 『這事在法老和他一切臣僕眼中都(看)為美。
> 法老對臣僕說：
> 「像這樣的人，**有上帝的靈 在他裏頭**，我們豈能找得著呢？」』

和約瑟的智慧相比，法老肯定認為，他皇宮中養的那一群術士和博士真是相形失色。原因無他，那是因為法老知道，也看到，有 **真神的靈** 在約瑟身上。

接著創 41:3：

> 『法老對約瑟說：
> 「上帝既將這事都指示你，可見 沒有人像你這樣 有聰明 有智慧。
> 你可以掌管我的家；**我的民 都必聽從 你的話**。
> 惟獨在寶座上我比你大。
> 法老又對約瑟說：「**我派你治理 埃及全地。**」』

就這樣，法老破例，史無前例地，直接晉用一個 希伯來 奴隸，讓他當上埃及帝國的宰相。

創 41:14 記載『法老遂即差人去召約瑟，他們便急忙帶他出監。』出 監獄、離開 監獄 的原文是(מִן-הַבּוֹר)，經文用(הַבּוֹר)這個字表示 監獄，(הַבּוֹר)這個字正好和創 37:24 講到約瑟的哥哥們『把他丟在坑裏』的坑洞 (הַבּוֹר) 是同一個字。

---

[6] 就約瑟在創 41:34-36 這段經文中，向法老提出的這些重要政策和措施，「提前」作到「超前佈署」而言，約瑟正是一個名符其實的「希伯來人」，因為「**希伯來**」(עבר) 這個字的動詞字根正好就是『跨越、超越，到另一邊』的意思。約瑟「跨越-超越」眼前的處境，而能夠「預先看到-走到了」時代的最前端。

希伯來經文這樣的用字，意圖表明那個原來是被哥哥們丟到「坑 (הַבּוֹר)」裡的約瑟，現在，居然從這個人生的谷底、坑底，也就是「監獄 (הַבּוֹר)」中被拉了出來..

因為約瑟人生的坎坷之途，時候「滿足」了，已經來到<盡頭>了，現在就是耶和華神要讓約瑟大大翻身的重要時機，**然而，這個翻身不是為了約瑟自己的好處和利益，乃是「要成就」神國度的計劃和工作**，就是為著將來雅各一家，要下到埃及來做準備。

四、 「在外邦」作見證

在希伯來聖經中，我們常常看到，耶和華神會透過祂的百姓: 以色列民，來為耶和華神，替耶和華神的名「在外邦-作見證」，並且「彰顯出」耶和華神的權柄、智慧、榮耀和能力。

在這段妥拉中，約瑟替法老解夢正是如此，約瑟的表現，讓這位自詡為太陽神之子的法老，都不禁承認，**約瑟所信仰的 耶和華神，是帶來「奧秘、啟示、智慧和權柄」的上帝**，因此法老才說『像約瑟這樣的人，有上帝的靈 在他裏頭，我們豈能找得著呢？』

因此，法老在創 41:45 節給約瑟一個封號、新的名字，叫做「**撒發那忒‧巴內亞**」(צָפְנַת פַּעְנֵחַ)，和合本中文聖經用「音譯」的方式翻譯這個名字，希伯來文意思就是「**解開-隱密 之事的人**」，翻成英文就是(**interpreter of secrets**.)。意思就是說，**從約瑟的身上，可以得到「啟示和隱密事」的正確解釋和解答。**

希伯來聖經中，第二個「解夢」的例子，就是 但以理，他同樣「在外邦」，在巴比倫帝國，**為耶和華神作見證**，但以理的智慧和解夢，讓巴比倫的尼布甲尼撒王大為驚嘆，

但以理書 2:46，當尼布甲尼撒王聽完了但以裡精闢的解夢之後，尼布甲尼撒王俯伏在地，向但以理下拜，並且吩咐人給他奉上供物和香品。接著，但 2:47 尼布甲尼撒王對但以理說:

「你既能顯明這奧祕的事，

你們的上帝 誠然是萬神之神、萬王之主，又是顯明奧祕事的。」

然後，正如約瑟的故事一樣，但以理也被王拔擢為高官，2:48 節接著說到：

『於是王高抬但以理，賞賜他許多上等禮物，

派他管理巴比倫全省，又立他為總理，掌管巴比倫的一切哲士。』

約瑟，和但以理都因著「解夢」而被當朝的君王賞賜和重用，可是他們倆人，卻沒有自己驕傲，高舉自己的恩賜，反倒是將這個恩賜和榮耀，完全歸給耶和華神，尊榮耶和華神，替耶和華神的名作見證。

『約瑟對法老說：「法老的夢乃是一個。

上帝(הָאֱלֹהִים) 已將所要做的事 指示法老了。」創 41:25

從上面這節經文清楚看到，約瑟對法老說的 是上帝，不是我約瑟。

上帝(הָאֱלֹהִים) 英文翻譯 The God.，希伯來文前面是帶有「定冠詞(ה)」，意思就是「這位」希伯來的上帝，「這位」我約瑟所信仰的耶和華神。

再來看但以理，但以理書 2:20-23：

『但以理說：「上帝的名是應當稱頌的！

從亙古直到永遠，因為 智慧-能力都屬乎祂。

祂改變時候、日期，廢王，立王，[7]

將智慧賜與智慧人，將知識賜與聰明人。

祂顯明 深奧隱秘的事，知道暗中所有的，光明也與他同居。

我列祖的上帝啊，我感謝祢，讚美祢；

因祢將智慧才能賜給我，允准我們所求的，把王的事給我們指明。』

說完約瑟和但以理，也順便回顧一下 以色列 的先祖們:亞伯拉罕、以撒和雅各，來看看耶和華神也是如何地，透過他們在外邦的生活和遭遇「來彰顯出」耶和華神的權炳、榮耀和能力。

首先、亞伯拉罕，當亞伯拉罕搬到基拉耳居住，經歷基拉耳王亞比米勒的搶妻事

---

[7] 以色列的先祖們，以及先知們，他們都清楚知道，這位「創造天地宇宙萬物」的耶和華神，乃是統管全地，「掌管人類歷史」的主，地上君王的存廢、政治勢力的興衰，全部都在耶和華的手中。

件，結果導致亞比米勒家裡的婦女們都無法生育，最後，透過亞伯拉罕的禱告，才醫好了他們一家婦女的不孕，最後，亞比米勒甚至想要來和亞伯拉罕立約，因為『亞比米勒同他軍長非各對亞伯拉罕說：

「凡 你 所行的事 都有上帝的保佑。」創 21:22

再來，**以撒** 和他父親亞伯拉罕一樣，住在基拉耳，但遭到當地非利士人的忌妒、排擠甚至迫害，最後還被趕出去，可是，最後亞比米勒王卻又回來找以撒，同樣是想要與以撒立約，和以撒恢復友好關係，為什麼？因為這些非利士人說：

『我們明明地看見 耶和華 與你同在。』創 26:28

最後，**雅各** 在遭遇到拉班的欺壓和逼迫時，雅各當面對著拉班說：

『我未來之先，你所有的很少，現今卻發大眾多，
是 耶和華隨我的腳步 才賜福與你。』創 30:30

在另一處經文創 31:42 雅各斥責拉班說:『若不是 **我父親以撒所敬畏的上帝，就是亞伯拉罕的上帝 與我同在**，你如今必定打發我空手而去。上帝看見我的苦情和我的勞碌，就在昨夜責備你。』

從以上的例子: 約瑟、但以理、亞伯拉罕-以撒-雅各..等等，讓我們看到，耶和華神的權柄、榮耀和能力，正是在祂的子民:以色列百姓的身上被彰顯出來，這乃是因為，**神要透過祂的百姓，來為自己的名「作見證」**，同時也向世人證明耶和華神的主權。

最後一個不能不提及的一個猶太人，也是 **在外邦-全地，為「父神-耶和華的名」來做見證的**，同樣是一位「顯明奧秘事的」，這個人就是彌賽亞:耶穌。

以西結書 37:27-28：

『我的居所 必在他們中間；
我要作 他們的上帝，他們要作我的子民。
我的聖所 在以色列人中間 直到永遠，
外邦人就必知道 我是叫以色列成為聖的耶和華。』

五、 哥哥們的改變

在<**過了**>篇這段妥拉，約瑟<**過了**>他人生最難捱的監獄時光。自從被哥哥們賣到埃及後，約瑟經歷人生許多的煎熬和磨練，但<**過了**>十多年後，約瑟的處境有一個極大的翻轉和改變，就是:約瑟在埃及當上宰相。

那約瑟的哥哥們呢？ 他們把約瑟賣掉以後，<**過了**>這些年的歲月，他們「改變」了沒有？ 約瑟的哥哥們是否已經「改過自新」？ 不再兄弟鬩牆，彼此傷害？

當約瑟在十多年後，再次看到他的哥哥們，心裡最關心，也最在意的就是: 到底我的哥哥們現在變得如何了，他們現在還會不會找我的親弟弟:便雅憫出氣，欺負他？

正因約瑟想要確實知道，當年「殘酷無情」把他賣掉的哥哥們，是不是「已經悔改」，所以，約瑟才設下詭計故意地要「陷害、栽贓」哥哥們，**約瑟這麼做的目的不是為了復仇，而是要透過哥哥們「真實的行動」，「來證明」他們自身心中真實的悔意。**

因此<**過了**>篇這段妥拉的後半部，經文花了極大的篇幅，在描寫和記述，約瑟如何一步步地設下圈套，來讓哥哥們悔改的心意「被暴露及表現出來」，好讓約瑟清楚地知道，也真實地感受到，哥哥們「已經和從前不同了」。

在創 42:21-22 這裡，當哥哥們被約瑟誣陷為奸細，是來埃及窺探的間諜，並且約瑟還把哥哥們下在監裡 3 天的時間來威嚇他們的時候:

> 『他們彼此說:「我們在兄弟身上 **實在有罪**。
> 他哀求我們的時候，我們見他心裏的愁苦，卻不肯聽，
> 所以 **這場苦難 臨到我們身上**。」
> 呂便說:「我豈不是對你們說過，不可傷害那孩子嗎？
> 只是你們不肯聽，所以 **流他血的罪 向我們追討**。 」』

當約瑟第一次聽到哥哥們這樣彼此對談，相互「愧疚、悔罪」時，『約瑟轉身退去，哭了一場。創 42:24.』因為哥哥們的這一席話，讓約瑟深刻地感受到，當年賣掉約瑟的這個「良心譴責和罪咎感」竟然還一直「埋藏在」哥哥們的心裡。但這還不夠，約瑟還想要確認一件事，就是:他那最親愛的弟弟:便雅憫是不是還健在？

所以,約瑟告訴哥哥們,等他們第二次來埃及糴糧,一定要帶著便雅憫一起下來,否則,不准再來糴糧。就這樣,當哥哥們第二次來糴糧時,果然費盡努力,好不容易將便雅憫從父親雅各的身邊,給帶出來,一同下到埃及。

但這回,約瑟又設下「更重的圈套」要再進一步地來驗證哥哥們,是不是心底還會對父親雅各所偏愛的妻子拉結所生的這位小兒子:便雅憫 有忌妒和恨意。

首先,約瑟在設擺宴席時,故意給便雅憫的食物,比其他哥哥們「多了五倍」的分量。接著,約瑟要看看並且考驗,現在的哥哥們,到底會不會為了這個拉結所生的小兒子:便雅憫,願意「犧牲一切來保護」他。

因為,當年的哥哥們正是把約瑟賣掉,讓約瑟變成 奴隸,那麼現在,當便雅憫被栽贓成竊賊,因而無故地要留在埃及「變成奴隸」的時候,哥哥們會不會向當年一樣,對便雅憫「見死不救」?

所以,約瑟就把約瑟自己的銀杯,偷偷地塞在便雅憫的口袋裡,故意栽贓便雅憫。等約瑟的家宰追到哥哥們,也搜出銀杯果真在便雅憫的袋子的時候,創 44:13 提到了哥哥們的反應『他們就 撕裂衣服,各人把馱子抬在驢上,回城去了。』這個「撕裂衣服」的反應,正好和雅各當年以為約瑟被野獸吃掉時的反應一樣 [8]。

發生這樣的事情,哥哥們「沒有拋下」便雅憫,他們乃是「一起回埃及」去見約瑟。此時,「替便雅憫作保」的猶大出來講話了,猶大對約瑟說:若要扣留便雅憫,不如連我們這些哥哥們一起扣留,然而約瑟堅持說: 銀杯誰的手中搜出來的,那個被搜出來的人留下來做奴隸就可以,『至於你們 (這些哥哥們) 可以平平安安地上你們父親那裡去。』這句話,創 44:17,也就是這段妥拉<過了>篇的結尾。

這個結尾,當然是一個很強烈的諷刺,或者也可說一個很有力量的反證,因為沒有了便雅憫,哥哥們當然「不能,也無法」平平安安地回迦南地,去見他們的老父親:雅各。因為雅各沒有辦法再去承受失去一個愛子的痛苦。

就這樣,約瑟給哥哥們設下了「一個死結」,要看看哥哥們怎麼來解決,走出這個看似已經走到<盡頭>的絕境。

然而,事情發展到這裡,約瑟其實已經知道,<過了>這些年,哥哥們已經悔改,接下來要看的就是,那個當年提意要賣掉約瑟的 猶大,他將會如何在約瑟面前,冒著自己的性命危險「力保、並誓死挽救」便雅憫。

---

[8] 『雅各便 撕裂衣服,腰間圍上麻布,為他兒子悲哀了多日。』創 37:34

問題與討論：

1. 創世記第十段妥拉標題叫<**過了-到盡頭**>，為什麼這段妥拉選擇這個詞(מקץ)
   <**過了-到盡頭**>來當作本段經文內容的標題？

2. 當約瑟替法老解夢，當上埃及宰相後，約瑟沒有因此就作威作福，想按照自
   己個人的意思，去發展、去籌算自己的人生，甚至，等到約瑟的哥哥們下到
   埃及來糴糧時，約瑟也沒有報復他的哥哥們，為什麼？

3. 為什麼區區一個「希伯來的少年奴隸」竟然能夠替法老解夢，並「完勝」法
   老身邊養的那一群術士和博士？

4. 請舉幾個「在外邦-作見證」的希伯來人-猶太人，以及他們是「如何」使得
   外邦的君主，對他們心生崇敬，並對耶和華神產生敬畏？

5. 「悔罪-贖罪」的道理就是:受害者 (如約瑟)「不記念」當時加害者施加的罪
   行並報復加害者，而加害者 (如約瑟的哥哥們) 有願意悔罪、悔改，並且要
   以實際的行動「具體地付出代價」來表達出悔罪。在<過了/到盡頭>篇這段妥
   拉，經文是「如何描述」約瑟和哥哥們所進行的這個「悔罪-贖罪」的過程？

創世記 No.11 妥拉

<挨近>篇（פרשת ויגש）

本段妥拉摘要：

創世記第十一段妥拉<挨近>，希伯來文(**ויגּשׁ**)。

<挨近>篇這段妥拉開始的第一節，創 44:18 說到:猶大<挨近>約瑟，並且對約瑟展開那動之以情、曉之以理的談判和對話。正是這個<挨近、靠近>的動作，開始了猶大和約瑟「當面對質」的序幕，也啟動了約瑟和哥哥們「彼此挨近、相認復合」的關鍵步驟。

約瑟和哥哥們的相認，就是<挨近>篇這段妥拉的核心和高峰，而這個相認，正是由<挨近>這個動作所引發並完成的。也正是在約瑟和哥哥們的彼此的<挨近>和相認之後，所有人才都意識到，原來這是耶和華神奇妙的計畫和作為。

約瑟和哥哥們的相認，是耶和華神在以色列民族史上所設定的一個進程和藍圖，目的是為了要「保留」以色列這個家族的餘種。而這個藍圖的核心人物就是: 約瑟，核心的事件就是: 約瑟被賣到埃及。而這個計畫也早在約瑟 17 歲時，神就已透過兩個異夢來預告了，那就是: 將來雅各一家，都會向約瑟<挨近>下拜。

因此，在<挨近>篇這段妥拉，我們看到，耶和華神好像是一個大導演，他正在做一個全體「總動員」:耶和華神讓所有的人都必須要<挨近>約瑟，或者說，都要<挨近>到 耶和華神所設定的 「以色列 (救贖) 計畫」的布局中心，上至法老、法老的官員、埃及的百姓、從國外來糴糧的外地人、約瑟的哥哥們，及哥哥們的家屬、最後則是約瑟的父親:雅各，一家 70 口人全下到、<挨近>約瑟所居住的埃及。

創世記 No.11 妥拉 <挨近> 篇 （פרשת ויגש）

經文段落:《創世記》44:18 - 47:27
先知書伴讀:《以西結書》37:15 - 37:28
詩篇伴讀: 48 篇
新約伴讀:《以弗所書》2:1-22、《路加福音》24:30-48

一、 猶大的<挨近>

創世記第十一段妥拉，標題<挨近>。經文段落從創世記 44 章 18 節開始，到 47 章 27 節。<挨近>這個標題，在創 44:18 一開始說到：

> 『猶大 挨近 他 (約瑟)』
>
> וַיִּגַּשׁ אֵלָיו יְהוּדָה

<挨近> (וַיִּגַּשׁ) 這個動詞出現在上面創 44:18 的第一個字，這個字，就是這段妥拉的標題。

<挨近>篇這段妥拉是「約瑟被賣」這個事件的「完成和總結」，是約瑟在 17 歲所做的那兩個夢的「最後完全破解」的榮耀時刻，是神國度性計畫的成就，也是一個圓滿的結局，因為，在這段妥拉中所上演的是一齣 **兄弟相認、彼此化解心結、全家團聚的一則感人敘事。**

而創世記關於約瑟故事的發展，也在本段妥拉<挨近>篇達到最高峰，並畫下完美的句點，從本段妥拉的最後一節經文，創 47:27 所記載的，可以做一個最好的證明，就是：

> 『以色列人住在埃及的歌珊地。
>
> 他們在那裏 **置了產業[1]**，並且 **生育甚多。**』

---

[1] 「置了產業 (וַיֵּאָחֲזוּ בָהּ)」當中的希伯來文動詞 (וַיֵּאָחֲזוּ) 是一個「被動語態」的 nifal 字幹動詞，表示「被抓住、被抓牢」的意思，英文翻譯成 **they were grasped by the land of Egypt..**，因此在埃及地「置了產業」按希伯來文直譯就是「**被埃及地 抓住-套牢**」，這也就意味著從此時開始，以色列人開始了「被埃及同化」、「被埃及的宗教偶像控制」、甚至到最後「被法老奴役」的發展過程，就正如我們在出埃及記開篇所看到的，以色列人「被奴役、被控制」的景象。

回到本段妥拉起始處，創 44:18 『猶大<挨近>約瑟，並且對約瑟說』。正是這個<挨近-靠近>的動作，開始了猶大和約瑟「當面對質」的序幕，也啟動約瑟和哥哥們「彼此<挨近>、相認復合」的關鍵步驟。

從這段妥拉的起首處，創 44:18 節以下經文所開展的敘事，讓我們看到 猶大 的**勇氣、責任感**、他那感人肺腑的親情表露無遺，猶大明明知道，眼前的這位埃及宰相:約瑟，他憑著他至高無上的權威已經定奪: 便雅憫必須被扣留在埃及做為人質，但 猶大 為了老父親雅各、為了**便雅憫**，為了一家人，猶大「膽敢貿然犯上」，**主動 <挨近> 這位**，他素不相識的埃及宰相: 約瑟，因為此時，猶大還沒認出這位咄咄逼人的埃及宰相，就是當年被他賣掉的親弟弟:約瑟。

也因著猶大主動<挨近>約瑟，展開這一波你來我往的談判，在這段對話過程中，猶大動之以情、曉之以理。在創 44:30-33，我們看到，正是猶大說出這番令約瑟深為動容的一段話以後，約瑟再也壓抑不住那洪水般即將潰堤的情感，於是，約瑟「放聲大哭」，和哥哥們相認。然後，就開始進入最高潮的關鍵經文，創 45:4：『約瑟又對他弟兄們說：

「請你們<挨近>來。」他們就<挨近>來。』

גְּשׁוּ-נָא אֵלַי וַיִּגְּשׁוּ [2]

接下來我們看到的<挨近>，就不只是猶大一人單方面的<挨近>，而是:所有的哥哥們和約瑟的「彼此靠近和<挨近>」，不僅是身體之間距離的拉近，同時也是雙方在內心、情感裡的靠近，這次的<挨近>融化彼此的心結，那些過往的恩怨、苦毒、不解及恐懼，那個中間隔斷的牆，逐漸地被融化。

接著約瑟說: 這一切都是神的計畫和作為，我被你們賣到埃及，是「要成就」耶和華神祂的旨意。創 45:4-8：

『我是你們的兄弟約瑟，就是你們所賣到埃及的。
現在，不要因為把我賣到這裏自憂自恨。
這是上帝差我在你們以先來，為要保全生命。...
上帝差我在你們以先來，為要 給你們 存留餘種[3] 在世上，
又要 大施拯救，保全你們的生命。
這樣看來，**差我到這裏來的 不是你們，乃是上帝**。
他又使我如法老的父，作他全家的主，並埃及全地的宰相。』

---

[2] 創 45:4 經文中<挨近>的動詞，正好就是這段妥拉的標題<挨近>。

[3] 在歷史上，雖然猶太人長期飽受反猶主義的「迫害-殺戮」，但我們看到，耶和華神總是會給以色列「存留餘種」在世上。

如前文所述，約瑟和哥哥們的相認，就是<挨近>篇這段妥拉的核心和高峰，而這個相認，正是由<挨近>這個動作所引發並完成的。在彼此的<挨近>和相認之後，所有人才都恍然大悟，清楚地意識到，原來**這是耶和華神奇妙的計畫和作為**。

約瑟「和哥哥們的相認」也是耶和華神在以色列民族史上所設定的一個進程和藍圖，目的是為了「**要存留**」以色列這個家族的餘種。這個藍圖的核心人物就是：約瑟，核心的事件就是：約瑟被賣到埃及。而這個計畫也早在約瑟 17 歲時，耶和華神就已透過兩個異夢來預告了，那就是:將來雅各一家，都會來到埃及，向這位埃及宰相約瑟<挨近>下拜。創 37:5-11

二、 神的「大時代藍圖」

在<挨近>篇這段妥拉，耶和華神好像是一個大導演，**袖正在做一個全體「總動員」:耶和華神讓所有的人都必須 <挨近> 約瑟**，上至法老、法老的官員、埃及的百姓、從國外來糴糧的外地人、約瑟的哥哥們、及哥哥們的家屬、最後則是約瑟的父親:雅各，一家 70 口人全下到、<挨近>約瑟所居住的埃及。

這一切，為的就是「要成就」耶和華神早先所制定的計畫: 就是約瑟在 17 歲時做的那兩個異夢，如今，現在就是「完全應驗、完全破解」的動人時刻。

與其說，所有的人都在<挨近>約瑟，不如說，大家、每一個人所正在<挨近>的，正是耶和華神「拯救雅各一家」計畫內容的中心，因為耶和華神定意，要讓祂的這個計畫和預言「成就及實現」。

因此，約瑟當時代，他周邊的人，全都被捲進這個「神聖計畫」中。只是...可能除了約瑟之外，沒有人知道神的心意和這個所謂 **神的大時代的藍圖**。

正如以賽亞書 55:8~9『耶和華說：「我的意念非同你們的意念，我的道路非同你們的道路。天怎樣高過地，照樣，我的道路高過你們的道路，我的意念高過你們的意念。」』

或許約瑟起初也並不明白他 17 歲的夢以及神的計畫，但可以合理推測，約瑟在孩提時，曾聽過父親雅各、祖父以撒，甚至是曾祖父亞伯拉罕，這些祖父輩們「和

耶和華神相遇」的經驗或口傳。

也就是耶和華神曾向亞伯拉罕說的:『你要的確知道,你的後裔必寄居別人的地,又服事那地的人;那地的人要苦待他們四百年。創 15:13』

17 歲約瑟作夢,然後被賣到埃及,在波提乏家深得主人賞識,但隨後被主人的太太陷害,被送進牢獄,坐了冤獄長達 12 年,本來可以早點被提出監,卻被酒政忘記,直到 30 歲,才被法老召見。

17 歲到 30 歲的這段歲月,雖然受盡痛苦和冤屈,但是等到約瑟當上宰相,後來和哥哥們再次重逢時,約瑟沒有按著自己心裡的苦毒,做出報復的舉動,反倒是親切地<挨近>哥哥們,與他們相認,並安慰他們。

約瑟之所以能這麼做,是因為約瑟清楚知道,這一切,都是按著耶和華神所設計的,那偉大又榮耀的「神聖救贖計畫」所展開的,也就是約瑟在創 45:4-8 那一段經文中所講述的內容:

『上帝差我在你們以先來,為要給你們存留餘種在世上,
又要大施拯救,保全你們的生命。
這樣看來,差我到這裏來的不是你們,乃是上帝。』

約瑟<挨近>哥哥們,讓他們明白,**這一切事件的發生,背後最終的掌權者,乃是耶和華神,是耶和華神親自制定了這個大時代的偉大藍圖。**

三、約瑟的「身分和命定」

我們可以試著設身處地來想像一下,約瑟,他是「如何度過」在埃及這個異鄉異地、孤獨、痛苦、遭人陷害、遭受不公不義的 13 年的時光,他是「如何能夠」熬過來的,約瑟是「怎麼樣經過」各樣的試煉、考驗、磨難、挑戰?

隨著年齡的增長、閱歷的增加、約瑟「是否還會記得」他在 17 歲所做的那兩個異夢,約瑟「是否越發清楚知道」,並且繼續堅定地相信耶和華神 在他生命中所設立的「命定和位分」,約瑟「是否可以持守住」神給他的這個位置和位份,以

致於，約瑟始終都能找到，並站立堅守在這個正確的「人生座標」上，總是能夠專注在這一個清晰的「目標和使命」上，儘管這 13 年他處在這麼艱困的環境、經歷太多困難。

正如經文向我們表明的，約瑟讓人欽佩的是，他「始終都堅立」在耶和華神面前。因此，約瑟才可以更加地清楚知道並確認，神在他生命中所擺放的「命定」，以及所肩負的「重要使命」，那就是，約瑟，他就是他那個個時代，以色列民族史上的一個關鍵人物，因為他所要肩負的是「拯救以色列全家」的重責大任。

另外，約瑟肯定知道先祖們的遺訓和口傳：『你的後裔必寄居別人的地，又服事那地的人；那地的人要苦待他們四百年。』

所以，約瑟靜默、等候神，直到他 30 歲被放出牢獄，為法老解夢，一夕間從一個卑微的奴隸，直升為尊貴的宰相。然後，約瑟明白「神的時候」到了，祂要開始動作了。

因為約瑟知道耶和華神的計畫、約瑟知道自己的命定和使命、清楚知道自己的人生座標和方向，更重要的是，約瑟相信 **神是信實可靠的**，正如經文常常提到的『**耶和華神與約瑟同在**』，這就使得約瑟心裡更確知將來所要成就的大事。

所以約瑟心裡堅定、忍耐等候、順服上帝。雖然經歷這麼多年來的苦難和試煉，但約瑟曉得自己正在逐步<挨近>神準備要成就的應許和預言。

同時，耶和華神也不斷「加添」約瑟的聰明、智慧和力量，正如 **約瑟 (יוסף)** 的名字，意思就是「增添、加添」。在<挨近>篇這段妥拉中，我們正好就看到了，約瑟身上所具有的那份「**加增、加添**」的恩賜和能力。當大饑荒來到時，創 47:12 記載：

> 『約瑟用糧食 **奉養** 他父親和他弟兄，並他父親全家的眷屬，
> 都是照各家的人口 **奉養** 他們。』

此外，約瑟未雨綢繆的「糧食政策」、「防災措施」，也為法老在大饑荒時期，賺取「加添」許多銀子，就是創 47:14 所說：

> 『約瑟 **收聚了** 埃及地和迦南地所有的銀子，就是眾人糴糧的銀子，
> 約瑟就把那銀子帶到法老的宮裏。』

就這樣，約瑟，在大饑荒的年代，成了一個「**祝福**」甚至是「**拯救**」的唯一管道，而這個，就是約瑟所肩負的大時代的使命。

四、 「兄弟相認」的預表

在猶太人的觀念中,「彌賽亞」的形象有二個: 一個是約瑟,另一個是大衛;一個是「受苦」的形象(約瑟所代表的)、另一個是「君王」的形象(由大衛所代表的)。

先來看代表「受苦」的彌賽亞形象的約瑟,約瑟和耶穌這兩個人的境遇相似的地方。

當耶穌,被自己人賣掉,被祂 12 個門徒裡一個名叫猶大的門徒賣掉,這就正如同約瑟被他的哥哥也是名叫猶大的賣掉。

而約瑟被自己的哥哥們厭惡,正如耶穌被自己的同胞:猶太人拒絕一樣。

然而,這個「被賣掉」的約瑟,最後竟然成為「拯救」雅各一整個家族的「拯救者」,而且竟然是以一個「外邦人的統治者」的形象現身;同樣,這位被自家猶太人拒絕的耶穌,這位「被希臘羅馬化」,在猶太人眼中是一位「外邦人的上帝」將來要成為一位與以色列一同站立、一同征戰,拯救以色列的「救贖主」。

當約瑟告和哥哥們,準備要彼此相認時,創 45:3 約瑟說出:

『我是約瑟』

אֲנִי יוֹסֵף

希伯來文只有兩個字,但這兩字卻是「石破天驚,大地撼動」的一個揭示、一個宣告、甚至是一個啟示,這句話揭開謎團,掀開帕子,霎時間,所有哥哥們心裡的不解、困惑、懷疑、挫敗、沮喪……等等的心情作難,全部都消解。[4]

這個從「兩方對質」到彼此「相認復合」的經文敘事和過程,正好就是<挨近>篇這段妥拉最具戲劇性、最有張力的一幕。

同樣地,我們也可以回過頭來看,當前,生活在以色列的這群亞伯拉罕-以撒-雅各的後裔:猶太人,他們是否就像約瑟的哥哥們一般,對許多事情感到不解、困惑,也就是說,為什麼會這個世界上會有反猶主義,為什麼世人要仇視猶太人,

---

[4] 創 45:4 約瑟說『我是你們的兄弟約瑟,就是你們 所賣到埃及的。』這句話若換作是耶穌,在末後的日子與猶太人「相認復合」來說的話就是:『我是你們的兄弟、你們期盼的那一位彌賽亞,就是你們在兩千年前所賣到外邦的。』

為什麼列國要來攻擊我們？

為什麼作為 **猶太人的彌賽亞**: 耶穌被「改頭換面」被「希臘-羅馬化」而成為一位「外邦人的上帝」導致猶太人「認不出」耶穌就是 **猶太人的彌賽亞** 的「真實身分」？

但這一切，等到那末後-大而可畏的日子來到的時候，那個最戲劇性的一幕將會登場，就是: 彌賽亞將要降臨在橄欖山，世人將會看到，以色列的猶太人將會齊聲吶喊：

『奉主 (耶和華神) 的名來的 是應當稱頌的。』

בָּרוּךְ הַבָּא בְּשֵׁם יְהוָה[5]

這就是耶穌，和那群曾經拒絕祂、把祂賣掉的猶太人，相認、復合的最榮耀、也最具爆炸性的時刻。

這個「**末後的復合**」(耶穌和猶太人的相認) 會大過先前 (約瑟和哥哥們) 的復合，因為，這「**末後的相認和復合**」會將全球帶進一個新的國度: 也就是彌賽亞國度。

最後，我們來看看新約，保羅他在大馬士革遇見主，也正是耶穌和猶太人「相認」的一個最佳典範，當保羅眼睛鱗片掉落，心眼被打開，立刻就清楚知道:耶穌是主、是猶太人等候的那位彌賽亞。

我們也這樣禱告，耶穌，祢親自向祢的百姓同胞 (猶太人)「相認」，祢親自來靠近 <**挨近**> 他們，或是，祢呼召他們來<**挨近**>祢，當祢對他們說：『我就是你們的弟兄，你們的彌賽亞，就是你們所拒絕/所賣掉的那一位』時，他們的心眼就打開，心裡的那些不解、謎團、疑惑都消除。

我們期待著，那末後的世紀「大復合」: 耶穌，和祂的百姓:猶太人，痛哭流涕、喜極而泣的彼此<**挨近**>和最終的相認。

---

[5] 就正如耶穌在逾越節 (這個紀念也預表以色列家「被拯救」的節期) 進入耶路撒冷城時，眾人所呼喊的『和散那 (求拯救的意思)，歸於大衛的子孫！奉主 (耶和華神) 的名來的是應當稱頌的！高高在上和散那！馬太福音 21:9、約翰福音 12:12-13』 及至後來耶穌知道祂將會被猶太的宗教權力機構拒絕甚至迫害之後，耶穌說道『我告訴你們，從今以後，你們不得再見我，直等到你們說：**奉主 (耶和華神) 的名來的 是應當稱頌的。馬太福音 23:39**』

問題與討論：

1. 創世記第十一段妥拉標題叫<挨近>，為什麼這段妥拉選擇這個動詞 (וַיִּגַּשׁ)
   <挨近>來當作本段經文內容的標題？

2. 創 45:5,7-8 約瑟對哥哥們說出的這一段讓哥哥們非常詫異-驚訝的話:『現在，不要因為把我賣到這裏自憂自恨。這是上帝差我在你們以先來，為要保全生命。**上帝差我在你們以先來，為要給你們存留餘種在世上，又要大施拯救，保全你們的生命。**這樣看來，**差我到這裏來的不是你們，乃是上帝。**他又使我如法老的父，作他全家的主，並埃及全地的宰相。』為什麼約瑟在經歷被賣、孤寂、異鄉異地、冤獄……等等的「這一切悲情、傷害和痛苦」之後，再次見到把他 (約瑟) 賣去埃及的哥哥們的時候，約瑟卻還能夠對他們說出這樣的話？

3. 為什麼約瑟被賣到埃及， 一直到當上宰相，這 13 年處在這麼艱困的環境，經歷這麼多的困難，甚至還有誘惑的光景之下，約瑟始終「都堅立在」耶和華神面前，以至於到最後，約瑟在大饑荒的年代，成了一個祝福、甚至是拯救的唯一管道？

4. 「**被賣的**」約瑟，和哥哥們的「**彼此相認**」這在預表什麼？

創世記 No.12 妥拉

<住在/活在>篇（פרשת ויחי）

本段妥拉摘要:

創世記第十二段妥拉<住在>，希伯來文(וַיְחִי)。

<住在>篇這段妥拉，開篇記載雅各<住在>埃及地 17 年，之所以用<住在>這個動詞當作本段妥拉的標題,這表明雅各他希望他的餘生能安居樂業的<住在>埃及、雅各想要終老享壽在埃及，不願再次奔波勞碌。

但雅各又似乎並沒有以<住在>埃及地的永久安居為福樂。因為雅各記得他爺爺亞伯拉罕的遺訓:『你的後裔必寄居別人的地，又服事那地的人；那地的人要苦待他們四百年。』

因此，當雅各，還有約瑟相繼過世的時候，他們倆人，臨終前告誡的幾個重點，全部都是在回應或警告<住在>埃及地的事實和現況: 首先、耶和華神必與你們同在，必看顧你們。第二、你們要回到耶和華神向你們先祖們所應許的土地:迦南地上。第三、要將雅各和約瑟的遺骸帶回到迦南地。以上的這些吩咐和命令，目的是要來告訴以色列百姓，你們絕對不會一直<住在>埃及。

因為永久<住在>埃及的結果，就是「死亡」，身體和靈性的滅亡，這就正如這一段妥拉的經文鋪陳和對比,是以開頭 47:28 節的第一個字 <住在-活在> (וַיְחִי) 這個動詞開始，最後竟然是以最後一節 50:26 節的「死亡」(וַיָּמָת) 這個動詞結束，而 (בָּאָרוֹן בְּמִצְרָיִם) 這兩個希伯來字，就是創世記最後收尾的兩個詞，意思就: 這一具..放在埃及的棺木。

創世記 No.12 妥拉 <住在/活在> 篇（פרשת ויחי）

經文段落:《創世記》47:28 - 50:26
先知書伴讀:《列王記上》2:1 - 2:12
詩篇伴讀: 41 篇
新約伴讀:《希伯來書》11:21-22、《彼得前書》1:3-9

一、 <住在>埃及-「死在」埃及

創世記第十二段妥拉，標題<住在>。經文段落從創世記 47 章 28 節開始，到 50 章 26 節，也就是整卷創世記的最後一節結束。<住在>這個標題，在創 47:28：

『雅各 住在 埃及地十七年。』
וַיְחִי יַעֲקֹב בְּאֶרֶץ מִצְרַיִם שְׁבַע עֶשְׂרֵה שָׁנָה

<住在>這個動詞，出現在上面創 47:28 的第一個字，這個字，就是這段妥拉的標題。

綜覽這一整段妥拉開篇的第一個字 (וַיְחִי) <住在、活在>[1] 這個動詞，而這段妥拉最後結尾的地方，創 50:26 的第一個動詞(וַיָּמָת) :他「死亡」。前後「一生、一死」的鋪陳，如此強烈的對比，似乎是在暗示: 以色列百姓，在先祖們:雅各、約瑟相繼過世後，他們好像一群沒有牧人的羊群，**以色列民的命運由幸福、美好的生活，逐步走向受苦迫害，由靈性的高峰，墮入靈性的衰亡。**

若再更仔細地來看本段妥拉，創世記的最後一章(第 50 章) 最後一節(26 節)，的最後兩個希伯來文字『(בְּאָרוֹן בְּמִצְרָיִם) 在棺材裡-在埃及』。

創 50:26 經文的最後這兩個字，強烈地表明一個事實，就是亞伯拉罕-以撒-雅各這個聖先祖時代的結束，以色列百姓開始進入了一段「**靈性流亡**」的時期，是以

---

[1] (וַיְחִי) <住在> 這個希伯來字也有「活在」live 的語義，意即一個人的生活:食衣住行育樂所在的地方，他所沉浸-居住在的一個地理和文化，甚至是宗教信仰的土地上，正是這個意義上，我們說以色列人<住在-活在> 埃及，「被埃及同化了」。正如以西結書 20:7-8 所說『我對他們說，你們各人要拋棄眼所喜愛那可憎之物，不可因埃及的偶像玷污自己。我是耶和華－你們的上帝。他們卻悖逆我，不肯聽從我，不拋棄他們眼所喜愛那可憎之物，不離棄埃及的偶像。』

色列民族史發展進程的一個暫時停滯，就如同經文所說的「**停放在靈柩**」裡，這個靈柩，**被放置在埃及**。

另外，『(**בָּאָרוֹן בְּמִצְרָיִם**) 在棺材裡-在埃及』，這兩個希伯來字，也為創世記畫下了一個悲哀的句點，同時也預告，緊接而來在出埃及記第 1 章埃及法老的迫害及屠殺。因為這是歷史上，第一次有規模、有意識地，並且是由國家元首，動用國家機器，所進行的「反以」(反希伯來人) 的大屠殺。

回到標題<住在>，<住在>篇這段妥拉首先記載到，雅各在埃及<住了>17 年。創 47:28 這裡的「住」，前文提過，希伯來文用的是 (**וַיְחִי**) 這個動詞，這表明 雅各他希望，並且實際上也已經**安身立命、安居樂業在埃及、雅各想要終老享壽在埃及，不願再次奔波勞碌**。

創 47:28 (**וַיְחִי**) <住在>這個動詞，和前面第九段妥拉的標題<安居-住在>的動詞不同，創 37:1 節的 (**וַיֵּשֶׁב**) 這個動詞字根有「坐」的意思，在現代希伯來文，當我們說，外出「坐」公車、「坐」計程車，用的就是 (**יֹשֵׁב**) 這個動詞，因為坐在公車的「座位」上，只是短暫的，位置可以隨時更換，我們並不會把這個座位，當作是一個永久的家。因此，當創 37:1 寫道:『雅各 住在(**וַיֵּשֶׁב**) 迦南地』，經文表明，雅各其實仍然在「**流盪遷徙**」的過程中 [2]，因為在不久的將來，雅各還要下到埃及去，在那裡，才將會是他「得享晚年」的人生最後一站。

雅各的一生，可以說命運崎嶇、道路坎坷。在騙得長子名分後，為了躲避他哥哥以掃，就從別是巴離家逃亡，前往巴旦亞蘭他母舅拉班的家，後來雅各和拉班起衝突，被拉班壓榨迫害追殺，於是，再次展開亡命天涯的路途。冤家路窄，半路上又遇上哥哥以掃。然後輾轉來到示劍，又因為自己的兩個兒子:西緬和利未莽撞行事，在示劍屠城，雅各又再次逃難，最後，來到迦南地的希伯崙定居，看似可以「安頓-生活」下來，又發生寶貝兒子: 約瑟失蹤的慘劇。

雅各的一生經歷這麼多「悲歡離合」的事件，難怪，當雅各下到埃及，會見法老的時候說:『**我生平的年日 又少又苦。創 47:9**』簡短回顧雅各的生平，雅各的人生歲月大多是在「遷徙和逃亡」中度過，好像活在一種「永無安寧」的狀態和痛苦中。

因此，在上段妥拉<挨近>篇，當雅各知道自己最心愛的兒子:約瑟，還活著，甚

---

[2] 儘管雅各以為，他來到迦南地的希伯崙，就已經是他人生的最終站，他「再也不會」再搬遷到另一個地方去。所以在前面創 37:1 用了<住在>(**וַיֵּשֶׁב**) 這個動詞，這個有「安居、安頓 settle」語意的動詞，來表達出雅各的心願，就是在一連串長期流亡逃難、四處搬遷的生涯後，雅各想要<安頓-住在>迦南地，終老在此，但事與願違，雅各最後是下到埃及，<住在-活在>埃及，死在埃及。

至還在埃及當宰相，此時這位有權有勢、有土地、有產業的寶貝兒子約瑟，還要把雅各一家都遷到埃及最好、最肥沃的土地來居住時，雅各是否心裡這樣想: 我雅各顛沛流離這大半輩子，總算可以下埃及，給這位榮耀尊貴的兒子:約瑟來奉養，我雅各終於得了一個可以「永久落腳」安歇的地方，要<住在>(וַיְחִי) (這段妥拉的標題.) 全埃及最美好的歌珊地，度過餘生，大享晚年之福呢？ 這「看似」是個美好幸福的人生時刻、兄弟相認、全家團圓，一家人終於落地生根<住在>埃及，從此過著幸福快樂的日子。

二、 預見「將來的苦難」

本段妥拉雖然題為<住在>，但是雅各似乎並沒有以<住在>埃及地的永久安居為福樂。他記得他爺爺亞伯拉罕的遺訓:『你要的確知道，你的後裔必寄居別人的地，又服事那地的人；那地的人 要苦待他們四百年。』

因此，雅各對於「下埃及」這事，其實是百感交集、情緒是錯綜複雜，更正確地來說，雅各他內心是感到極大恐懼，因為他知道，他這一去，就是把所有的族人都帶去埃及「受苦、受難、送死」。

雅各或許已在異象中看見，**那個停放在「埃及的靈柩」**，將會是我雅各的兒孫們要去的 (目的/墓地) 地。也就是說，耶和華神對亞伯拉罕所預言的「受難-苦待」的事情，將會在我雅各的下一、兩代發生。

在上段妥拉<挨近>篇，創 46:1-7 描述到，雅各下埃及前，先來到 **別是巴** [3] 獻祭、「求問」神，雅各把他的恐懼和憂慮告訴耶和華，因為 雅各知道這一去將無法回頭，但當時迦南地的饑荒，又迫使雅各一家必須要下埃及去，否則他們沒有糧食吃，無法繼續生存。因此，雅各的兒孫們，看到眼前肥沃的埃及歌珊地，是欣喜雀躍的；不過，**雅各則是看得更遠，雅各看到的是將來的迫害和殺戮…** [4]

為了「安慰」潛藏在雅各內心的害怕及恐懼，耶和華神親自做擔保，耶和華神對

---

[3] **別是巴** 這個對雅各來說，一個意義非常重大的地方，當年他帶走長子名分，準備逃離哥哥以掃，是雅各人生展開「出去-流亡」生涯的起點，也是他父親以撒、和爺爺亞伯拉罕曾經築壇、向耶和華神求告的地方。現在輪到雅各來到別是巴獻祭，向耶和華神求告-求問。

[4] 某種程度上來說雅各的「預見」和 19 世紀末的錫安主義之父 Theodor Herzl 對 20 世紀將會出現的大規模系統性的「反猶浪潮」的預見是一樣的。

雅各說：

『我是上帝，就是你父親的上帝。你下埃及去 **不要害怕**，
因為我必使你在那裏 **成為大族**。⁵
我要和你同下埃及去 ⁶，也必定帶你上來；約瑟必給你送終』。

等到耶和華神說完了這番話，雅各心裡才得安慰和確據，才從別是巴起行，一行人浩浩蕩蕩地出發，下到埃及。

因此<住在>篇這一段妥拉，一開始就提到了雅各對約瑟的「懇求」，雅各除了殷切懇求，還要約瑟起誓，就是：要把雅各的遺骸「遷回」迦南地的希伯崙，因為雅各清楚知道，**埃及並不是真正的家**，**迦南地才是以色列人的家**，才是耶和華神**賜給我們的永恆產業**，在那裏，才是我可以和先祖們「同睡安息、安居樂業」的家，我要<住在>那裏。

雅各對約瑟的懇切，並且還要約瑟向他來起誓，這表明雅各的顧慮：因為雅各知道法老可能不會讓約瑟帶著家人「一起回迦南地」去給雅各送終。因為法老擔心、顧忌，約瑟和他的族人可能會「一去不回」，法老害怕約瑟會帶著所有的人丁、產業、牛羊、家畜一起「**出埃及**」。

創 50:4-9 的經文記的很清楚：約瑟或許是因為不敢直接向法老請求這件事，所以先跟法老家中的人說，請他們代為委婉轉告給法老，接著，再向法老說明，這事(把父親雅各的遺骸帶回迦南地「落葉歸根」)，約瑟已向父親雅各「發誓」，所以必須言出必行，毫無轉圜的餘地，最後，約瑟再向這位狐疑的法老保證：『以後我必回(埃及)來。』

然而，法老的厲害在於：法老他把雅各家族所有的女人、孩子、羊群、牛群全扣<住在>歌珊地，不許帶走。這是為了要防範約瑟一家子人的落跑，因為，這些婦孺和產業，可以當作人質和籌碼。另外，陪同送終的隊伍，是法老派出的埃及的軍兵馬車，以便監管，順利押人回來。

雅各一家人，因為約瑟貴為埃及帝國的宰相，大家都能沾他的光，享受約瑟所帶來的福利和好處，正所謂『一人得道，雞犬升天。』在上段妥拉<挨近>篇的結尾，創 47:27 描述了這樣的場景和狀態:『以色列人住在埃及的歌珊地。他們在那

---

⁵ 出埃及記 1:7『以色列人生養眾多，繁衍昌盛，極其強盛，遍滿了那地。』當以色列人離開埃及時，男人的人口數已經達 60 萬，見出埃及記 12:37

⁶ 這也就是說：耶和華神和以色列人「**一起下到埃及**」了，當以色列人遭受埃及、法老的奴役和迫害時，耶和華神沒有袖手旁觀，祂「**一直都在**」，所以後來耶和華神用「大能的手」，施展十災，來擊打埃及帝國，懲罰法老。

裏 置了產業，並且 生育甚多。』

以色列家族的前景，看似一片繁榮，蒸蒸日上，家族的人以為，埃及，歌珊地，這裡就是他們至終得以「安身立命」的土地和產業。以色列人會永久<住在>這裡，但這只是一個假象！！

三、 臨終前的「告誡」

創世記最後一段的妥拉<住在>篇，有一個很重要的訊息，是要傳達給約瑟的後代子孫的，這個關乎「家族存亡、民族生存大計」的重要信息，這些信息總結在雅各和約瑟他們兩人的「臨終遺言」當中，也是他們對兒孫們的告誡和提醒。

雅各和約瑟在過世前，都不約而同地提到「一些相同的內容」，我們先來看底下這兩處經文：

首先，在創 48:21『以色列又對約瑟說：「**我要死了，但上帝必與你們同在，領你們 回到你們列祖之地。**」創 49:29 又囑咐他們說：「我將要歸到我列祖 (本民) 那裏，**你們要將我(雅各) 葬在 赫人以弗崙田間的洞裏，與我祖我父 (亞伯拉罕-以撒) 在一處，**』

再來，在創 50:24-25：『約瑟對他弟兄們說：「**我要死了，但上帝必定看顧你們，領你們從這地上去，到他起誓所應許給亞伯拉罕、以撒、雅各之地。**」約瑟叫以色列的子孫起誓說：「**上帝必定看顧你們；你們要把我的骸骨從這裏搬上去。**」』

雅各和約瑟「臨終前的告誡」可以歸納成 四個重點，這些重點全部都在回應或警告<住在>埃及地的事實和現況，<住在>(ויחי) 正好就是這一段妥拉的標題。

首先、『**我要死了**』：雅各和約瑟說這句話的用意，是要告誡兒孫們，你們所仰賴的 屬靈精神領袖「即將過世」，但請你們「務必秉持」先祖 (亞伯拉罕-以撒-雅各) 的遺訓、繼續「堅定持守」耶和華神的信仰，不要讓埃及的異教風俗，來影響你們，來「侵蝕」你們的身體和靈性。當雅各和約瑟，不約而同地說出『**我要死了**』這句話，言下之意就是: **你們還活著的子孫，要謹守家訓、潔身自愛、好自為之了。**

第二個重點: 『耶和華神必與你們同在，必看顧你們』: 雅各和約瑟其實都很清楚，也知道先祖們的遺言和口傳，就是:『那地的人要苦待他們四百年』。雖然雅各、約瑟兩人或許都已預見兒孫們將來注定要面臨的苦難和迫害，內心深感痛心及不捨，但這兩位以色列的屬靈父老，還是在臨終前大大地鼓勵並安慰子孫後輩，說: 不要害怕，雖必會經過奴役、迫害的死蔭幽谷，但耶和華神祢的杖、祢的杆將會與我的兒孫們同在，引導我們，並且拯救你們。

第三個重點: 『你們「要回到-回歸」，耶和華神向先祖們所應許的土地上』: 雅各和約瑟清楚地知道，現在眼前這塊肥美的歌珊地，並不是真正的家，意思是說: 兒孫們阿，你們現在雖然過著「豐衣足食、大魚大肉」的生活，但是，正所謂的『生於憂患 - 死於安樂』，千萬一定要記住，這裡，現在你們 <住在> 的埃及地，不是 你們以色列百姓「安身立命」的土地!!! 你們終有一天，必要痛苦地離開這塊肥美之地，「回到」耶和華神所應許賞賜的迦南地去。

最後、『將我的遺骸帶回去』: 雅各和約瑟倆人自己做好榜樣、以身作則，他們臨終前，都殷切地囑咐兒孫們，要把遺骸「送回家」運回迦南地，好讓他們能與先祖們 (也就是亞伯拉罕-以撒)<住在>一起。藉此，透過這個「落葉歸根」遺骸運回家鄉的吩咐和命令來告訴以色列百姓，你們絕對不會一直<住在>埃及。因為<住>下去的結果，就是「死亡」，身體和靈性的滅亡，正如:前文已經提過這一段妥拉的經文鋪陳和對比，是以創 47:28 的「住在-活在」(וַיְחִי) 這個動詞開始，最後是以創 50:26「死亡」(וַיָּמָת) 這個動詞結束，最後那驚悚的景象，正是…一具…放在埃及的棺木 (בָּאָרוֹן בְּמִצְרָיִם)，這兩個希伯來文字，就是創世記最後收尾的兩個詞。

四、 破除「家族魔咒」

在<住在>篇這段妥拉，雅各並沒有認為他來到埃及，<住在>埃及地之後，就可以放心、無憂無慮地 過他晚年平靜安穩的幸福生活，正好相反，雅各臨終前，還需要妥善安排幾件家族中的重要大事，雅各心想，在他過世前，要把以色列這個將來要壯大的民族，給布署妥當，安頓良善，雅各希望將來他的兒孫們能彼此相處融洽、大家團結一致，因為將來，要面對的是邪惡又巨大的法老和整個埃及帝國。

雅各知道，在過去的家族歷史上，兄弟之間，經常彼此為了「長子名分」的產業繼承而鬧家族分裂，這樣「兄弟鬩牆」、「家庭破裂」的事件不斷重演，從以實瑪利和以撒、到以掃和雅各自己、再到自己的寶貝兒子約瑟，以及約瑟的哥哥們。

所以，雅各為了要「破除」這個長期潛藏在家族的「這個魔咒」，也就是「長子繼承」紛爭的家族魔咒，雅各臨終前，在為他自己的 12 個兒子祝福 之前，先找來約瑟的兩個兒子:就是「長子」**瑪拿西，**和「次子」**以法蓮，**雅各先給他們祝福。

雅各是「蓄意地」想要藉著這次「**次序顛倒**」的祝福，來破除家族魔咒。然而，雅各這樣的驚人之舉，就連約瑟也不明白。

雅各給瑪拿西和以法蓮的祝福，記載在創 48:14-20。其實這個祝福可以分成兩段:第一段在 14-16 節；20 節的部分是第二段。

第一段創 48:14-16 的地方，雅各已將右手放在約瑟的 (次子) 以法蓮 的頭上「立他為大」，而身為 **長子** 的 **瑪拿西** 則「被立為後」。另外，雅各也「提升」這兩個孫子的地位，使他們正式成為 雅各「**名下的兒子**」。然而約瑟卻試圖想糾正眼前這位身體老邁、眼睛昏花的父親雅各。但沒想到，雅各清醒的很，雅各對約瑟說:『我知道！我兒，我知道！創 48:19』其實雅各心裡想說的是: 我雅各都已經預見未來的景況，我正費心地在做家族布署 (以色列將來 12 支派) 「合一」的預備工作，我雅各腦袋會比你約瑟還不清楚嗎！？

瑪拿西和以法蓮在爺爺雅各祝福的現場，這兩個小孩當然知道父親約瑟和爺爺雅各的談話，甚至爭論，但經文來到第二段 (創 48:20) 的祝福時，

雅各說道:『以色列人要指著你們祝福說:『**願上帝使你如以法蓮、瑪拿西一樣。**於是立以法蓮在瑪拿西以上。』

在這場雅各精心策畫的「**次序顛倒**」的祝福中，長子的名分雖給了次子以法蓮，但以法蓮並沒有在哥哥瑪拿西面前顯出一副驕傲，或得意忘形的模樣，同樣地，哥哥瑪拿西也誠心祝福弟弟以法蓮，並完全順服也甘願成就爺爺雅各的安排。所以，雅各真正想說的是: **願你們色列民都如以法蓮、瑪拿西 這對好兄弟一樣，情感融洽，彼此合一。**希望從此以後，家族中，再也不要發生「兄弟仇恨」的悲劇。

就這樣，雅各透過以法蓮和瑪拿西 這對好兄弟的祝福「來根除」這個潛藏在家族已久的毒瘤，也因為以法蓮、瑪拿西立了一個榜樣，是模範兄弟的典範，所以

接下來，雅各才著手開始為自己生的那 12 個兒子，一一祝福，也就是接續在後的創 49:1-28 節的內容。

先祝福約瑟的兩個兒子以法蓮、瑪拿西，再來祝福雅各自己的 12 個兒子，這樣的順序，可以說是雅各「別有用心」，因為雅各就是要讓自己的 12 個兒子看到，說：你們看，我這兩孫子多聽話，感情如此融洽。所以，當我雅各要來祝福你們 (雅各自己的 12 個兒子) 的時候，你們也千萬不要因為誰的祝福比較大、比較多，就相互眼紅、彼此忌妒和仇恨，最終導致家族分裂。

眾子們阿，以色列的 12 支派阿，你們「**要合一**」，將來大家要攜手「**一同度過難關**」，一起奮勇向前，**走出埃及，越過紅海**。眾子們阿，以色列的 12 支派阿，當剛強壯膽，你們要合一。

上面的這一段話，或許，就是雅各臨終前，心裡最真切的吶喊。

五、 預言與布署

來到第 49 章的經文內容，是雅各對 12 個兒子的祝福和預言，這些預言的內容可以看做是 **以色列民族未來的道路發展和重要布署**。前文提到，雅各雖然得享晚年<**住在**>埃及地，但並未因此就「沉溺」於舒適安逸的(物質)生活，他念茲在茲的，還是以色列民族、他們兒孫後代們，未來的日子和前頭的命運。

因此，臨終前的雅各，深切感受到，**他必須要完成耶和華神交付給他的使命**，然後，雅各才能放心平安、一無掛慮地，回到迦南地，和他的列祖同睡。正如創 49:33 經文所描述：

> 『雅各囑咐眾子 完畢結束了，
> 就把腳收在床上，氣絕而死，歸他列祖那裏去了。』

合理地猜想，雅各或許知道耶和華神對以色列 (12 個支派) 的計畫和藍圖，因此，**雅各是按照神的啟示和旨意，一一地來給眾子們祝福，並預先告知各個支派將來的「身分及命定」**。因此，雅各對 12 個兒子的臨終預言，可以說是一份「**以色列民族發展綱領**」，或者，也是一份「**彌賽亞國度草案**」。

關於雅各 12 個兒子的預言內容，本文無法一一細說，但是可以提出以下四個重點：

首先、**長子** 的名分：是由 **約瑟** 取得，雅各給約瑟的「**雙份祝福**」是由以法蓮和瑪拿西代表來繼承。我們也看到創 49:22-26 節的經文，雅各對約瑟祝福的深切情感，是溢於言表，內容和篇幅也是冠於其他 11 個兄弟，是最多的。

第二、**王權** 的名分：這個是由雅各的第四個兒子:**猶大** 所繼承。雖然當初，提議把約瑟賣掉的始作俑者是猶大，但後來，當哥哥們下去埃及糴糧時，父親雅各最信任的是猶大，擔負解救便雅憫這個嚴峻任務的人是猶大、膽敢貿然犯上，主動<挨近>埃及宰相:約瑟，來進行當面對質和直接談判，並促使約瑟痛哭流涕和哥哥們復合的勇者，也是猶大。 猶大雖年輕時犯錯，例如：他與兒婦她瑪姦淫之事，猶大知情後也立即悔改。經歷這些事件後，猶大變得成熟穩重。透過雅各的祝福，耶和華神定意要讓將來出現真正的王權，也就是彌賽亞國度的權柄，是出自猶大支派的人。

第三、**祭司** 的名分：雖然沒有出現在雅各的祝福和預言中，但我們知道，後來這神聖的職分，是給了利未支派。另外，雅各預言利未支派將來會『**分居，散住**在全以色列地中。創 49:7.』這件事後來也確實應驗，因為等到以色列百姓過約旦河，進入迦南地得地為業之後，利未支派沒有分到土地，利未人沒有自己的產業、他們是散居各地。然而，利未支派之所以必須分散在各支派中，目的是要盡到祭司的職分，因為他們肩負著「教導」各支派律法、典章的重責大任，正如申命記 33:10 摩西臨終前，給利未子孫的祝福：『他們要將你的典章教訓雅各，將你的律法教訓以色列。』

第四、要說的是 **失落的長子**: [7] 在雅各 12 個兒子當中，最悶的應該就是長子**呂便**，在雅各對呂便的「祝福」中，或者，其實這根本也不是祝福，而是雅各當著其他 11 個兒子的面前，把呂便給「訓斥」一番，而且，什麼好處和福分都得不到。雅各說：『呂便哪，你是我的長子， 是我力量強壯的時候生的，本來是應當是**大有尊榮** (祭司的名分)，**權力超眾** (王權的權柄)。但你放縱情慾，滾沸如水，必不得居首位；因為你上了你父親的床，污穢了我的榻。創 49:3-4.』雅各的這段話，意思其實就是說: 因為你呂便的罪行，使你本來當得**長子**的名分歸給**約瑟**、那尊榮的**祭司**職分派給**利未**，權力超眾的**國度權柄**分給了**猶大**。

最後，在<住在>篇這段妥拉，可以問的是: 雅各和約瑟的相繼過世，他的兒孫們，是否開始慢慢地「淡忘」聖先祖們的遺訓和口傳，「忘記」亞伯拉罕、以撒、雅

---

[7] 有意思的是，在妥拉(摩西五經) 當中我們看到，肉生的長子，往往「沒有得到-繼承到」長子的名分，這個議題值得思考。

各的神，並且也開始認定自己是「埃及希伯來人」，或者，這些沒有親眼見過雅各和約瑟的後輩晚孫們，他們已經認為自己就是個 埃及人 呢？ 雅各和約瑟臨終前的憂心和掛慮、提醒和告誡，似乎證實了後代族人將會「被同化」的狀況，接著，就像溫水煮青蛙一般，希伯來人被法老控制、奴役、苦待、迫害、甚至殺戮，而這就是出埃及記第一章馬上要登場的悲劇。

<住在>埃及，其實就是意味著「死亡」，死在埃及，就正如本段妥拉所明白揭示出來的，這段妥拉的開頭:創 47:28 的第一個字:<住在>(וַיְחִי) 埃及，直到這段妥拉的結尾處: 創 50:26 的第一個動詞「死了」(וַיָּמָת)，以及最後兩個字:「在棺材裡-在埃及」 (בָּאָרוֹן בְּמִצְרָיִם)。

171

問題與討論：

1. 本段妥拉為創世記最後一段妥拉，標題為<住在>。但綜覽這一整段妥拉，會看到，這段經文 (希伯來原文) 內容的第一個字(וַיְחִי) 就是<住在、活在>這個動詞，而最後結尾的地方，創 50:26 原文的第一個字(וַיָּמָת) 是他「死亡」這個動詞。這樣前後「一生、一死」的鋪陳，如此強烈的對比，是在給讀者暗示什麼重要信息？

2. 在上段妥拉<挨近>篇，創 46:1-7 記載: 雅各下埃及前，先是來到別是巴獻祭「求問」神，為什麼雅各要做這個「求問神」的動作 ? 雅各是否在害怕什麼、擔憂什麼、恐懼什麼？

3. 在雅各和約瑟在過世前的「**臨終遺言**」，都不約而同地提到一些相同的內容，這些內容也正好都全部在回應或警告<住在>埃及地的事實和現況，請問「這些內容」是什麼？

4. 在以色列先祖的家庭當中，一直有一個「**家族魔咒**」，這個魔咒往往會導致家庭失和、家庭破裂的悲劇發生，這個「家族魔咒」到底是什麼? 而雅各在這段妥拉中，又是用什麼方式和行動，把這個家族魔咒給「破除」掉？

5. 在創世記 49 章，這一整章的經文中，是雅各對 12 個兒子的祝福和預言，這些預言的內容可以看作是 『以色列民族未來的道路發展和重要布署』，是一份「以色列民族發展綱領」，或者也能說是一份「彌賽亞國度草案」，請問**長子的名份、王權、祭司** 分別是在雅各的哪三個兒子身上？

奧秘之鑰 解鎖妥拉系列(一) 創世記

作者：鹽光

發 行 人：鍾塩光

出 版 者：妥拉坊

地 址：台北市大安區忠孝東路三段 303 號 4 樓之 5

電 話：0916-556419

電子郵件：torahsc@gmail.com

網 址：www.torahsc.com

出 版 年 月 ：2023 年 01 月初版

定 價： 新台幣 888 元

ISBN 978-626-96635-6-9 　(平裝)

展售處（銷售服務）：妥拉坊

地 址：台北市大安區忠孝東路三段 303 號 4 樓之 5

電 話：0916-556419

網 址：www.torahsc.com

電子郵件：torahsc@gmail.com

電子書設計製作：伯特利實業有限公司

設計製作：林子平

地 址：台北市文山區指南路二段 45 巷 10 弄 11 號 B1

電 話：29372711